信息化背景下
大学英语教学研究

魏　琴◎著

吉林人民出版社

图书在版编目 (CIP) 数据

信息化背景下大学英语教学研究 / 魏琴著 . -- 长春 : 吉林人民出版社 , 2020.10
ISBN 978-7-206-17627-2

Ⅰ . ①信… Ⅱ . ①魏… Ⅲ . ①英语 – 教学研究 – 高等学校 Ⅳ . ① H319.3

中国版本图书馆 CIP 数据核字 (2020) 第 202431 号

信息化背景下大学英语教学研究
XINXIHUA BEIJING XIA DAXUE YINGYU JIAOXUE YANJIU

著　　者：魏　琴
责任编辑：金　鑫　　　　　封面设计：金　莹
吉林人民出版社出版 发行（长春市人民大街 7548 号） 邮政编码：130022
印　　刷：定州启航印刷有限公司
开　　本：710mm × 1000mm　　1/16
印　　张：13.25　　　　字　　数：230 千字
标准书号：ISBN 978-7-2O6-17627-2
版　　次：2020 年 10 月第 1 版　　印　　次：2020 年 10 月第 1 次印刷
定　　价：56.00 元

前 言

经过十多年的发展，教育信息化已在国内高等教育界掀起了教育变革的浪潮，并在教育教学理念、教学方式方法、教学资源配置、教学管理体制等方面产生深刻变化，推动高等教育的重塑。席卷全球的“慕课”、国家精品开放课程、“微课”等，都是对传统高等教育的冲击和挑战，基于网络平台的优质学术资源可方便地被传播和共享，促进了教育公平及教育均衡发展，降低了教育时代的“马太效应”。教育信息化的发展已实现并重构着高等教育的开放式发展。

在教育信息化的推动下，大学英语教学也进行了努力尝试与革新，基本的教学模式主要经历了计算机辅助大学英语教学、网络架构的大学英语自主学习平台、信息技术与大学英语课程深度融合三个发展阶段。但是，从高等教育国际化需求和互联网发展趋势看，我国的大学英语教学改革和教育信息化发展仍有较大的空间，还有一些关键环节亟待解决。例如，优质师资的有限性和高校其他办学条件滞后于培养规模的扩张；基于网络的大学英语学习平台需要一定的软硬件环境，如何合理配置计算机、学生、教师、实验人员等，使有限的资源得到充分利用，需要在实践中不断调整创新。

本书立足于信息化背景，对大学英语教学改革进行了全方位的解读和研究。首先论述了信息技术与信息化教学、大学英语教学的基础认知以及大学英语教学的研究背景，然后分别对信息化背景下的大学英语课程的整合、教学模式、教学方法、自主学习和评估体系进行了详尽的探讨。

本书在撰写过程中，吸收和借鉴了许多专家学者的研究成果，在此一并表示感谢。由于水平有限以及信息化教学不断发展，书中难免存在不足之处，恳请广大读者批评指正。

魏 琴

青海师范大学

目录

第一章　信息技术与信息化教学

第一节　信息技术概述

一、信息技术的内涵

“信息技术”这一术语含义十分广泛，而且还处于不断发展演变之中，因此很难给出一个确切的定义。为了方便研究和使用，研究者根据自身的理解对信息技术给出了不同的定义。据目前已有资料的显示，国内和国外的学者对信息技术的定义大致可分为“描述性定义”和“功能性定义”两种。[①]“描述性定义”主要是站在信息技术具体形式的角度来论述信息技术的定义。这类定义主要是观察信息技术的外在表现形式，较为具体形象，容易理解，其不足之处是不够准确。“功能性定义”注重的是阐明信息技术的内在本质或根本作用，其与信息技术可能呈现或利用的物质或能量的具体形式无关。“功能性定义”中比较有代表性的有以下几种。

1. 信息技术以信息的输入、存储、加工和传递为主要内容，致力于用微处理机代替电子机械设备。

2. 信息技术是关于信息的收集、加工、存储、检索、传递、利用的理论和方法的总称。

3. 信息技术是以微电子学为基础，计算机技术和电信技术相结合而形成的技术手段，是对声音、图像、文字、数字和各种传感信号的信息进行获取、加

① 吴柏林．信息技术及其应用[M]．上海：复旦大学出版社．2004：45.

工处理、存储、传播和使用的能动技术。

4. 信息技术一般指在计算机和通信技术的支持下，用以采用、存储、处理、传递、显示各种介质信息的技术的总称。

5. 信息技术指在计算机和通信技术的支持下，用来获取、加工、存储、转换、显示和传输文字、数值、图像、视频、声频以及声音信息，包括提供设备和信息服务的技术方法和设备的总称。

6. 信息技术指关于信息的产生、识别、提取、变换、存储、传递、处理、检索、分析、决策、控制和利用的技术。

7. 信息技术指一个信息系统在采集、输入、描述、存储、处理、输出和传递信息的过程中所用到的相关技术的总和。

8. 信息技术是管理、开发和利用信息资源的有关方法、手段和操作程序。

9. 信息技术指人们在生产斗争、科学实验以及认识自然和改造自然的过程中积累起来的获取信息、传递信息、存储信息、处理信息以及使信息标准化的经验、知识、技能和体现这些经验、知识、技能的劳动资料有目的的结合过程。

10. 信息技术是能延长或扩展人的信息能力的技术。

以上对信息技术的定义虽然在表述形式上不一样，但在实质上没有较大差别，都是从功能方面揭示信息技术的本质。

二、信息技术的分类

从不同的角度对信息、技术所包含的基本内容可以对信息技术进行划分，常见的划分标准有如下几种。

1. 根据信息技术是否有实物的表示形式而将其分成“硬”信息技术和“软”信息技术两大类。“硬”信息技术如同计算机硬件一样，是已经转化成具体信息设备的信息技术，如复印机、电话机、数码相机、电子计算机和通信卫星等；“软”信息技术类似计算机软件，是人类在长期信息活动中积累并形成的有关信息采集、处理、检索等的经验、知识、方法与技能，如语言、文字、信息调查技术、信息组织技术、统计技术、预测与决策技术和信息标准化技术等。

2. 根据信息技术组成的基本元素可以将其分为感测技术、通信技术、智能技术及控制技术。（1）感测技术：包括传感技术和测量技术。它是人类感觉器官功能的延伸，使人们可以更好地从外部世界提取有用的信息。（2）通信技术：包括信息的空间传递和时间传递技术。它是人类传导神经系统传递功能的延伸。（3）智能技术：包括计算机硬件技术、计算机软件技术、人工智能技术和人工神经网络技术等。它是人类思维器官功能的延伸，其目的是更好地处理和再生信息。（4）控制技术：包括调节技术和自动控制技术。它是效应器官功能的扩展和延长，其功能是根据输入的指令信息对外部事物的运动状态和运动方式实施干预，以便更好地应用信息。

3. 根据一定的次序划定的等级可将其划分为主体信息技术和应用信息技术。（1）主体信息技术：是按照技术的功能区分出来的信息技术，包括感测技术、通信技术、计算机技术和控制技术等。其中，通信技术和计算机技术是整个主体技术的核心部分。（2）应用信息技术：指针对各种实用目的，由主体技术繁衍而生的各种应用技术群，亦即主体技术通过合成、分解和应用生成的各种具体的实用信息技术。应用信息技术广泛渗透到工业、农业、军事、教育、科学文化等各个领域，构成了一个完整的应用技术体系。

4. 从信息系统功能的角度可将信息技术划分为信息输入输出技术、信息描述技术、信息存储检索技术、信息处理技术和信息传播技术。

5. 按照专业信息工作的基本环节或流程可将其分为信息获取技术、信息传递技术、信息存储技术、信息检索技术、信息加工技术和信息标准化技术。

以上从不同角度对信息技术进行的划分都不是绝对的。在大多数情况下，各行业、各领域人们的研究目的和使用习惯不同，对信息技术也就有不同的划分。弄清了信息技术的划分，可以此为基础构建信息技术的体系结构。

三、信息技术的发展历程

凡是能扩展人类信息利用能力的技术都是信息技术。伴随着人类社会的发展，信息技术经历了从低级到高级的发展历程，并在此过程中发生了多次重大变革。而每次信息技术革命都对人类社会和科学技术的发展产生巨大的推动力，而科学技术的进步又会带来新的信息技术革命。

（一）语言的诞生

人类赖以生存的地球已经运转了几十亿年，古猿人大约在几百万年前就已出现，而现代人类只有几万年的历史，自四万年前语言诞生之后，人类社会才获得迅速的发展。语言是一种以语音为物质外壳，以语义为意义内容，音义结合的符号系统。人类把无意义的语音按照各种方式组合起来，使其成为有意义的语素，又把为数众多的语素按照各种方式组合成话语，用无穷变化的形式表示变化无穷的意义，从而形成复杂的语言系统。在语言诞生之前，人类没有真正意义上的信息交流工具。谁也说不清语言是什么时候产生的，也说不清是哪一个民族最先使用语言的，但可以肯定的是，人类信息交流的迫切需要增加了手势交流的信息含量，方便了人类的生产互助合作，进而产生了语言。语言的诞生可视为人类历史上出现的第一次信息技术革命，它标志着人类开始从猿进化成人。语言成为人类早期社会特有的信息交流与加工工具，人类依靠语言表达并辅以动作比画进行信息交流，采用结绳记事的方法记录和存储信息，掐指计算成为信息处理的主要方式。

语言是人类进行思维和传递信息的工具，是人类保存认识成果的载体。但是，随着社会的不断发展，单纯依靠语言的信息交流和处理方式逐渐不能满足信息传递的需要。这种交流方式表达的信息量少，传播范围小，人类在社会生活中积累的经验、发生的事件只能通过口传的方式进行传承，容易失传和失真，限制了当时社会的进一步发展。

（二）文字的发明和使用

在劳动中，人类又逐步发明了文字符号，使人类语言外化，实现了人类信息活动史上的第二次变革。信息的符号化，虽然并没有使人类的信息处理发生实质性的变化，却使人类的信息传递和存储发生了革命性改变，第一次超越人类自身的生理局限和时间、空间的限制。以前仅靠口传或图腾记录方式流传的故事和生产生活经验，现在可以用文字准确地记录下来，传至永远。

（三）造纸和印刷术的发明和使用

早先的人们用甲骨、木竹简等记录文字，以保存信息，但这种方式笨重麻烦。东汉蔡伦以树皮、破布、废麻之类为原料，制成了质量较好的纸。这种造纸技术一直沿用到 18 世纪。当纸得到广泛应用后，手书的效率低的问题就突出了，所以印刷术作为扩展与延伸人类手写信息功能的技术，理所当然地出现在最早发明纸张的中国。最早的印刷术是隋唐时期的雕版印刷术。北宋间毕昇又发明了活字印刷术，基本解决了信息传播的效率问题，完成了人类历史上新的信息变革。印刷术的发明，使人类信息（特别是文字和图画信息）传递的速度和范围急剧扩展，人类存储信息的能力进一步加强，并初步实现了广泛的信息共享。可以说，印刷术的出现是这个时期信息技术最耀眼的成就，它使文字信息的复制方法从低效率的手工抄写飞跃到大批量的印刷，造就了信息处理技术的第一次飞跃。

有了规模浩大的信息储存载体和记录工具后，人们开始以书信这一崭新的更加有效的方式传递信息。除此之外，在古代人们还广泛地使用其他手段，如用漂流瓶、信号标等进行信息传递，用壁画、图形等存储有关信息。

（四）现代通信技术的产生

19世纪，电话、电报、广播、电影、电视等现代通信技术和传播技术相继问世，使人类进入利用电磁波传播信息的时代，标志着信息技术发生了新的革命性的变化。电话、电报弥补了古老的邮政制度下信息传递速度缓慢的缺陷，延展了呼喊、烽火等传递信息的距离，为人类提供了简便、快捷、直接传递信息的手段，使信息能瞬间被传递到几万公里以外。广播、电影、电视的信息传播采取的是“一对多”的信息广播传递方式，明显有别于电话、电报和邮件的传递信息形式。这些技术的诞生开创了信息传播技术的新局面，使信息传播的范围拓宽了，信息获取的时间缩短了，人们可以在众多的信息中选择所需信息，大大开阔了视野。

通信是人与人之间通过某种媒介进行的信息交流与传递。从广义上说，无论采用何种方法，使用何种媒质，只要将信息从一地传送到另一地，均可称为通信。通信技术是扩展人类信息交流与信息传递能力的技术。现代通信技术则是指采用最新的技术不断优化通信的各种方式，让人与人的沟通更加便捷、有效，它随着科技的不断发展而发展。现代数据通信技术主要有数字通信技术、程控交换技术、信息传输技术、通信网络技术、宽带接入技术等。20世纪后期以来，现代通信技术得到迅猛发展，手持移动通信设备正以惊人的速度普及。“任何人可以在任何时间任何地方同任何人通信”的时代已经到来。进入21世纪，移动通信逐渐成为全球信息高速公路的重要组成部分。

（五）计算机技术与互联网

20世纪40年代的第二次世界大战促进了信息技术的长足发展，电子电路以及元件理论和生产技术均达到很高的水平。这时，设计电子计算机的主要技术已经具备，又由于战争急需高性能、复杂度高的新式武器，需要更高速的计算工具来进行设计与计算，于是在1946年，世界上第一台电子计算机ENIAC（埃尼阿克）诞生了。从此之后，计算机技术的发展可谓日新月异，它的应用激发了信息技术的巨大潜能。

在人类信息技术的漫长发展历史中，尽管信息传输（传递）、信息储存技术无时无刻不在发生变化和进步，但是信息处理一直在人的直接参与下，或者说是完全由人脑完成的；计算机的出现彻底地改变了这一状况。如今，借助计算机，人类可完全脱离人脑而有效地加工处理信息。

计算机技术是现代信息革命的先导，也是现代信息技术的核心。随着计算机的发展与普及，人们希望能共享存储在计算机中的数字资源以及快速传递数字信息。于是，人们将计算机与现代通信技术完美结合，即利用通信设备和线路将地理位置不同、功能独立的多个计算机系统互联起来，形成了计算机网络，并逐渐演化为国际互联网。互联网是一种全球性的计算机互联网络，通过这个网络，人们可以与远在千里之外的朋友相互发送邮件，共同完成一项工作，共同娱乐。可以说，互联网是人类历史发展中的一个伟大的里程碑，它正在对人类社会的文明发展悄悄地起着越来越大的作用。“信息高速公路”是互联网发展的高级阶段，它能把政府机构、企业、学校、科研机构和家庭的计算机联网，采取双向交流形式，在全球甚至更大的范围内传输图文并茂的多媒体信息。计算机及互联网的问世又一次掀起了人类社会信息技术革命的巨大浪潮，这次信息技术革命的结果，是使人类进入了一个崭新的历史时代——信息社会时代。

四、信息技术的发展趋势

信息技术未来将沿着以下几大技术方向发展。

（一）人工智能

人工智能（Artificial Intelligence，简写为 AI）是研究、开发用于模拟、延伸和扩展人的智能的理论、方法、技术及应用系统的一门新的技术科学。人工智能是计算机科学的一个分支，它企图了解智能的实质，并生产出一种新的用与人类智能相似的方式做出反应的智能机器，该领域的研究包括机器人、语言识别、图像识别、自然语言处理和专家系统等。“人工智能”一词最初是在 1956 年 Dartmouth 学会上提出的，从那以后，研究者们发展了众多理论和原理，人工智能的概念也随之扩展。人工智能是一门极富挑战性的科学，从事这项工作的人必须懂得计算机知识、心理学和哲学。人工智能的研究范畴包括语言的学习与处理、知识表现、智能搜索、推理、规划、机器学习知识获取、组合调度问题、感知问题、模式识别、逻辑程序设计、软计算、不精确和不确定的管理、人工生命、神经网络、复杂系统、遗传算法等，最关键的难题是机器的自主创造性思维能力的塑造与提升。人工智能在英语教学研究中的一个重要领域是机器翻译和智能控制。

（二）物联网

1999 年，美国麻省理工学院（MIT）自动识别中心（Auto-ID Labs）提出网络化无线射频识别（RFID）系统，利用信息传感设备将物品与互联网连接起来，实现智能化识别和管理。

物联网指通过信息传感设备，按照约定的协议，把任何物品与互联网连接起来，进行信息交换和通信，以实现智能化识别、定位、跟踪、监控和管理的一种网络。它是在互联网基础上延伸和扩展的网络。物联网的概念有狭义和广义之分。狭义物联网即“联物”，即基于物与物间的通信，实现“万物网络化”；广义物联网即“融物”，是物理世界与信息世界的完整融合，以形成现实环境的完全信息化，实现“网络泛在化”，并因此改变人类对物理环境的理解和交互方式。

（三）云技术

云计算（Cloud Computing）是分布式计算技术的一种，其通过网络将庞大的计算处理程序自动分拆成无数个较小的子程序，再交由多部服务器所组成的庞大系统，经搜寻、计算、分析之后将处理结果回传给用户。如果在英语教学中使用云技术，将带来如下的好处。

1. 超大规模

云的价值在于通过合并计算资源，实现资源的最大化利用。比如，学院可以通过部署服务器来取代学生的电脑主机，将所有主机整合为一个云系统，从而将资源最大化利用。

2. 虚拟化

虚拟化后，教师给学生分配的不再是真实机器，而是根据需要配置的对应性能的虚拟机，在管理上减轻了学院的工作量。

3. 可靠性

云技术将所有的核心资源都统一到系统里，其分布式系统的特性决定了云技术比传统方式有更高的安全性。学生和教师端如果出现设备故障，可以模块化方式快速更换，教师和学生甚至可以使用自己的手机、平板电脑作为终端设备。云系统端一旦实现设备故障，可在短时间内进行更换，并迅速恢复运行。

4..可扩展性

当教学任务变化或者教学系统需要升级时，只需要对核心设备进行升级或者增加设备，实验室与使用者端的设备不需要任何更改。

5. 按需服务

可以根据课程量、学生人数进行资源分配，能实现资源的合理化、科学化。比如，教室根据需要可以自由组合，通过云技术，可以根据课程来灵活安排任意人数上课。

6. 极其廉价

云技术与传统方式相比，最大的优点是规模越大，成本越低。其对学院发展和对外合作有积极促进作用。

（四）大数据

“大数据”是IT行业的词汇，紧随其后的数据仓库、数据安全、数据分析、数据挖掘等围绕大数据商业价值的利用逐渐成为行业人士争相追捧的利润焦点。大约从2009年开始，“大数据”成为互联网信息技术行业的流行词汇。美国互联网数据中心指出，互联网上的数据每年将增长50%，每两年便将翻一番，而目前世界上90%以上的数据都是最近几年才产生的。数据并非单纯指人们在互联网上发布的信息，全世界的工业设备上有着的无数数码传感器，随时测量和传递着有关位置、运动、振动、温度、湿度乃至空气中化学物质的变化，产生了海量的数据信息。物联网、云计算、移动互联网、车联网、手机、平板电脑、PC以及遍布世界各个角落的各种各样的传感器，无一不是数据来源或者承载的方式。

大数据是继云计算、物联网之后的产业又一次颠覆性的技术变革。云计算主要为数据资产提供保管、访问的场所和渠道，而数据才是真正有价值的资产。企业内部的经营交易信息，物联网世界中的商品物流信息，互联网世界中人与人的交互信息、位置信息等，其数量远远超越现有企业架构和基础设施的承载能力，实时性要求也大大超越现有的计算能力。如何盘活这些数据资产，使其为国家治理、企业决策乃至个人生活服务，是大数据的核心议题，也是云计算内在的灵魂和必然的升级方向。大数据时代，网民和消费者的界限正在消弭，企业的疆界变得模糊，数据成为核心的资产，并将深刻影响企业的业务模式，甚至重构其文化和组织。因此，大数据对国家治理模式，对企业的决策、组织和业务流程，对个人生活方式都将产生巨大的影响。

第二节　信息技术在教育中的应用

一、信息技术在大学英语教学中的应用领域

（一）课程设置

依据教育部门相关文件要求，各高校应该根据自己的办学特点、学科优

势、师资力量以及软硬件配套现状设计具有鲜明特色的大学英语课程体系。无论是综合英语类、语言技能类、语言文化类还是专业英语类的必修及选修课程，都需要充分考虑对学生听说能力的培养。听说是构成语言能力的技能部分，是完全内化后语言技能的显性体现。学生和教师的英语交流以及学生之间的英语交流会受到范例不足导致语音不标准或者语用不得体的现象发生。因此，为了提高学生的听说技能，各高校在课程设置上应相对弱化教师讲授所占比重，大量使用先进的信息技术，尽可能地营造真实的听说环境。

（二）教学模式

传统的教学模式以单一的教师讲授为主，新时期的高等教育大力倡导以现代信息技术和网络技术为支撑，采用基于计算机和课堂的两种教学模式。基于课堂的教学模式最突出的特点是比较适合读、写、译三种技能的培养和提高。基于计算机的教学模式可在学生自学并有教师辅导的教学环境下，逐步培养学生的听、说、读、写、译五项技能；该模式的优点是可以直接作用于听、说两种技能，并为其余三种技能创造信息化环境，例如，无纸化阅读和电子输入，不仅提高了广大学生的语言文化知识技能，而且全方位培养了学生适应信息时代全新的学习和工作的能力。也有学者提出过计算机和课堂相混合的教学模式，该模式是硬件教育资源充分配置下基于计算机和课堂两种模式的多元融合，可以确保在不受时间和空间限制的前提下，对英语五项技能进行立体化教学。

（三）教学评估

教学评估是检验教学质量、获取反馈信息的重要依据，也是改善教学方法、调整教学策略、提高教学水平的有效手段，它既对学生的学习进行评估，又对教师的教学进行评估。信息技术在教学评估中比较适用于对学生学习进行形成性评估。在学生的自主学习阶段，实施计算机和课堂的教学模式，综合完善的教学管理软件和流畅开放的计算机网络，有助于实时形成大学生自主学习记录，及时建立学习档案，并且为教师提供动态客观的第三方监控，以最终形成评估结论。在对学生的终结性评估以及对教师的评估中，信息技术有助于教学实施者建立完备的评估结论档案体系，在技术上为语言教育研究者和教育行政管理者提供统计上的便利，以利于更深层次地发掘评估结论和教学过程的内在关联，促进行政管理和教学实践的互补协调。

（四）教学管理

教学管理贯穿于大学英语教学全过程。基于计算机和网络的大学英语教学及管理软件将一切在教学和管理中形成的文件以电子文档的形式自动建档并归类，使相关责任主体和学习主体能不受时空限制随时查阅。在基于计算机和局域网的教师讲授和学生自主学习中，教师不必走到学生中间去一一观察或管理，既降低了教师作为观察者对学生心理状态的干扰，又减轻了教师的后台管理工作。在基于互联网的远程学习和第二课堂中，信息技术更能发挥其良好的管理功能，在线互动、收发作业、知识信息的电子传输、学习效果反馈等均可以通过网络课程软件得以实现。以信息技术为利器，教学管理者可以在线培训等方式不断强化对教师的培训，进而提高教学团队的整体水平。

二、信息技术在大学英语教学中的应用过程

（一）转变教学观念，改进教学方法，开展信息化教学

在传统教学模式下，教师常常处于中心地位，学生处于被动接受的状态，这种英语教学模式已不能满足人才培养的需要。大学英语教师必须转变教学观念，接受新事物、新技术，积极学习网络多媒体技术，深刻了解网络多媒体技术应用于大学英语课堂为英语教学带来的变革性影响，积极利用网络多媒体技术进行课堂教学，改进教学方法，积极探索新的教学模式，力求使多媒体信息技术更好地为英语教学服务。

在大学英语教学中应用信息技术，不仅要转变教学方法和教学手段，而且要转变教学理念。教师是知识的讲授者和传播者，教学的目的是培养学生，使其掌握新知识、新技能。学生是大学英语教学中的对象和主体，因而大学英语教学效果应以学生的学习效果为依据，而学习效果在很大程度上取决于学生主体性的充分发挥。学生的主体性要求教师把学习的主动权交给学生，给他们自主学习的时间与空间。所以，教师应当摈弃以教师为中心，单纯传授语言知识和技能的教学思想和实践，而转向以学生为中心，既传授语言知识与技能，又注重培养学生语言实际应用能力和自主学习能力的教学思想和实践，使教学以培养学生终身学习能力为导向，逐步实现终身教育。信息技术需要最终应用于教学实践中，只有这样，才能发挥其服务于大学英语教学、改变教学模式、培养学生自主学习能力、提高学生综合文化素养的作用。首先，可以在课程设置时充分考虑高校现有的信息化软硬件环境，设计出符合自己办学特点的大学英语课程体系。其次，在教学模式上应充分利用现代信息技术，采用基于计算机和课堂的英语教学模式，改进以教师讲授为主的单一教学模式，体现大学英语教学实用性、知识性和趣味性相结合的原则，从而调动教师和学生两方面的积

极性，尤其要体现学生在教学过程中的主体地位和教师在教学过程中的主导作用。再次，在教学评估中应加大对现代信息技术的利用，以及以此为依托的评估结果所占的比重。最后，在教学管理工作中，可以开发综合性的教学管理软件，以便各类教管文件的存档管理、教学活动的动态监控、教师的在线培训等相关活动的开展。

（二）改革评价方式，关注学习过程

评价方式是教学中的重要环节。大学英语教学要求我们改革评价方式，关注学生学习过程中的情感态度、学习方法、实践能力等综合因素，对学生实现全面、客观、科学的评价。信息技术在大学英语教学中的应用，能赋予教学评价更多的指导作用和教育意义，实现以评促学。例如，教师可以利用网络教学平台的存储功能，为每个学生建立“个人作品集”，将学生的课堂表现和课后作业以音频、视频或图片的形式存储起来，使学生发现自己在英语学习中的长处与不足，看到自己的成长与进步，再对学生进行过程性评价和激励性评价，使学生通过评价，体会到学习英语的乐趣，提高英语教学的效率。

（三）架构信息化教学环境，加强网络资源库建设

一方面，配备计算机，建设计算机辅助教学语言实验室，架设局域网络，开放与网络连接的端口是信息技术应用于大学英语教学的物质基础，也称作硬环境建设。一般来讲，高校在架构设备设施时，应处理好以下三方面的关系：办学特点、投资成本、利用效率。在投入之初，应当积极开展专家论证、教师调研、实践考察等多种活动，以设计出符合本校办学特点、节约资金且又能发掘其最大功效的硬件体系。另一方面，开发和建设各种基于计算机和网络的教学软件以及网络课程是信息技术应用于大学英语教学的技术保障，也称作软环境建设。软环境建设也需要考虑以上多个方面的因素，通常可以采用独立软件开发和开放式软件采购的方式。独立软件开发适用于统筹有自己办学特色的各种硬件设备，使之能高效协同运作，这一类软件的开发不会耗费大量的资金，且能充分考虑到各高校的硬件现状以及教师的使用习惯，极具个性化特征。开放式软件采购主要指与教材相匹配的各种教学软件、网络课程以及与之相适应的评估和管理软件。由于这类软件多基于教材，具有很强的专业性，依靠某个高校内的成员是很难完成的，因此这类软件多由国家教育经费支持，综合全国专家和技术人员共同设计配套开发，各高校只需直接购买即可。

完善的网络多媒体信息设备是信息技术辅助大学英语教学的先决条件，学

校有关部门应该积极筹集资金建立多媒体教室、语音室，搭建稳定的校园网络平台，以保证英语教学的顺利进行。此外，学校还要配备相关的技术人员负责校园网络的维护和多媒体使用的指导工作。

网络资源库是用信息技术辅助大学英语教学的必要条件之一，只有丰富的、多样化的网络多媒体资源才能满足教师教学的需要。因此，学校应该组织有关人员讨论研究，深入到学生中，积极制作多样化的多媒体课件。课件制作应该以学生为导向，符合学生认知规律，同时能充分调动学生学习的积极性和主动性，使学生在轻松愉快的课堂氛围中学习英语，有效地掌握英语基本知识和基本技能。

（四）组建信息化教学管理团队

组建团队是信息技术得以在大学英语教学中高效应用的重要环节，一般包括以下几个方面的工作：一是选择成员。在教师团队里，要兼顾年龄分布、职称结构、操作技能这三方面的因素。管理团队的组建需要将行政管理人员和工程技术人员纳入进来，并且要充分考虑学生人数和教师教辅人数的比例。二是明确职能分工。这主要针对教师、教辅及管理人员而言的，其职能分工应与教学目标相匹配。三是建立团队运行管理机制。包括日常沟通机制、应急处理机制、奖惩机制、准入和准出机制等。

英语教师是网络多媒体教学顺利进行的关键所在，教师只有熟练掌握多媒体技术，才能在实际教学中运用自如，才能使网络多媒体技术有效地辅助英语教学。因此，学校必须加强对英语教师的信息技术培训工作。首先，学校可以聘请信息技术人员来校举办讲座，或者利用寒暑假开办培训班，教授英语教师基本的网络多媒体理论和技能。其次，学校还可以定期派英语教师去其他学校交流学习，学习如何利用网络多媒体技术进行英语教学，如何在保证教学质量的同时，增加教学过程的多样性和趣味性。

三、信息技术在大学英语教学中的作用

（一）有助于调动学生学习英语的积极性

实验证明，人类主要通过听觉和视觉获取大量的信息，而且这样获取的信息印象更为深刻。大学英语课堂中使用网络多媒体信息技术可以将图像、声音、文字等信息融为一体，通过人机交互，多方位地刺激学生的感觉器官，全面调动学生的听觉和视觉，为学生营造一个轻松愉快的真实场景，有效地激发学生

的学习兴趣，调动学生学习的积极性、主动性和创造性。

（二）有助于学生个性化的发展

在传统的大学英语教学中，无论是教学手段还是教学方法都是单一的，教师主要通过口头讲解和纸质教材向学生传授各种语言知识，这种方式很难刺激学生的学习兴趣，学生的学习行为只是被动的、僵化的，学生的个性化难以得到发展。现在教师可以运用信息技术手段辅助大学英语教学，根据教学内容的不同要求，将文字、图形、图像、声音等物理媒介组合起来，形成多媒体课件，为学生创造一个全新的、多元化的、原汁原味的外语学习环境，让学生充分体会这种语言环境。

在实践教学中，教师可以根据学生的不同个性、不同层次充分使用信息技术设备设置难易不同的学习内容，存储于网络服务器中，方便学生随时调用这些资源。语言学习环境的建立可以充分调动学生学习语言的兴趣和积极性，也可以转变以教师为中心的教学模式。尊重学生在教学中的主体地位，对于学生个性的形成、创造性思维的培养都是极为有益的，对于学生综合素质的形成也会产生深远而重大的影响，在大学英语教学中能真正实现灵活多样的个性化的教学。

（三）有助于培养学生自主学习能力

大学英语课堂中运用多媒体技术辅助英语教学，彻底改变了传统课堂中以教师为中心、学生被动参与的单一教学模式。新型的教学模式以网络多媒体技术为平台，使学生主动参与其中。学生可以根据自己的情况，自主选择所要学习的内容和学习方式，自由地获取所需的知识和信息，以满足自身求知的欲望。该教学模式可以极大调动了学生学习英语的积极性，培养了学生自主学习的能力。

大学英语教学的目的，不仅仅是向学生传授语言知识，更重要的是培养和提高学生运用英语进行交流的能力。要使英语真正成为信息化和国际化社会必备的工具性知识和交际工具，运用信息技术构建情景式教学环境是教学过程中的一个重要手段。

在教学过程中，利用音频技术和多媒体技术营造逼真的交际环境让学生产生身临其境的感觉，有助于激发学生的学习欲望，让学生主动参与到教学实践中，使学生的口语表达能力得以提高。通过模拟某一国际会议的工作布局和完整流程，能从感官体验上锻炼学生的心理素质；通过嵌入式系统、以太网技术、多通道分组通信实时传输协议等数字技术，能对学生进行口译训练、翻译训练、译员训练、同传训练等训练，使学生的外语技能得到全面的锻炼。通过活泼多样的教学方式，将学与练有机结合起来，对学生英语学习能力的提高会起到事半功倍的效果。[①]

（四）有助于培养学生跨文化交际能力

在大学英语课堂中使用网络多媒体信息技术，能为学生提供大量的真实语言环境，让学生身临其境，有助于提高学生的跨文化交际能力。在以前的英语课堂上，英语教师大多是单纯地授课，学生也只是被动地接受和记忆语言知识。而对于语言这一门特殊的学科而言，缺少了语言环境，语言的学习效果就会大打折扣。而多媒体信息技术能通过大量的图文、动画为学生创造一个真实的语言环境，让学生沉浸在真实的语言情境之中感受英语的魅力，真正理解英语语言和文化，培养学生的跨文化交际能力。

第三节　信息化教学的定义与有效性分析

一、信息化教学的含义

目前，信息化教学尚没有一个确切的、权威的定义，国内有影响的说法主要如下。

（1）信息化教学是与传统教学相对而言的现代教学的一种表现形态，它以信息技术的支持为显著特征。当然，以信息技术为支持只是信息化教学的一个表面特征，在更深层面上，它还涉及对现代教学观念的指导和现代教学方法的应用。

（2）信息化教学是以现代信息技术为基础的新的教学体系，包括教学观念、教学内容、教学组织、教学资源、教学模式、教学技术、教学评价、教学环境、教学管理等一系列的改革和变化。信息化教学主要包括六个要素，其中信息网络是基础，信息资源是核心，信息资源的利用与信息技术的应用是手段，而培养信息化人才是目的，信息技术产业和信息化政策、法规和标准是其保障。信息化教学是以教学过程的设计和学习资源的利用为特征的。

---

① 李倩曲．现代教育技术及其对英语教学模式改革的支持与发展 [J]. 湖北开放职业学院学报，2020，33（11）：161—162，165.

（3）信息化教学是信息化教育的主干、核心和重要的表现形态。相对于传统教学，信息化教学是以现代信息技术，特别是计算机技术支持为显著特征的一种教学形态，但是，这并不意味着“技术中心”“技术为本”或“技术决定论”，而是技术为教学服务。也就是说，信息化教学利用现代信息技术更好地创造“以人为本”“以学生的发展为本”“以适应信息社会的生存为本”的教育教学条件、环境，使教学效果更明显，使学生的学习更有价值。

二、信息化教学的特点

与传统教学相比，信息化教学的特点主要表现在教学和技术两个层面上。

（一）在教学层面上

1. 教学理念的革新化

与传统教学理念相比，信息化教学理念主要表现出“三个转移”。

第一是教学“中心的转移”，即由以教师为中心转移为以学生为中心，由以教为中心转移为以学为中心，由以传授知识为中心转移为以“人力开发”（智力、心力和体力）、能力培养特别是创新思维能力培养为中心。

第二是教学“目标的转移”，即由培养知识型人才转移为培养能力型（重点是信息能力、创新能力和学习能力）、素质型人才，由适应计划经济社会的工作型人才转移为适应信息社会、知识经济、市场竞争、高科技、数字化环境的应用型、创造型人才（主要表现为全面＋个性，人脑＋电脑，智商＋情商）。

第三是教学“技术的转移”，即由普通的传媒技术转移为以计算机为核心的高新信息技术，由模拟技术转移为数字技术，并由此引发教学模式、教学手段、教学环境乃至教学理论、课程与技术的整合等一系列的变革和转移，这也是信息化教学的重要标志之一。

2. 教学主体的广义化

教学主体任何时候都是学生与教师。与传统的学校教学活动中教师学生的含义相对具体固定相比，信息化教学活动中的教师与学生的含义要广义得多。教师不仅有“人化”的实体，更有“物化”的电子教师（如各种形式的电子课件），还有“拟人化”的虚拟教师（各种网络教学平台和智能教学系统）；学生也不再仅仅是局限于学校里的按学科、按专业划分班组的学生，而是包含无域界的、社会性的、广泛的校内外学习者。

3. 信息表征的多元化

多媒体技术的运用，使教学信息的表征由简单的文字、语言、图表、实物发展为语音、文字、图形、视频、动画等多元化、一体化的表征形式，这更有利于学习者调动多感官学习，也更符合不同类型的学习者的需求，有利于提高学习效率。

4. 教学资源的共享化

互联网在全球的普及，使全世界的教育教学信息资源构成了一个巨大的资源库，供广大的学习者在任何可以上网的地方共享使用，如各种网络教育教学站点、各种虚拟软件库、各种电子期刊、各种数字化图书馆等，这就为社会化学习、基于资源的学习奠定了强大的基础。不仅如此，网络还可创造一种前所未有的“集体智慧”资源，使世界各地的教育家、科学家、思想家、艺术家联结起来联机思考，将思考结果存于互联网数据库之中，构建成交互式人类共享大脑和思维库，这将超越任何个人的能力和智慧，使人类比以往任何时候都更加聪明。

5. 教学目标的价值化

教学目标的价值取向不再单纯是使学生获取知识、掌握技能，培养适应计划经济的工作型人才，而是以“人力开发”为目标的素质教育：以创新精神和创新能力为核心的能力培养；以信息素养特别是信息能力、终身学习能力、信息化生存能力为主体的应用型人才。这将使教学对象（也是教学产品）——学习者及其学习更富有价值。

6. 教学过程的个性化

在现代信息技术的支持下，信息化教学可以真正实现让教师“因材施教”、让学生“自主学习”，特别是利用人工智能建构的智能教学系统（或智能导师系统），可以依据学习者的认知特点、个性和学习方式进行教学和提供帮助，实现真正意义上的“个别化教学”“个性化教学”，这就为培养学习者的创造性学习能力（个性是创造性的基石）创造了良好的条件。

7. 教学策略的灵活化

利用现代信息技术，人们创造了信息化的教学环境和信息化的教学模式，当然也制定了相应的信息化的教学策略。例如：教学的组织形式由以课堂为中心的集体授课形式变为网络环境下的个别化、自主化教学，协作式、探究式学习，基于资源、基于问题的学习等形式；教学程序由线性组织变为非线性的网状组织；教学方法由教师导向变为双向、多向交互；教师由知识的传授者变为学习的指导者、咨询者、帮助者和协作者；教学媒体手段由普通媒体变为现代高科技信息媒体；等等。

8. 教学评价的过程化

与传统的教学评价相比，信息化教学评价不再以考试评定结果、以分数衡量优劣，而是更重视过程评价、自我评价、主观评价、形成性评价、资源评价以及绩效评价，更趋于科学化、人性化，更富有价值。

（二）在技术层面上

1. 教学材料的多媒体化

教学材料不再是以印刷媒体为主的“死的”教材，而是以计算机多媒体、超媒体为主的集结构化、动态化和形象化于一体的“活的”教材，如各种多媒体、超媒体课件，各种教学系统（包括智能教学系统）、教学平台，各种学习认知工具和教育、教学软件等。“活化”的教材更适合人的“活化”的认知和思维。

2. 教学手段的现代化

现代信息技术的运用使信息化教学手段从传统教学的教材 + 粉笔 + 黑板 + 传统媒体，改变为以计算机多媒体技术、网络技术、人工智能技术为核心的现代化手段，使教学效果更优化，教学效率更高。

3. 教学系统的智能化

随着人工智能技术的不断发展，各种智能教学系统、智能导师系统、智能教学代理系统等不断应用于教学，使教学更趋于人性化，使人际交互、内容交互更趋于舒畅、自然，使学习更趋于个性化、智能化、自主化。

4. 教学媒体的数字化

以计算机为核心的数字技术的发展，使教学媒体、教学设备全面实现数字化，数字化意味着大容量、高速度、一体化、小型化、智能化和自动化，这不仅为人类数字化学习提供了硬件环境和技术条件，而且创造了更好的软件环境。

5. 信息传输的网络化

以计算机网络为核心的网络技术的迅速发展推动了数字卫星通信网、数字移动通信网和互联网的多网融合的趋势，有利于教育信息的传输和教育资源的共享，更有利于数字化学习和终身学习的实现。

6. 教学环境的虚拟化

信息化教学的最大特点就是教学环境不再受物理时空的限制，如虚拟教室、虚拟实验室、虚拟校园、虚拟学习社区、虚拟图书馆、虚拟阅览室等的使用，使学习超越地域、年龄、文化背景等限制，不仅为数字化学习创造了环境条件，而且为全民教育、终身教育的实现创造了环境条件。

7. 教学管理的自动化

与传统的人工化教学管理相比，由现代信息技术支持的教学自动化管理系统实现了全方位的教学自动化管理。从网上招生、电子注册、自主选课、建立电子学档、学习过程监控、学习任务分配、学习问题诊断、教学指导、教学活动记录、作业批改、网上测试、教学评价、教学成果或电子作品展示一直到网上毕业、就业信息等，通盘可实现自动管理，加快了教学信息化进展的步伐。

三、信息化教学的实践领域

信息化教学的根本目的在于借助现代信息技术和信息资源，为学习者创设良好的信息化学习条件，培养学习者利用信息技术自主、高效学习的能力和终身学习的能力，以适应信息社会发展的需要。

信息化教学的实践领域主要包括现代远程教育、学校信息技术教育、教育管理及各种信息技术人才培训三个领域。其中，现代远程教育领域主要体现在国家开放大学、普通高校网络教育学院和面向基础教育的各种网校等；学校信息技术教育领域主要体现在学校的信息化软硬件的建设、信息技术知识的学习和培训、信息技术与课程的整合等；教育管理及各种信息技术人才培训领域主要体现在各种教育系统，特别是学校教育、教学系统的信息化管理和信息技术人才（教师、管理人员、辅助人员等）的培训等。

在这三个领域中，利用计算机多媒体特别是计算机网络实施教学是信息化教学的主流和代表形式。因此，对信息化教学的研究主要是对网络环境下的教与学及其相关问题的研究。

网络——这里主要指计算机网络，包括广域网和局域网，如互联网、城域网、校园网等。网络既是教学信息的载体，又是教学信息传播的媒体；既是教学资源（互联网是世界上最大的资源库、图书馆），又是教学环境（互联网是世界上最大的学校、教室，是超越时空地域、可覆盖全球的集成教学环境）；既是信息化教学赖以进行的、最先进的交互工具，又是教学结果及时获得评价的技术手段；既是现实的，又是虚拟的；既具有物理的、社会的、文化的特征，又具有心理的、认知的特征。

网络教学是目前信息化教学的主要表现形式，它是指利用计算机网络的特性功能和资源环境进行的教与学的活动；或者说是借助互联网建立有意义的学习环境（如网络学习资源、网络学习社区、网络技术平台等），以促进和支持学习者学习的教学活动。网络教学既是教与学的活动过程，又是学习资源开发、利用、创造、再生的过程；既是学习者自主学习知识的有效途径，又是开发、培养、创造、提高信息素养、自我价值，完善自我人格的有效途径，更是终身教育得以实现的有效途径。

四、信息化教学的有效性分析

（一）信息化教学的再解读：本源与内涵

信息化教学已经不是一个新名词，在经历了多年的实践和探索后，人们逐渐对信息化教学有了一定的认识。所谓信息化教学，就是教育者和学习者借助现代教育媒体、教育信息资源和方法进行的双边活动。从这个定义不难看出，信息化教学是以信息技术的应用为主要手段实现教学过程的。然而，仅从这点认识还不能完全理解信息化教学的内涵，从表面上看，信息技术的支撑是信息化教学的显著特征。从内涵上理解，信息化教学与传统教学有着本质的区别，信息化带来的不仅是形式上的变化，更是教学内涵的更新，我们应该从更全面的视角和系统的观点理解信息化教学。

对信息化教学内涵的理解从工具论到系统论的转变是其应用逐渐成熟的标志。因此，对信息化教学的再解读，依然应遵循这个原则。我们应从工具性和人文性两个角度理解信息化教学。首先是信息化教学的工具性，这是信息化教学最初的、最直接的内涵。工具性意指教学中应用信息技术给教学带来一些工具、技术上的变化，如教学手段的优化、教学环境的现代化、教学材料的多媒体化等，在这种理解下，信息化教学实践就是应用技术促进教学，在教学的各个环节融入信息化技术的手段。其次是信息化教学的人文性，这是信息化教学经过长期发展后人们不断反思才提出的内涵。人文性意指信息化教学要从人的发展角度重新思考教学的本源，以人文观点理解信息技术的作用，理解教师的角色，关注学生的发展。要避免“人灌变电灌”“技术凌驾于人之上”等异化现象，就要从人与技术、人与教学、人与信息化的关系中理解信息化教学。在这种视角下，我们应该更加强调信息化教学的个性化、交互性，以及评价的多元性、价值取向的人文性等。基于这两点认识，我们再探讨信息化教学有效性和如何实现有效的信息化教学才更有意义。

（二）信息化教学有效性：困境中的要求

信息化教学有效性问题是伴随着技术在教学中深入应用而产生的研究课题，目的在于直面当前信息化教学实践所面临的困境，对“如何在教学中使技术应用产生更大的效益和影响”“如何看待和理解有效的信息化教学”等问题进行深究。在探讨信息化教学有效性问题之前，我们有必要先对有效教学及教学有效性等概念做出阐释。

有效教学随着基础教育课程改革的推进而逐渐进入人们的视野。有效教学的含义一般有两种不同的解释：一种是从学习的角度出发，有效教学主要是促进学生的学，教学有效性归根结底是促进学生学的教；另一种从经济学中投入产出分析的角度分析，从教学投入与教学产出的关系界定教学的有效性，又可从效率、效果和效益三个方面界定。

那么对于信息化教学有效性，我们该如何理解呢？近年来，部分研究者对该问题进行了解说：信息化教学有效性是指信息技术支持下的有效教学，并由此建立判定信息化教学的有效性策略，即以教学目标的实现为根本，综合效率与效果两方面的要求，考察信息技术在具体教学情境中的运用；信息化教学有效性是指在教学中恰当地运用各种信息资源或媒体实现有效教学，创设有助于学习的环境，以尽可能少的教学投入达到预期的教学效果，其内涵包括几个要点：以课堂环境为基点，以有效教学为根本，以实用视角为指导，以学习策略为指标；胡晓玲认为，有效的信息化教学是信息技术环境支撑的有效教学，是在信息化教学活动中，创设符合教学要求的信息化情境，从而在效果、效益、效率三个方面均能达到教学目标的要求，并能采取有效的评价方式进行评价的系统过程。从以上几种观点可以看出，研究者对信息化教学有效性的理解都强调了一点——运用信息技术提高教学的有效性或利用技术支持有效的教学，这点毋庸置疑，这是它最显著的特点。然而，笔者认为，如果仅从这点出发理解信息化教学有效性，难免太过简单与机械。理解信息化教学有效性内涵，我们应追根溯源，从其本源、追求以及现实困境探讨。首先要解决的一个重要问题就是理解信息化教学有效性的价值取向，这是探讨该问题的前提和基础。

（三）信息化教学有效性的价值取向：关注和追求

价值取向是价值哲学的重要范畴，指的是一定主体基于自己的价值观在面对或处理各种矛盾、冲突、关系时所持的基本价值立场、价值态度以及所表现出来的基本价值倾向。简单理解，价值取向就是我们站在什么角度考虑问题，基于什么理念考虑问题。信息化教学有效性的价值取向就是我们在对信息化教学有效性的评判中按照某种价值观念进行价值选择和行为决策时所表现出来的价值倾向性。在讨论信息化教学有效性的价值取向问题时，我们要搞清楚两个问题：有效的信息化教学关注什么？有效的信息化教学追求什么？对这两个问题的回答正是对信息化教学有效性的内容与目标的回答，也是理解信息化教学有效性的核心所在。

1. 信息化教学有效性关注什么——从封闭的主体二元对立关系走向互动对话的交互主体性教学

课堂教学的有效性，不仅是课堂教学问题，还是教学问题。那么信息化教学有效性就不应局限于课堂教学目标是否达成、课堂教学方法是否恰当等课堂问题，而是要更全面地从教育教学的本质上理解。教学本质是一个师生互动的双边关系，信息化教学有效性也应该在双边关系的基础上处理各种教学问题。

在以往的信息化教学讨论中，我们似乎形成了两种相互对立的观点：一种观点认为有效的信息化教学是合理运用信息化手段支持有效的“教”，这种观点在信息化教学开展之初成为一种主流的观点。在这种观点的引导下，信息化教学就要关注如何促进既定的教学目标的实现，如何实施更为优化的教学策略等，主要运用信息化手段提高教学的效率、效果。也就是说，信息化教学有效性的关注点在教师的“教”。另一种观点则认为有效的信息化教学是有效的支持学生的“学”，信息化教学的有效性是从学生的学是否有效来评判的。这种观点比第一种观点前进了一步，它关注了教学对象和教学目的。

然而，这两种观点主要围绕教学的效率和学习目的提出了信息化教学有效性的基本思路，这种思路体现了人们强烈的“工具理性”思想。工具理性是指反映在计算、测量、组织、预测等技术行为中的认识能力，其目的在于追求行动的效率和功利的最大化。这种“工具理性”思想，在早期的信息化教学实践中起到了较为重要的作用，可以说它是教学中介性以及有效教学的基础。如果教师不经常借助工具理性对教学中介进行质疑和反思，那么教师就不可能实现有效教学。然而，以工具理性为基础的关于课堂教学有效性的理解可能会带来教学伦理性与教学双边性的缺失。

信息化教学有效性关注的维度不应走向工具理性的旋涡，除了直观的、可测量的教学效果和效率，更要关注师生这一对二元主体的情感以及教学交往。如果我们单方面从教师的“教”和学生的“学”的角度理解信息化教学有效性，便割裂了教学双边二元主体之间的交互特性，难避“机械、肤浅”之嫌。在现实中，我们也能看到这种双极化的实践误区。在从以教师为中心向以学生为中心转变的过程中，很多教师没能把握好度，过分强调学生主体地位，让学生在课堂上放任自流。而在相关的研究中，为了搞好信息化教学，我们一味地要求教师考虑如何突出学习者的主体性，如何让学习者的学习变得轻松，让学习者取得收获，而使教师感到迷茫和不知所措，甚至极大地加重教师的教学任务和思想压力。试想一下，对于教师而言，在如此繁重的任务和沉重的压力下，这种教学理念和形式能真正持续有效吗？长此以往，只会造成信息化教学的低效甚至负效，这也是很多教师批判甚至放弃采用信息化教学的主要原因之一。因此，有效的信息化教学应从封闭的主体二元对立关系走向互动对话的交互主体性教学。

交互主体性是指人们在交往过程中都是主体，交往各方有相对的独立性，彼此互相承认、互相尊重。同时，它强调了“交互”的特征：同样具有主体性的人与人之间又总是在某种共同的联系之中彼此相互影响、互相作用。这种彼此之间的相互影响、相互作用以及由此引起的变化或发展又总是在同一个过程中，作为不可分割的整体同时发生。相较于传统教学，信息化教学的交互性特点和影响更为突出，它既能突出学生在学习中的主体地位，又能提高教师的教学效率。任何单方面的提高都不能称之为有效的信息化教学。在信息化教学中，要达到有效的教学，就必须遵循交互主体性教学规律，关注教学主体的二元性，关注教学的双边互动性以及教学活动的生成性。首先，信息化教学中要做到教学过程中主体地位的平等，教师和学生双方都不可能以单纯的主体身份而把其他主体当作客体对待。因此，信息化教学不能过于偏向以教师为中心的课程教学体系，也不能过于偏向以学生为中心的课程教学体系，教学过程、教学内容以及信息化教学手段和信息化教学模式都必须在充分尊重双方主体身份平等的条件下进行设计和实施，教师和学生作为互动主体都应该在教学活动中实现其自主性和主动性。其次，信息化教学的交互主体性还要求在教学中通过互动和交往实现其有效性，这里涉及交往的一个基本问题——教师和学生对信息化教学的理解和共识是实现有效信息化教学的前提条件。这一点是至关重要的。在以往的教学实践中，我们经常看到教师煞费苦心地设计了一堂自认为很完美的信息化教学，精心地安排和运用了技术手段，然而教学中却得不到学生的支持，无法与学生达成共识，最终事与愿违，事倍功半。因此，有效的信息化教学应关注教学交往过程中师生共同的体验、相互认识的心理倾向。

2. 信息化教学有效性追求什么——追求人的发展是信息化教学有效性的核心价值诉求

从开始至今，信息化教学大致经历了最初的热情追捧——理性思考——批判中发展几个阶段，每个阶段人们的关注点和追求都有着不同的变化。由最初追求技术的先进性到现在关注应用的适切性和合理性，人们对信息化教学有效性的理解走过了一段由感性到理性的进化过程。如今，人们对信息化教学有效性的“有效追求”有了更深刻的理解。

人的发展始终是教育的终极目标，信息化教学有效性的目标应是促进教学中人的发展。从“人的发展”这一视角检视我们的信息化教学有效性，就不仅要看学生掌握了多少内容、积累了多少知识，更要看我们的信息化教学是否对学生以后的学习和发展产生了影响，看学生在信息化教学中获得了怎样的实质性发展。这里涉及一个非常重要的方面——学生高级思维能力的发展。信息化教学环境为学习者的知识建构和高阶思维培养提供了良好的环境，其目标和价值追求就不能仅仅局限于学生知识的积累，更重要的是在信息化教学中追求人的高阶思维发展，注重学生适应信息化社会的全面能力的培养。信息化教学不仅有效追求信息呈现的多样化、知识的增长等表面上的效益，更应该追求运用技术创设丰富的学习环境，促进知识的自主建构和高阶思维技能的培养，这才是信息化教学有效追求的深层含义。

有了这些思考，我们再考虑课堂教学有效性的“有效追求”时，就必须弄清楚真实有效和虚假有效。真实有效主要指实现教学的实在价值，虚假有效主要指实现教学的符号价值。这两种价值的区分在很大程度上取决于教学评价思想，也就是如何评定教学价值。教学评价是教学价值取向的风向标，传统的教学评价广为诟病的是其评价的绝对性和静态性，人们常常以是否达到教学目标评判教学的成败，具体的实现方法就是以学生的直观表现和标准化的考试来甄别。而在信息化教学评价中，应摈弃这些缺陷，注重人文性和发展性。有学者认为，信息化教学评价应坚持两个原则，即“多元评价”原则和“评价为了发展”原则。多元评价包括评价主体的多元化、评价方法的多样化、评价内容的多维化。发展性评价指我们在评价时以发展的眼光和发展的视角看待教学效果。这两个原则很好地阐释了信息化教学评价的思想和理念，对鉴别信息化教学有效性是很有意义的。在实践中，丰富的信息化教学形式为教学评价带来了多样的评价手段和评价技术，我们需要根据不同的信息化教学形式选择适宜的评价方式，兼顾过程性评价和总结性评价，不能仅仅以学生的课堂表现以及其表象的兴趣和热情判断教学是否有效，而更应该注重信息化教学对学生后续的发展起到了多大的影响和作用。

人们在谈到教学中人的发展时，会惯性地认为此“人”就是学生，促进人的发展就是促进学生的发展。当然，这一点毋庸置疑，但从更为全面的角度看，有效的信息化教学应追求教师和学生的共同发展，这才是可持续的发展、生态的发展。前文说到，要实现交互主体性教学就要实现教与学双方的主体地位，如果教师的主体地位得不到体现，必将影响学生主体地位的实现。同样，信息化教学中，教师得不到发展，学生的发展也很难真正实现。试想，教师在信息化教学中只是疲于完成任务，其体验和价值实现得不到满足，则这样的信息化教学很难带给学生持续的、全面的发展。因此，信息化教学有效性追求人的发展具有生态性，追求教学系统内主体之间的相互依赖和共同发展，以及整个教学系统的动态性、自主性，只有把学生的发展和教师的发展放到一个系统中认识，才能实现个体全面发展。我们在评判信息化教学是否有效时，不仅要看学生获得了怎样的发展，同样要关注教师在教育教学实践中是否不断地获得发展。当然，这种发展是多方面的，包括教师对信息化教学的认识、态度和情感，也包括教师的信息化教学能力的提升，如信息化教学设计能力、信息化教学方法的运用能力等，表现为能轻松自如地处理信息化教学中的各种问题，不至于为了搞好信息化教学而身心疲惫地完成任务。

（四）信息化教学有效性的实践理念与途径

信息化教学有效性的实现，是一个复杂的系统工程，需要多方面的支持和保障。信息化教学有效性的实现条件并不是简单机械地依据某条规律确定出某条原则，往往呈现着错综复杂的情况。这就要求我们从其内涵及目标取向出发，全面考虑有效教学的原理和信息化教育的研究成果，综合概括地提出指导实践工作的基本要求。在对上述系统的理论思考及实践反思的基础上，我们认为信息化教学有效性的基本理念与途径应包括以下几点。

1. 生态的信息化教学观

受信息化教学的理论基础、影响因素、现实环境等多方面的影响，信息化教学实践注定是一个复杂的过程。在这种复杂的实践环境中，我们要实现有效的信息化教学，就必须全盘考虑各种“限制因子”，以全面、联系、平衡的思维看待信息化教学有效性问题。整体观、联系观与信息化教学实践的复杂性不谋而合，它要求我们不能漠视其中任何一个因子，不能割裂其间固有的联系，应以相互联系、和谐共生的思维和理念开展实践。以往的信息化教学实践思维常常是单向的、单一的，往往将有效性的取向和标准局限于某一个因子，如关注信息化教学的技术手段而忽视人，关注学生的发展而忽视教师的心理情感等，这样的实践给我们带来了现实的困境。事实上，作为一个以人的发展为最终目标的教育实践活动，信息化教学的复杂性和多样性毋庸置疑。因此，要实现有效的信息化教学，从生态观的视角审视和指导信息化教学的有效性就显得十分重要。生态观的主要观点体现在系统性、动态性、和谐共生等特征上，其观点和方法论对信息化教学实践具有很强的适切性，要求我们树立全面、协调、可持续发展的思想，促进信息化教学的有效发展、和谐发展。

2. 学教并重的交互主体性教学模式

在信息化教学的研究与实践领域，人们不断探讨新的信息化教学模式，但从现有的成果看，大部分属于以学生为中心的教学范式。这种教学模式较大地发挥了学生主体的作用，对改进传统教学起到了非常重要的作用；然而，它将教学活动交互双方的主体性片面地理解为学习者中心论，割裂了教学双边主体之间的交互特性，容易造成对教学的应有主体（教师）的漠视，这样不利于信息化教学的可持续发展，因此它显然不足以达到真正的有效。因此，我们探讨的有效信息化教学应是在重视教师和学生双方主体地位的基础上实施交互主体性教学模式。交互主体性教学要求我们所开展的信息化教学活动不能是一种单纯的主客二元对立的活动，教师和学生在主体平等基础上在信息化教学中应产生联系，这种联系是多方面的，包括教学目的、教学内容、教学方式、教学手段等。

3. 动态开放的发展性评价原则

有效教学与有效评价是密不可分的，对信息化教学有效性的探讨离不开对信息化教学评价的思考。前文说到，信息化教学有效性追求的目的是人的发展，那么我们评价信息化教学是否有效就要看信息化教学活动是否满足教与学双边主体的发展需要以及信息化教育教学发展的需要。信息化教学是一个动态的、不断变化的活动过程，它较传统教学而言充满了更多的不确定性和生成性，因此我们在评价中不能因为突出某一方面而以偏概全。

我们在评价过程中要坚持动态开放的评价原则。动态性要求我们不再过分注重结果的评价，而是注重教学过程的评价，注重信息化教学过程中教师与学生双方的满足感以及发展性。开放性要求我们在评估信息化教学有效性时坚持评价内容广泛性、评价方法多元性。信息化教学有效性的评价要面向主体发展，注重教学实践的长远需要。在信息化教学评价中，要充分发挥教师和学生双方的主观能动性，重视教学有效性与教师专业发展双重发展，建立一种发展性教学评价体系。

信息化教学的有效性，绝不是简单的教学目标的实现，也不能窄化为在多大程度上提高了教学效果。我们认识和理解信息化教学有效性时应将它置于一个更为系统、更为深入的层面。信息化教学有效性关注的维度是交互主体性的实现，其核心价值诉求是追求教师和学生的共同发展。这些理论上的认识会对信息化教学的有效进行起到一定的指导作用。

第四节 信息化教学的理论依据

一、人的全面发展理论

教育目的既是教育活动的宗旨，也是教育活动开展的依据。在不同的社会历史时期，由于受到历史条件、教育价值观的制约，对把受教育者培养成何种质量规格的人才的要求各不相同。中国古代教育家提出通过礼、乐、射、御、书、数的教育培养国之“士”；古希腊的教育家在教育中开设“七艺”，以培养有健康体魄、有道德、有美感的人等等。教育史上，关于教育理论的论述林林总总，但文艺复兴后，人的全面发展几乎为近代西方每一个进步思想家所推崇，成为贯穿在近代历史文明发展中的崇高理想。

（一）马克思主义的“人的全面发展”理论

人的全面发展，最根本的是指人的劳动能力的全面发展，即人的智力和体力的充分、统一的发展，同时包括人的才能、志趣和道德品质的多方面发展。人的发展始终是思想先驱们所思考的问题，普罗泰戈拉、圣西门、傅立叶等人均对人的发展进行过探讨。但直到19世纪中叶，马克思与恩格斯在吸收前人理论的基础上才提出了人的全面发展理论，标志着人的发展理论的正式确立。

马克思在青少年时期就开始思考有关人的发展问题，他在《青年在选择职业时的考虑》中指出，职业选择的主要指针是人类的幸福和自身的完善，这是马克思关于人的发展的最早的描述。在进一步的思考下，马克思在《1844年经济学哲学手稿》中初步提出了人的全面发展的思想，指出“人以一种全面的方式，也就是说，作为一个完整的人，占有自己的全面的本质”。而在《关于费尔巴哈的提纲》中，马克思指出实践对全面发展的重要意义，认为“个人的全面发展，只有到了外部世界对个人才能的实际发展所起的推动作用为个人本身所驾驭的时候，才不再是理想、职责等等，这也正是共产主义者所向往的”。这一系列理论初步形成了马克思关于人的全面发展思想。其后，马克思和恩格斯在《哲学的贫困》《共产主义原理》《共产主义信条草案》以及《共产党宣言》中进一步论述和发展了这一思想，最终形成了完整的关于人的全面发展的理论。

马克思主义关于“人的全面发展”理论，概括起来主要包括以下几个方面的内容。

1. 人的需要的全面发展

马克思认为，需要是人的本性，需要是人类一切活动的源泉和动力，没有需要，就没有生产。人正是为了满足自己的生存、享受和发展需要，才进行物质生产和社会活动。人的需要的不断丰富和全面，标志着人本质力量新的呈现和人存在的充实。满足正当需要是人不可剥夺的权利，一切压抑人的正当需要，都是违背人性的，都从根本上否认了人本身。所谓人的需求的全面发展，就是除了物质需求以外，社会关系方面的各种需求和精神生活中的各种需求，以及自我实现和发展、自由的需求等。

2. 人的主体性的全面发展

人的主体性是指凭借自己的综合素质与实践活动而处于支配地位，成为主人的人所具有的特殊属性。马克思认为，人是社会历史的主体，人的主体性是人在创造自己历史的活动中所表现出来的能动性、创造性、自主性。

3. 人的能力或才能的全面发展

马克思把人的能力的全面发展看作人的全面发展的核心。人的能力的发展是人的全面发展的重要内容，发展人必须发展人的各种才能。人的能力是多方面的，包括人的自然能力和社会能力、潜力和现实能力、体力和智力等。只有人的这些能力或才能都得到充分发展，才是真正的全面发展。

4. 人的个性的自由发展

人的自由个性是人的本质力量发展的集中体现，是个人的生理素质、心理素质和社会素质在不同社会领域的集中表现，是人的自主性、能动性、独特性、创造性的充分展示。马克思指出个性的自由发展就是“一切天赋得到充分发展”。

5. 人的社会关系的全面发展

人的社会关系是指人与自然、社会以及他人的关系。社会关系是人的现实本质，或是人的本质的现实性表现。马克思认为：“人的本质并不是单个人所固有的抽象物，在其现实性上，它是一切社会关系的总和。”所以，在其本质意义上，人的全面发展实际上就是人的一切社会关系的全面发展，因为“社会关系实际上决定着一个人能够发展到什么程度”，“一个人的发展取决于与他直接或间接进行交往的其他一切人的发展”。因此，人必须积极参与社会生活多个领域的交往，在交往中形成丰富而全面的社会关系。可见，人的全面发展的核心内容就是人的本质的全面发展。人的本质的全面发展，也就是人的社会属性即人的社会关系的全面发展。人的本质的丰富性、全面性取决于社会关系的丰富性、全面性。

没有个人与社会之间的普遍联系，个人的才能就不能得到发展，人的社会性质也不能得以充分的体现。只有人的社会关系得到高度的丰富和发展，人的全面发展才有可能。

（二）人的全面发展是现代教育的共同追求

古希腊哲学家亚里士多德主张“和谐教育”。夸美纽斯在其名著《大教学论》一书中，提出了泛智教育的理想，希望所有的人都受到完善的教育，都得到多方面的发展，成为和谐发展的人。法国启蒙思想家卢梭是自然主义教育思想的代表，他认为教育的目的和本质，就是促进人的自然天性，即自由、理性和善良的全面发展。瑞士教育家裴斯泰洛齐倡导教育应以善良意志、理性、自由及人的一切潜在能力的和谐发展为宗旨。

（三）人的全面发展是21世纪社会发展的要求

21世纪，全球正在全方位迈向知识经济时代，这是一个不可抗拒的历史性转变。知识经济本质上是人才经济、头脑经济、智慧经济。

知识经济中，以知识、信息为基础的产业将占越来越大的比重，“生产”过程日益“非物质化”“智力化”，人与物质和技术的关系将降至次要地位。这要求人才从掌握某种职业的实用技能，转向具有适应劳动世界变化的综合能力（包括劳动技能以外的合作精神、创新精神、风险精神、交流精神等）；要求人才不仅具备智力技能，还需要具备社会技能，包括人际关系处理技能等。

随着科学技术的发展进步，原有的职业会被淘汰，新的职业将陆续产生，一个人多次变动工作或劳动场所将是常事。追求人的全面发展，重在培养素质、能力，才能适应21世纪社会发展的要求。

二、建构主义学习理论

（一）建构主义学习理论的基本内容

1. 皮亚杰的认知发展理论

建构主义的最早提出者是瑞士认知心理学家皮亚杰（Jean Piaget），他的建构主义基于他有关个体的认知发展的观点，发展了发生认识论。从个体认知发展理论和个体发展阶段理论出发，皮亚杰认为个体所获得的成功主要不是由教师传授，而是出自个体本身，是个体主动发现、自发学习的结果。个体在与周围环境相互作用的过程中，逐步建构关于外部世界的知识，从而使自身认知结构（即图式）得到发展。他指出：“认识既不能看作是在主体内部结构中预先决定了的——它们起因于有效的和不断的建构；也不能看作是在客体的预先存在着的特性中预先决定了的，因为客体只是通过这些内部结构的中介作用才被认识的。”知识既不是客观的东西，也不是主观的东西，而是个体在与环境交互作用的过程中逐渐建构的结果。

个体认知结构的发展涉及三个基本过程：同化、顺应和平衡。

（1）同化。同化是指把外部环境中的有关信息吸收进来并结合到个体已有的认知结构中，即个体把外界刺激整合到自己的认知结构内的过程。随着个体认知的发展，同化依次经历了三种形式：再现性同化、再认性同化和概括性同化。再现性同化是个体对出现的某一刺激做出相同的重复反应；再认性同化是个体辨别物体之间差异借以做出不同反应的能力；概括性同化是个体知觉物体之间的相似性并把它们归于不同类别的能力。

（2）顺应。顺应是指外部环境发生变化而已有的认知结构无法同化新信息时所引起的个体认知结构发生改变的过程，即个体的认知结构因外部刺激的影响而发生改变的过程。顺应与同化是相伴而行的，没有纯粹的同化，也没有单纯的顺应。同化是认知结构数量的扩充（图式扩充），而顺应则是认知结构性质的变化（图式改变）。因此，认知个体的发展是同化与顺应对立统一过程的产物。

（3）平衡。平衡是指个体通过自我调节机制使认知发展从一个平衡状态向另一个较高平衡状态过渡的过程。认知个体就是通过同化与顺应这两种形式达到与周围环境的平衡：当个体能用现有图式同化新刺激时，他便处于一种平衡的认知状态；当现有图式不能同化新刺激时，平衡即被破坏，而修改或创造新图式（即顺应）的过程就是寻找新的平衡的过程。个体的认知结构就是通过同化与顺应过程逐步建构起来，并在“平衡—不平衡—新的平衡”的无限循环中得到不断的丰富、提高和发展。

2. 建构主义学习理论的基本观点

建构主义学习理论是认知主义学习理论的进一步发展，该理论发展了早期认知学习论中已有的关于“建构心理结构”的思想，强调学生在学习过程中主动建构知识的意义，并力图在更接近、更符合实际情况的情境性学习活动中，以个人原有的经验、心理结构和信念为基础建构和理解新知识。

近年来，建构主义流派纷呈，呈现出百家争鸣的昌盛局面。各种建构主义观点的立足点尽管存在分歧，但它们对学习的观点都有以下几点共识。

（1）学习是学习者主动建构内部心理表征的过程。建构主义认为根本不存在一成不变的“客观”事实。学习不是由教师向学生传递知识，而是学生根据外在信息，通过自己的背景知识和经验，自我建构知识的过程。在这个过程中，学习者不是被动的信息吸收者和刺激接受者，他既要对外部信息进行选择和加工，又要根据新知识与自己原有经验背景知识的关联，主动地建构信息的意义。

（2）学习过程是一个双向建构的过程。建构主义认为建构一方面是对新信息的意义建构，运用原有的经验超越所提供的信息，另一方面又包含对原有经验的改造和重组。在学习过程中，每个学习者都在以自己原有的经验系统为基础对新的信息进行编码，建构自己的理解，而且原有知识又因为新经验的进入而发生调整和改变，所以学习并不单单是信息的量的积累，它同时包含由于新旧经验的冲突而引发的观念转变和结构重组，学习过程也不单单是信息的输入、存储和提取，而是新旧经验之间双向的相互作用过程。

（3）学习具有社会性。建构主义认为知识或意义是以学习者原有的经验背景知识为基础建构起来的，由于每个人所处的社群、积累的经验和具有的文化背景不同，因此每个人对事物的理解也存在个体差异。知识或意义不仅是个人主动建构的结果，而且需要依靠意义的社会共享和协商进行深层的建构。人的自然属性和社会属性决定了人们不可能孤立地在社会实际生活中完成学习，彼此之间必须进行交流和协作。通过对话、协商、沟通，学习者能看到那些与自己观点不同的观点，在多种不同观点的"碰撞"和"融合"中，不断自我反思，完善对知识的意义建构。

（4）学习具有情境性。建构主义认为学习发生于真实的学习任务中。真实的学习任务不仅有利于激发学习者的学习主动性，还是个体建构知识的源泉。这一方面表现在学习者理解、建构知识受到特定学习情境的影响，个人的认知结构是在与社会交互作用以及与其自身经验背景的相互作用的过程中，逐步形成与完善起来的。另一方面表现在知识在各种情况下的应用不是简单套用，而是需要针对具体情境的特殊性对知识进行再创造。

3. 构建主义学习理论的学习观

建构主义学习理论认为，知识不是通过教师传授得到的，而是学习者在一定的情境即社会文化背景下，借助学习过程中其他人（包括教师和学习伙伴）的帮助，利用必要的学习资料，通过意义建构的方式而获得。由于学习是在一定的情境即社会文化背景下，借助其他人的帮助即通过人际间的协作活动而实现的意义建构过程，因此有人认为"情境""协作""会话""意义建构"是学习环境中的四大要素或四大属性。

（1）情境：学习环境中的情境必须有利于学生对所学内容的意义建构。

（2）协作：协作发生在学习过程的始终，对学习资料的搜集与分析、假设的提出与验证、学习成果的评价乃至意义的最终建构均有重要作用。

（3）会话：会话是协作过程中不可缺少的环节。学习小组成员之间必须通过会话商讨如何完成规定的学习任务。此外，协作学习过程也是会话过程，在此过程中，每个学习者的思维成果（智慧）为整个学习群体所共享，因此会话是达到意义建构的重要手段之一。

（4）意义建构：这是整个学习过程的最终目标。所要建构的意义包括事物的性质、规律以及事物之间的内在联系。在学习的过程中帮助学生建构意义就是要帮助学生对当前学习内容所反映的事物的性质、规律以及该事物与其他事物之间的内在联系达到较深刻的理解。

4. 建构主义学习理论的知识观

（1）知识不是对现实的纯粹客观的反映，任何一种传载知识的符号系统也不是绝对真实的表征，它只不过是人们对客观世界的一种解释、假设或假说，并不是问题的最终答案，但它必将随着人们认识程度的深入而不断被变革、升华和改写，促进新的解释和假设出现。

（2）知识并不能绝对准确无误地概括世界的法则，提供对任何活动或问题解决都实用的方法。在具体的问题解决中，知识是不可能一用就准、一用就灵的，而是需要针对具体问题的情境对原有知识进行再加工和再创造。

（3）知识不可能以实体的形式存在于个体之外，尽管通过语言赋予了知识一定的外在形式，并且获得了较为普遍的认同，但这并不意味着学习者对这种知识有同样的理解。真正地理解只能由学习者基于自己的经验背景建构，而这取决于特定情况下的学习活动过程。否则，就不能叫作理解，而应叫作死记硬背或囫囵吞枣，是被动的复制式的学习。

5. 建构主义学习理论的学生观

（1）建构主义强调，学习者并不是空着脑袋进入学习情景中的。在日常生活和以往各种形式的学习中，学习者已经形成了有关的知识经验，他们对任何事情都有自己的看法。即使有些问题他们从来没有接触过，没有现成的经验可以借鉴，但是当问题呈现在面前时，他们还是会基于以往的经验，依靠他们的认知能力，形成对问题的理解，提出他们的假设。

（2）教学不能无视学习者的已有知识经验，简单地从外部对学习者实施知识灌输，而应把学习者原有的知识经验作为新知识的生长点，引导学习者从原有的知识经验中生长新的知识经验。教学不是知识的传递，而是知识的处理和转换。除了呈现知识，教师更应重视学生自己对各种现象的理解，倾听他们时下的看法，思考他们这些想法的由来，并以此为据，引导学生丰富或调整自己的解释。

（3）教师与学生、学生与学生之间需要共同针对某些问题进行探索，并在探索的过程中相互交流和质疑，了解彼此的想法。由于经验背景不可避免的差异性，学生对问题的看法和理解经常是千差万别的。其实，在学生共同体中，这些差异本身就是一种宝贵的现象和资源。建构主义虽然非常重视个体的自我发展，但是也不否认外部引导，亦即教师的影响作用。

（二）建构主义学习理论对信息化教学模式的指导意义

建构主义学习理论认为，学习是学习者通过一定的情境（即社会文化背景），借助其他人（教师或学习伙伴）的帮助，利用必要的学习资源，通过协作会话的方式，主动建构知识意义的过程。在这个过程中，学习者是学习活动的主体，教师是学习者学习的帮助者、促进者和引导者。在教学设计中，建构主义学习理论的指导作用主要体现在以下几个方面。

1. 情境创设

建构主义学习理论强调为学习者的学习提供真实的情境，一方面能激发学习者的学习动机，使学习者产生学习需求，驱动学习者主动学习、积极探究；另一方面能增强知识运用的情境性，有助于学习者完成知识的意义建构，实现知识的有效迁移。在教学设计程序的开发中，利用多媒体图、文、声、像并茂的优势，根据学习内容，将各种媒体资源有机整合，创设多媒体的直观情境，激发学生的学习兴趣。我们可以利用学生的好奇心和问题的导向功能，巧妙地设置引人注意和启发思考的问题，调动学生探究发现的积极性，引导他们主动寻求解决问题的方法。同时还可以利用虚拟现实仿真技术，创设接近真实的在线实验情境，让学生在虚拟的实验情境中，完成实验操作和数据分析，培养学生科学研究的态度和能力。

2. 学生作为认知主体的体现

建构主义学习理论认为学生不是知识的被动接受者，不是被灌输的对象，而是信息加工的主体，在学习过程中发挥着认知主体的作用。在教学设计程序的开发中，不能仅仅注重知识内容的呈现，更应强调学生在学习过程中认知主体的体现。教学程序既要为学生开辟自主学习的空间，又要为学习者之间的协作交流创造条件。

（1）自主学习的设计。在教学程序中，根据学习内容的特点，设计多种自主学习策略，提供各种符合学科特点的认知工具，引导学生自主完成知识的意义建构；设计层次分明、难度适宜的测试题，供学生在学习的过程中进行自我评价，并根据学生的作答情况及时给出适应性的反馈和建议。

（2）协作学习的设计。协作学习不仅能提高学生创新思维和发散思维能力，而且有利于培养学生人际交往的能力和团队精神。适当的协作学习任务（问题）和便利的通信工具是实现在线协作的前提。在教学程序的开发中，根据学习内容，设置学生感兴趣的问题，激发学生的协作动机，促使学生积极参与讨论；提供各种协作工具（电子公告板、聊天室、电子邮件和协作学习平台等），便于学生以问题讨论的形式进行在线交流和协商。

3. 教师作为主导作用的体现

建构主义学习理论强调在教学过程中教师主导作用的发挥，教师不再是知识的传授者和灌输者，而是学生进行意义建构的帮助者和促进者。在教学程序的开发中，我们可以通过以下三种途径实现教师的主导作用。

（1）设计教学策略帮助学生实现知识的意义建构。一门课程要引起学生的兴趣，促使学生积极投入，除了课程内容本身丰富精彩的因素，更重要的是教师要灵活而巧妙地设置各种不同的激励策略和教学策略，从多种角度激发学生的学习动机，为学生提供个性化的学习指导，从而更好地发挥学生主人翁的精神，自主完成知识的意义建构。在教学程序中，教师可以在每个章节内容的学习前，针对本章节的具体学习内容，设计情感激励、问题诱导、任务驱动等动机激发策略，提供可行的学习建议和指导，帮助学生进行学习导读；教师还可以针对每个章节内容的重难点，设计“支架式策略”“抛锚式策略”“随机进入式策略”等自主学习策略，提供大量多媒体资源和其他网络资源，引导学生更好地理解掌握学习内容。

（2）引导和监控学习过程。为了保证学习顺利进行，教师的适时引导是必不可少的。在教学中，学生的自主学习和协作学习都离不开教师的引导。教师可以借助人工智能技术、设计专家系统或者伙伴助手，对学生实现在线的个性化学习指导，还可以开辟教师的答疑空间。学生在完成单元内容或课程内容的学习后，如果有困惑，或者有难以解决的问题，可以通过电子邮件的形式发送请求，实现异步交流，还可以通过论坛的形式在线咨询，实现同步交互。

（3）设计学习评价。在教学中，教师根据课程教学目标的要求，设计大量不同类型和层次的测试题，学生可以在线进行自我测试，并依据反馈信息检验自己的学习是否达到学习目标的要求；教师还可以设置综合性强，且与课程内容相关的实际问题或任务，让学生通过设计问题解决方案、创作作品、设计实验操作等实践活动检验自己综合运用知识的能力。

三、多元智能理论

（一）多元智能理论的产生

20世纪初，法国心理学家比奈创造了智力测验，用来测量人的智力的高低。1916年，德国心理学家施太伦提出了“智商”这一概念：智商即智力商数，它是用数值表示智力水平的重要概念。1935年，亚历山大第一次提出“非智力因素”这个概念。所谓“非智力因素”，是指记忆力、注意力、观察力、想象力、思维力等智力因素之外的一切心理因素，主要包括动机、兴趣、情感、意志、性格等，这些非智力因素都是直接影响和制约智力因素发展的意向性因素。但是，这一理论提出后，并未受到人们的关注。

1967年，美国在哈佛大学教育研究生院创立“零点项目”，由美国著名哲学家戈尔曼主持。“零点项目”的主要任务是研究在学校中加强艺术教育，开发人脑的形象思维问题。从这以后的20年间，美国对该项目的投入达上亿美元，参与研究的科学家、教育家超过百人，他们先后在100多所学校做实验，有的人从幼儿园开始连续进行20多年的跟踪对比研究，出版了几十本专著，发表了上千篇论文。多元智能理论就是这个项目在20世纪80年代的一个重要成果。

哈佛大学霍华德·加德纳教授在参与此项研究的过程中首先考察了大量的、迄今没有相对联系的资料，即关于神童的研究、关于脑损伤病人的研究、关于有特殊技能而心智不全者的研究、关于正常儿童的研究、关于正常成人的研究、关于不同领域的专家以及各种不同文化中个体的研究。通过对这些研究的分析整理，他提出了自己对智力的独特理论观点。基于多年来对人类潜能的大量实验研究，加德纳在1983年出版的《智力的结构》一书中，首次提出并着重论述了他的多元智能理论的基本结构，并认为支撑多元智能理论的是个体身上相对独立存在着的、与特定的认知领域或知识范畴相联系的八种智力，这些为多元智能理论奠定了理论基础。

（二）多元智能理论对教育改革的意义

1. 多元智能理论有助于形成正确的智力观

真正有效的教育必须认识到智力的广泛性和多样性，并使培养和发展学生各方面的能力占有同等重要的地位。

2. 多元智能理论有助于转变教学观

多元智能理论认为，每个人都不同程度地拥有相对独立的八种智力，而且每种智力有其独特的认知发展过程和符号系统。因此，教学方法和手段就应该根据教学对象和教学内容而灵活多样，因材施教。

3. 多元智能理论有助于形成正确的评价观

传统的智力测验是片面的、有局限的。多元智能理论认为，人的智力不是单一的能力，而是由多种能力构成。因此，学校的评价指标、评价方式也应多元化，学校教育应从纸笔测试中解放出来，注重对不同人的不同智能的培养。

4. 多元智能理论有助于转变学生观

根据多元智能理论，每个人都有其独特的智力结构和学习方法，所以，对每个学生都采取同样的教材和教法也是不合适的。多元智能理论为教师提供了一个积极乐观的学生观，即每个学生都有闪光点和可取之处，教师应从多方面了解学生的特长，并采取适合其特点的有效方法，使其特长得到充分的发挥。

5. 多元智能理论有助于形成正确的发展观

按照加德纳的观点，学校教育的宗旨应该是开发多种智能并帮助学生发现适合其智能特点的职业和业余爱好。多元智能理论认为，应该让学生在接受学校教育的同时，发现自己至少有一个方面的长处，从而热切地追求自身内在的兴趣。

四、素质教育理论

素质教育是指一种以提高受教育者诸方面素质为目标的教育理念，相对于应试教育，它更突出人的思想道德素质、能力培养、个性发展、身体健康和心理健康教育。

（一）素质教育

1. 素质教育的定义

目前，由于对素质教育内涵的研究角度不同，教育界给“素质教育”下的定义也不尽相同。有人依据“强调点”归纳“素质教育”；有人强调以人的发展为出发点；有人同时强调人的发展和社会发展；有人强调公民素质；有人强调先天与后天相结合；有人把各种素质平列；有人试图划分素质层次；还有人强调通过科学途径充分发挥天赋。综观这些定义，虽然表述不一，但有着共同特点。

第一，素质教育是以全面提高全体学生的基本素质为根本目的的教育。

第二，素质教育要依据社会发展和人的发展的实际需要。

第三，在某种意义上，素质使人联想到潜能。这些定义不仅都主张充分开发智慧潜能，而且主张个性的全面发展，重视心理素质的培养。

依据以上分析，笔者认为可以将素质教育定义为：素质教育是依据人的发展和社会发展的实际需要，以全面提高全体学生的基本素质为根本目的，以尊重学生个性，注重开发人的身心潜能，注重形成人的健全个性为根本特征的教育。

2. 素质教育的本质

素质教育从本质来说，就是以提高国民素质为目标的教育。这是从教育哲学的角度在教育目的层次上对素质教育概念的一种规定，这一规定把素质教育与其他种种不是以提高国民素质为目标的教育区分开来。例如，它明确地区分了素质教育与应试教育。

第一，素质教育的目标是提高国民素质；而应试教育的目标是“为应试而教，为应试而学”，在此目标导向下，即使客观上能使部分学生的某些素质获得浅层次发展，也可能影响其他方面的发展。

第二，素质教育以提高国民素质为目标，必然要面向全体学生，面向每一位未来的国民；而应试教育则更多关注学生的应试能力。

第三，素质教育为了提高国民素质，强调教育者应发挥创造精神，从学校实际出发设计并组织科学的教育教学活动，促进受教育者在自主活动中将外部教育影响主动内化为自己稳定的身心素质；应试教育则是教育者跟着考试指挥棒亦步亦趋，教学方法上以灌输、被动接受为基本特征的一种方式。

（二）实施素质教育的意义

1. 实施素质教育是我国社会主义现代化建设的需要和迎接国际竞争的迫切需要

进入21世纪以来，我国的经济体制从计划经济体制转变为社会主义市场经济体制，经济增长方式从粗放型转变为集约型。我们正在实施科教兴国战略和可持续发展战略，以在21世纪激烈的国际竞争中处于战略主动地位。在实现现代化这一宏伟实践当中，在完成新的社会转型的过程当中，我们面临着资金、技术和物质资源不足等问题，而最大的问题是缺乏高素质人才的问题。在我国这样一个人口众多的发展中国家，大力加强人力资源能力建设是实施人才强国战略的关键。

2. 实施素质教育是迎接 21 世纪科技挑战的需要

当代科学技术发展的特点是发展速度加快，新领域突破增多；学科高度分化而又高度综合；科学技术转化为生产力的周期大大缩短；知识信息传播超越时空。当代科学技术的飞速发展也带来了产业结构的不断调整和职业的广泛流动性。所有这些都对未来人的素质的培养和教育提出了新要求。为了更好地迎接 21 世纪科学技术和知识经济的挑战，每一个人都必须终身学习，不断调整、提高、发展自己。在终身教育观、大教育观的指导下，基础教育阶段具有特殊的意义，每一个人在基础教育阶段都要打好基础，养成基本素质，学会学习，学会自主地发展自己。

3. 实施素质教育既是社会的要求，又是教育领域自身的要求

我国正在实施九年制义务教育。所谓义务教育，指的是依据法律，国家、社会、家庭必须予以保证，适龄儿童青少年必须接受的一定年限的教育。义务教育的本质要求是使每一个人都得到应有的发展。而素质教育面向全体反映了义务教育的这一本质要求。

终身教育是我们打开 21 世纪大门的一把钥匙。终身教育概念起初被应用于成人教育，后来逐步被应用于职业教育，现在则包括整个教育过程和个性发展的各个方面。应试教育的倾向不能适应时代的需要，实施素质教育也正是在克服应试教育倾向中逐步明确、逐步提出的基础教育改革课题。素质教育是我们时代和社会的需要，是我们基础教育改革的时代主题，也是我们克服应试教育影响的总对策。

第二章　大学英语教学基础认知

第一节　大学英语课程设置与教学构成

一、大学英语课程设置情况概览

课程设置实际上是一种课程体系，主要围绕教学目标进行课程内容的选择，在此基础上划分课程门类及其对应的学分和学时，并进行学年及学期顺序的编排。《大学英语课程教学要求》（以下简称《课程要求》）中指出，高校大学英语教学改革的主要内容是围绕本校学科专业特色，开展大学英语课程设置。对大学英语课程设置进行改革，首先要进行充分的需求分析，根据分析结果对现有的教学资源进行有效整合，并根据《课程要求》，结合本校制定的大学英语教学改革规划，完成课程设置，确保不同专业类型、不同层次、不同需求的学生在英语应用能力方面得到充分的训练和提高。

大学英语课程不仅是一门语言基础课程，也是拓宽知识、了解世界文化的素质教育课程，兼有工具性和人文性。因此，设置大学英语课程时，也应当充分考虑对学生的国际文化知识的传授和跨文化素质的培养。大学英语教学的目标主要有三个：第一，培养学生的英语综合应用能力；第二，培养学生的跨文化英语交际能力；第三，培养学生具备良好的英语学习策略。达到这三个目标，就能使学生在今后的学习、工作和社会交往中用英语进行有效的交际，增强其自主学习能力，提高综合文化素养，以适应我国社会发展和国际交流的需要。在确保大学英语作为通识教育必修课的基础上，各校可根据实际情况，按照《课程要求》和本校的大学英语教学目标，设计出适合本校专业人才培养的大学英语课程体系，将综合英语类、语言技能类、语言应用类、语言文化类和专业英语类等必修课程和选修课程有机结合，确保不同层次的学生在英语应用能力方面得到充分的训练和提高。

（一）大学英语必修课程设置情况

虽然《课程要求》对大学英语必修课程的学分和学时没有做出明确的要求，但原则上要求给予足够的学时和学分，并要求学校加强对现代信息技术的运用，积极探索和开发各类网络教程，为学生的自主学习提供保障，满足不同英语水平学生的不同需要，满足个性化学习和专业发展的需要。

根据2000年以来国内高校大学英语课程设置情况的对比研究，在我国高校普遍压缩学时学分的形势下，大学英语必修课的学时、学分普遍减少，而且部分学校减少大学英语必修课学时、学分的幅度还比较大。但大学英语作为一门必修课的地位没有动摇，大学英语教师在教学过程中越来越重视培养学生的英语综合应用能力和跨文化素养。

大学英语课程主要以综合英语课为主，英语视听说为辅，重视听说读写译综合能力的培养。在开展以综合英语、视听说为主的课堂教学的同时，多数高校还根据《课程要求》关于“基于计算机和多媒体课堂的英语教学模式”的意见，加强大学英语网络自主学习中心的建设，保障学生课外基于网络的自主学习。不少高校还通过购置或自主开发大学英语学习系统，充分发挥大学英语网络自主学习中心的作用，比如，要求学生利用大学英语网络自主学习中心的设备条件和软件系统自主学习，训练大学英语口语、大学英语写作，并将其学习进度情况和效果纳入期末学生考评体系。

由于学生在招生类型及专业发展等方面的差异性，高校在大学英语必修课设置中也有很大的差异性。例如，由于我国高校国际化发展的深入，中外合作办学项目在高校招生类型中占有一定的比例。根据这类学生的发展需要，为了突出国际化的特色，通常在大学英语必修课学分、学时上都有较高的要求，在开设课程的门类上往往也跟国际接轨，特别重视学生的口语、写作等语言输出技能训练。所以，大多数学校对中外合作办学项目学生都单独开设了口语课或者写作课。

（二）大学英语选修课程设置情况

近些年，关于大学英语课程设置的问题，我国英语教学界出现了两种完全不同的教学理念取向，一种认为应把大学英语当作英语专业来教，另一种则坚持大学英语应当为学生专业学习服务的理念。

持上述第一种教学观念取向的学校参照英语专业的课程设置和教学模式开展大学英语教学，即在基础阶段开设综合英语和视听说等一系列必修课程，在提高阶段主要开设以提高学生英语能力为目标的各类课程，如英语报刊选读、英语影视欣赏等。根据蔡基刚对全国 65 所高校大学英语选修课程设置情况的调查，这类大学英语提高阶段的课程设置和教师安排等方面已经不区分大学英语专业和非英语专业，只是在学分和课时上有一些细微的区别。这样，不同专业的学生可以共上一门选修课。近年来，随着大学入学新生的英语水平逐步上升，大学英语综合英语必修课程的学期数减少，越来越多的高校开始认可英语选修课程。

持第二种观点的学校在大学英语提高阶段选修课程的设置方面各有千秋，但其教学观都落脚在专门用途英语（English for Specific Purposes，简写为 ESP）课程的设置上，各校根据校本专业特色及发展定位开设各种各样的 ESP 课程，如服务于应用型本科人才培养的知识产权行业英语、涉外律师英语、会计英语、建筑英语、汽车行业英语、IT 行业英语、纺织行业英语、空调制冷行业英语等各类行业英语课程；服务于研究型本科人才培养的学术英语写作、科技英语阅读、管理科学英语、网络科技英语、法律英语等各类学术英语课程。

以上两种教学观最大的不同在于课程设置。不同的教育观念及其取向必然会对大学英语课程教学改革及研究方向产生不同的影响，究竟是采用英语专业的教学模式，还是坚持为专业学习服务？或者以某一种取向为主，兼顾另一种取向？对上述问题的回答，每个学校可能有不同的答案。面对我国目前基础教育水平不断提升、高等院校大学新生英语水平普遍提高的现状，全国高校也在不断探索和深化大学英语教育教学改革，专门用途英语（ESP）越来越受到重视。在新形势下，我国大学英语教学改革的目的在于满足学生的发展需要，满足高等教育国际化的社会需要，满足学校本科专业人才培养的需要。因此，学校要从分类、分层次的教学原则出发，围绕各自的办学特色和发展定位，改革现有的大学英语必修课程设置，不断提升学生的英语综合应用能力。与此同时，要加强 ESP 大学英语选修课程建设，重视通用英语（English for General Purposes，简写为 EGP）和专门用途英语（ESP）之间的交叉融合，加大大学英语课程体系的建设力度，不断凝练和固化校本特色的课程体系，更好地服务于本校专业人才培养。

在课程设置中，要坚持四大原则，即将专业学习与个人发展相结合，将必修课与选修课相结合，将课堂教学与自主学习相结合，将 EGP 和 ESP 相结合。

另外，还要注意课程设置既要体现人才培养方案的要求，又要考虑学生自身发展的需求。

在课程性质上，不仅要认清当前很多高校将大学英语课程学分压缩和课时减少的事实，也要保障学生在基础学习阶段的大学英语必修课，还要充分利用学校的通识课（选修模块），陆续开设、建设各种类型的EGP和ESP课程，在努力提高大学英语必修课效率的同时，尽可能给予学生更多学习ESP课程的机会，尽可能满足不同学生的不同需求。

在深化大学英语教学改革的过程中，要不断更新教育教学观念，寻求破解对EGP和ESP课程认识的误区，将综合英语类、语言技能类、语言应用类、语言文化类和专门用途英语类等必修课程和选修课程有机结合，搭建科学、合理、系统的大学英语课程体系，突出本校特色，确保大学英语四年不断线，确保不同类别、不同层次的学生在英语应用能力和跨文化素养方面得到充分的训练和提高。

随着高等教育国际化的不断深入，大学英语课程的重要性不断攀升。从目前的形势来看，大学英语教学与课程设置改革面临着前所未有的压力与挑战。其一，高等学校对英语课程的学分和学时进行大幅度压缩，导致其在学校必修课中的地位下降；其二，学校仍然对教师提高教学水平和学生提高英语运用能力的期望较高。在大学英语教育教学改革中，教师起着关键性的作用，其不仅要充分发挥自身的积极性、主动性和带动性，还要努力争取管理者的理解和支持，尽可能为学生提供个性化的服务。这正是积极开展大学英语课堂教学研究的意义所在。

二、大学英语课程教学构成要素分析

随着现代信息技术的不断发展，现代教学媒体在教学中发挥的作用越来越显著，对传统的教学系统产生了极大的冲击。虽然现代教学系统仍由教师、学生、教学内容、教学媒体这四个基本要素构成，但这四个要素在现代教学系统中的作用发生了根本性的变化，而且这四个要素之间存在着相互的联系和作用，是一个有机整体。现代多媒体教学的广泛应用，最大限度地改变了这四个要素在传统教学中的相互关系，加快了各要素之间的信息传递，提升了信息的转化效率。

（一）大学英语学习者

大学英语课程教学的出发点和落脚点都应当是学生，因此研究大学英语教育教学首先要研究大学英语学习者。

近年来，随着大学新生英语水平的不断提高，学生对自己的英语综合能力的要求也不断提高。现在的大学新生都是在基础教育实施“新课标”后开始学习英语的，他们在英语课程的学习目标定位、学习理念、学习动机、学习方式和方法、学习条件等方面都具有较为明显的特点。

大学生学习大学英语的目的很明确，就是要通过大学英语的学习，提高自己的英语综合应用能力，特别是听说能力，从而在今后学习、工作和社会交往中能用英语进行有效的交际。同时，在经济全球化、文化多元化、交流信息化的时代背景下，大学生也急需提升自身的综合文化素养，特别是跨文化素养。

通过基于“新课标”的基础教育，这些大学新生把英语学习与今后升学、就业和终身学习紧密结合，力求把自己培养成具备基本英语素养和跨文化素养的 21 世纪公民；他们能根据自身的认知特点和学习发展的需要，着重提高用英语获取信息、处理信息、分析和解决问题的能力以及用英语进行思维和表达的能力，增强自身跨文化理解和跨文化交际的意识和能力；他们能根据自身发展的需要选择个性化的学习方法、学习策略，最大限度地发展个人潜能；他们注重通过英语学习策略训练，不断优化学习方式，提高自主学习的能力；他们深受建构主义学习理论的影响，能把课程的学习作为自己主动建构知识和意义的过程。

现在的大学新生都是 1995 年后出生的，是伴随着互联网快速发展而成长起来的新一代，是典型的数字原住民（Digital Natives）。随着网络信息技术的迅猛发展，强调依靠信息技术进行意义建构与知识创新的建构主义学习观盛行。对现在的大学新生来说，学习是一个积极且有意义的知识建构和真实的体验过程；学习是他们讨论、合作、协调和知识共享的完整的过程，而不是孤立的技能训练。

在大学英语课程教学中，小班授课越来越普及，多数学校通常都以专业自然班作为授课班级，一般情况下，每个自然班学生人数大多为 30 ～ 40 人。学生课外英语学习方式丰富多样，学生在图书馆、宿舍、网络自主学习中心等场所，采用各种媒体途径，根据兴趣开展在线多模态阅读（包括视读、听读），免费下载自己爱好的各种英语歌曲、演讲、Ted 教育视频等，课外随时随地用手机、平板电脑等工具播放。他们也会在线发布一些评论，通过 QQ、E-mail、飞信、微博、微信等社会化协作软件与外界保持联系和互动，而且这种互动一般与阅读、写作交织在一起，语言输入和语言输出相得益彰。高校外语文化氛围普遍比较浓厚，学生不仅可以通过在线观看英语影片等不同途径欣赏外语文化，还可以通过参加英语角、英语文化周（月）等各种外语活动，提高语言应用能力。

（二）大学英语教师

教学活动离不开学生和教师两个主体。学生是“学”的主体，在以学习者为中心的教育理念下，充分发挥学生的中心地位意义重大。但作为“教”的主体，教师在教育教学过程中起着主导性作用，因此大学英语师资队伍建设对深化大学英语教育教学改革起着至关重要的作用。

近年来，高校大学英语师资队伍不断壮大，在学历层次、专业水平和科研能力等方面都有较大幅度的提升。在大学英语教师队伍中，随着20世纪50年代出生的教师陆续退休，现职教师大多是硕士及以上学历，有国外留学或工作经历的教师也占有一定的比例，很多重点大学要求教师有国外访学深造的经历。外籍教师也成为大学英语师资队伍中不可或缺的组成力量，在中外合作办学项目和某些民办特色学校，外籍教师甚至成了大学英语师资队伍中的主力军。

在大学英语教材不断更新、升级的市场机制推动下，基于新教材的大学英语教师培训，使大学英语教师在教学理念、教学方式与方法等方面与时俱进，教学水平不断提高。广大大学英语教师非常注重学生英语综合能力的培养，在以教师为主导的同时，普遍关注、探索以学生为中心的教学法，取得了显著的成效。

在高校本科教学质量评估的政策推动下，高校大学英语教学条件建设发展迅速，多媒体课室和大学英语网络自主学习中心得以普及，为大学英语教师探索基于计算机和课堂的教学模式、改善教学效果奠定了坚实的基础。

为确保大学英语教师队伍健康发展，各校大学英语教学部门完善制度，改进工作机制，通过教改、教研、教师专业发展一体化的团队建设，加强课堂观摩教学、师资力量培训与学术交流，推动学习型师资团队和教学团队建设，提升大学英语教学整体水平。现在的大学英语教师不仅要“站好讲台”，还要积极投身教改、教研，发表学术论文，编写、出版校本特色英语教材。

随着大学英语课程体系改革的不断深入，大学英语师资队伍建设也出现了一系列难题，为应对各种挑战，大学英语教师也急需转型，其职责不再仅局限于教授传统的语言技能，还要根据学生的专业学习要求以及就业需求开设相关课程，如学术英语课程（English for Academic Purposes，简写为EAP）或职场英语（English for Occupational Purposes，简写为EOP）。然而，由于高校普遍缺少对ESP师资队伍的建设举措或规划，大部分大学英语教师对此存在畏难情绪，迈不出转型的步伐。此外，由于缺乏必要的政策引导和鼓励，“双师型”师资在学科专业归属以及职称晋升等诸多方面均面临着难题，导致了学校在ESP师资方面出现了严重的缺口。

大学英语“教”的主体无疑就是大学英语教师。但在我国高校，“教”的主体不能仅局限于教师，还需要包括教学管理者，也就是说，大学英语教学的主体由学生、教师和管理者三者共同构成，其中，管理者在我国高等教育体制之下起着至关重要的作用，甚至是决定性的作用。深化大学英语教学改革离不开管理者的充分重视和参与。在我国大学英语教学改革中，管理者涉及众多，主要由三个部分组成：一是各级教育行政主管，如教育部、省市教育厅（局）等；二是大学英语教学的部门主管；三是指导大学英语教学的学术机构。以上这些管理者囊括了大学英语教学改革的决策者、组织者以及管理者，对改革起着决定性的作用。以学校教学管理职能部门教务处为例，大学英语课程教学管理与改革的方方面面都离不开教务处的关心和支持，如本科人才培养方案中对大学英语课程性质的定位、学分与学时分配、教学资源配置、教学改革立项、学生分级分班、课程排课、教学场所安排、学生竞赛资助、教学奖励等。此外，学校主管教学的部门领导的支持也能有效地推动大学英语教学改革的开展。因此，大学英语教学部门应当加强同相关职能部门领导的交流与沟通，以此促进改革的顺利开展。

（三）大学英语教学内容

我国大学英语教学政策于1980年发布《大学英语教学大纲》后，又分别在1985年、1999年进行了两次修订;《大学英语课程教学要求》发布于2004年，2007年也进行了修订。随着政策的变化，大学英语教材建设不断升级，优质教材不断涌现，教材建设在教材形式的开发、教学内容的编写、教学理念的普及和任课教师的培训等方面都发挥了积极的作用。

大学英语课程的教学内容主要包括英语语言知识、听说读写译的技能以及英语文化知识和跨文化交际技能。

随着网络教学模式的普及，大学英语的教学内容在教材载体上不断更新升级，除传统的纸质教材外，学生还可以根据自己的实际情况进行自主学习，充分利用各类媒介接触国内外的优质教学资源。多元化的教学资源突破了传统纸质教材的局限性，立体化、数字化（如DVD、网络在线学习系统等）的教材体系为大学英语教学提供了题材广泛、形式多样的教学材料，很好地满足了新媒介时代学生的个性化学习需求。同时，除了选用高水平优质教材，各校纷纷开发本校特色教材，实现本校教学资源的数字化，以此满足学生的个性化需求，尽可能让学生体验真实性的教学材料和教学环境。

大学英语教学内容与时俱进，除了传统的读写能力，文化素养也成为大学英语教学中不可或缺的内容。新媒介时代，即便是读写能力，在内涵上也发生了巨大的变化。现在的读写能力不仅仅指正确使用，还指能更加充分和全面地交流和表达意义，体现了对交流更加广义的理解以及更加积极的学习方法。以写作学习为例，以往学生都是在实体纸上写作，一旦产出错误，很难修改，现在学生可以利用 Word 对文本进行反复修改，且操作便捷；过去，优秀的英语学习者在课外有坚持用英语写日记或周记的好习惯，而现在学生可以通过手机短信、电子邮件或微信等社交软件随时进行写作和交流互动。另外，现在的写作也更加口语化、非正式化，经常使用缩写、情绪符等，数字化、可视化极大地丰富了文字表达的形式和内涵，集成性视听文本（如飞信、微信）在青年学生中广为流行。现在的书面课文通常都配有数字化在线多模态文本，除了与纸质课文相配套的在线文字形式，经常还有音频、视频等辅助学习媒介。在基于计算机和课堂的大学英语教学模式普及过程中，教材的观念逐步为教学资源所替代。教学资源建设成为新媒介时代大学英语课程建设的核心内容之一，不仅决定着课程的教学内容，也是大学英语教学工作者教学观念的重要反映。“一本书，一个讲台”，这种以教师的“讲”为主的传统教学模式已经成为历史。由于信息时代知识的公开性、共享性，作为知识传播的主体——教师的权威性受到挑战。时代呼唤能顺应信息化发展的新型教师。

（四）大学英语教学媒体

随着新媒介的迅猛发展，在现代教学系统四要素中，教学媒体要素越来越重要，极大地影响着其他三个要素。

近年来，高校大学英语课堂教学条件和学生自主学习条件都发生了巨大的变化。多媒体教室、网络教室得到普及，基于计算机和课堂的教学模式成为大学英语教学模式的主流，以多媒体为特征的大学英语教学资源有力地支持、促进了学生的个性化学习和交流。

在课堂教学中，教师可以充分利用各类教学工具激发学生的学习兴趣，如教学视频、教学图片等，以此让学生感受多模态的学习环境，达到更好的教学效果。教师还可以有效结合课内教材与课外读物，提倡并鼓励学生多进行课外拓展学习，充分利用网上资源巩固所学知识。

泛在学习、非正式学习已逐渐成为学生课外学习主体。学生采用各种媒体途径，如手机、个人电脑、iPad（平板电脑）、课本、校园网、校园广播、网络自主学习中心，根据个人兴趣和学习发展需要，进行多媒体、多模态学习，课外随时随地用手机、iPad 等播放学习资源，或通过 QQ、飞信、微博等社交软件与外界保持联系和互动。一系列实验研究表明，文字、声音和图像这三种方式相结合的多模态学习方法有利于提高学生学习的效率。同时，借助多媒体进行教学，对学生的外语学习有更大帮助，因为图像与声音比文字更形象、生动。多模态学习即运用视觉、听觉和言语等多种模式同时进行学习，有利于减轻学习者认知负荷，加强学习的持久性，有利于改进学习效果。

目前，各大高校加强对学校信息化的建设，不仅普及了多媒体教学，也加大了对网络自主学习中心的建设力度，极大地改善了教学条件。以某学院为例，近五年共改建、新建了 8 个网络自主学习室（近千个学生终端），可以满足全体学生每周 2 个学时的课外自主学习的需要。在改善网络教学条件的同时，学校还专门设立了计算机辅助语言教学部，积极探索基于计算机网络的英语教学改革，开展基于网络的大学英语听说、写作实训课程的教学实验，保障大学英语网络自主学习，建设具有本校课程特色的大学英语课程资源。立体化、多元化的教学资源促进了教学内容的多元化发展，也给多模态教学提供了保障，为学生营造了一种真实且有意义的学习环境。当前，大学英语教学改革的核心之一就是探索怎样利用教学媒体优化教学系统。

第二节　影响大学英语教学的多元性因素

大学英语教学中的因素有很多，这里主要指影响大学英语教学的因素，虽不能对每一个因素都详述，但对影响大学英语教学的主要要素，如教师、学生、教学内容、教学方法、教学环境等进行分析。

一、教师

教师是大学英语教学的重要因素，在英语教学中起着主导作用。在英语课堂上，教师主要充当两种角色，即掌控者和引导者。作为一名合格的英语教师，首先应该具有纯正的发音。然而，并非所有的英语教师都具有纯正的发音，所以教师可借助广播以及多媒体等手段弥补自己的不足，确保学生在课堂上所听的内容都是纯正的。同时，教师在讲解单词、句子、课文时，应该穿插一些解释，不断重复讲解难懂的词语。

在多数英语课堂上，教师的讲话占据着课堂大部分的时间，不可否认，教师的讲话有利于培养学生的语言习惯，但不能因此牺牲学生的练习时间。同时，教师要注意不断变换教学形式，以增强课堂的趣味性。一名合格的英语教师还应具备一定的应变能力，能预测课堂活动中出现的状况，能很好地处理课堂上的突发事件，确保课堂活动的有序开展。

此外，教师应该随时调整自己的提问、语言运用、提供反馈的方式。在英语课堂中，提问是教师常见的一种教学手段。通过提问，可以有效激发学生的学习兴趣，促使学生积极思考，帮助教师对某些知识结构进行诱导。另外，语言运用的方式也很重要，为了让学生对所讲述的知识有一个充分的了解，教师在教学中可以采用重复话语、降低语速、增加停顿、改变发音、调整措辞、简化语法规则、调整语篇等措施。

学生是英语教学的重要反馈者，教师的反馈也十分重要。所谓提供反馈，是指教师为学生的学习情况提供反馈。教师的反馈可以是对学生话语的回答，如表示学生问答正确或错误、赞扬鼓励、扩展学生的答案、重复学生所答、总结学生回答、批评等。总之，教师的目的就是采用不同形式的教学方法，调动学生的积极性，扩展学生的知识面，培养学生的学习能力，提高整体教学效果。

二、学生

（一）角色定位

在英语教学中，学生主要扮演以下几个角色。

1. 主人

学生是英语教学中的主人，其对知识的探索、发现、吸收以及内化等实践活动都有利于知识体系的构建。

2. 参与者

作为英语教学活动的重要参与者，学生应积极主动地参与到各项活动中，积极思考，勇于表达自己的观点，展示个人的才能。

3. 合作者

英语教学是师生之间及学生之间共同进行的教学活动，因而团队合作是不可缺少的。在合作中，他们可以相互学习、相互帮助，共同提高。

4. 反馈者

在英语教学中，学生的反馈信息是教师改进教学的一个重要依据，学生可以结合自身学习经历，就教学法的实用性向教师提出建议或意见，并协助教师改进和完善教学内容和教学方法，从而提高教学效果。

（二）个体差异

1. 语言潜能的差异

语言潜能是一种固定的天资。如某些人较其他人有更高的语言能力水平，有这种能力的人，在语言学习方面可能会取得更快的进步。卡洛尔（Carroll）认为，语言潜能包括以下几个方面。

（1）语音编码、解码的能力，即关于输入处理的能力。

（2）归纳性语言学习的能力，即有关语言材料的组织和操作的能力。

（3）语言敏感性，即从语言材料中推断语言规则的能力。

（4）联想记忆能力，即关于新材料的吸收和同化能力。

每个学生的语言潜能都存在差异。在英语教学过程中，教师应了解学生的语言潜能，因材施教，使之针对不同的学习任务在不同场合发挥各自的长处，以收到事半功倍的效果。

2. 认知风格的差异

认知风格又称认知方式，是指个体在认知过程中所表现出来的习惯化的行为模式，它既包括个体知觉、记忆、思维等认知过程方面的差异，也包括个体态度、动机等人格形成、认知功能及认知能力方面的差异。每个学生都有各自不同的认知风格，然而，不同的认知风格又有优劣之分，但这并不体现在学生的学习成绩上。每个学生都有自己偏爱的信息加工方式，在学习不同材料时也会各有所长。

当学生的认知风格与教师的教学风格、学习环境中的某些因素相吻合时，学生就会获得好的学习成绩。因此，教师应了解并尊重学生的认知风格，针对不同的学习任务和学习环境因材施教，正确引导，使自己的教学特点与学生的需要有机地结合起来，从而获得良好的教学效果。

3. 情感因素的差异

（1）学习动机。学习动机是一种激发个体进行并维持已引起的学习活动，并使其行为朝向一定的学习目标的内在过程或内部心理状态，是直接推动学生进行英语学习的内部动力，是影响英语学习成绩的一个关键因素。学习动机来源于学习活动，也是学习活动得以发动、维持、完成的重要条件，并由此影响学习效果。

（2）性格。性格是指一个人对现实的态度和行为方式中表现得比较稳定但又可变的心理特征，是学生重要的情感因素，也是决定其英语学习成功与否的关键因素之一。人的性格大体可以分为外向型和内向型两种。埃利斯认为，外向型的学生有利于交际方面的学习，因其喜欢交际，不怕出错，能积极参与英语学习活动，并在活动中寻求更多的学习机会；而内向型的学生在发展认知型学术语言能力上更占优势，因其善于利用沉静的性格从事阅读和写作。对于教师来说，研究学生的性格差异的最终目的是充分了解学生的个体差异和不同的心理状态，发挥不同性格学生的优势，因材施教，以获得更理想的教学效果。

（3）态度。态度是个体对他人或事物的稳定的心理倾向或为达到某种目的而做出的努力，是影响学习效果的重要因素之一。学习态度一般包括情感成分、认知成分和意动成分。情感成分，就是对某一个目标的好恶程度；认知成分，是对某一个目标的信念；意动成分，是对某一个目标的行动意向以及实际行动。通常来讲，要获得好的学习效果应该对异质文化具有好感，向往其生活方式，渴望了解其历史、文化和社会习俗等。相反，学习者对外族文化抱有轻蔑、厌恶甚至仇视的态度学习该族语言是学不好的。此外，学生对学习材料、教学活动的组织形式及对教师的态度都会影响他们学习语言的效果。

分析学生的个体差异有利于教师制订合理的教学计划，选择适合的教学材料及方法。

（三）成功的语言学习者的特点

1. 认真并愿意听教师讲课，坚持做笔记，对教师讲过的单词、短语、句子和课文等定期复习。

2. 具有冒险精神，能大胆地运用所学知识，不怕犯错，对于教师的纠正有较好的态度。

3. 善于思考，可以用英语思维考虑问题，能将所见所闻与学过的英语知识联系起来。

4. 懂得通过与教师的交际提高自己的语言水平，主要表现为经常提问、积极发言。

5. 有适合自己的学习方法，并且彼此之间存在差异。例如，有的学生喜欢早上背单词、课文；有的学生则善于睡前背诵单词、课文。因此，学习者应该善于寻找和琢磨适合自己的学习方法和时段。

6. 有长远的学习目标，要使近期目标比目前学习的内容更加深入，善于充分利用有限的课堂时间与教师和同学进行交流。

7. 懂得安排自己的课后时间，懂得学习英语需要持之以恒的态度。

三、教学内容

教学内容是指在教学活动中为实现教学目标，师生共同作用的知识、技能、技巧、思想、观点、概念、原理、事实、问题、行为习惯等的总和。教学内容是一种特殊的知识系统，既有别于语言知识本身，又不同于日常经历；既要考虑英语学科本身的知识体系，又要考虑学生的年龄特点和实际需求等。通常来讲，教学内容主要包括以下五个方面。

（一）语言知识

语言知识是语言学习和语言运用的重要内容之一。英语语言知识是综合英语运用能力的有机组成部分，英语语言能力的形成是以语言知识为基础的。

（二）语言技能

英语语言技能主要包括听、说、读、写四个方面，它们是形成综合语言运用能力的基础和必要手段。“听”的技能是指分辨和理解话语的能力；“说”的技能是指运用口语表达思想、输出信息的能力；“读”的技能是指辨认和理解书面语言的能力；“写”的技能主要指运用书面语表达思想、输出信息的能力。在大量听、说、读、写等专项及综合性训练中，学生将会逐步提高这几种技能的综合运用能力，为真实的语言交际奠定基础。

（三）情感态度

情感态度是指兴趣、动机、自信、意志和合作精神等影响学生学习过程和学习效果的相关因素。积极的情感态度有利于发挥学生潜在的各种技能；相反，消极的情感态度会阻碍学生语言学习能力的养成。因此，教师在教学中应不断激发并强化学生的学习兴趣，引导他们逐渐将兴趣转化为稳定的学习动机，从而形成积极的情感态度。

（四）文化意识

文化意识是指所学语言国家的地理、历史、风土人情、传统习俗、生活方式、文学艺术、行为规范、价值观念等。对于英语学习者来讲，接触和了解英语国家的文化可以加深其对英语语言的理解和使用，提高其人文素养，培养其世界意识。因此，教师在英语教学中要注重向学生渗透外国文化意识，根据学生的年龄特点和认知能力，传授文化知识，培养其文化和世界意识。

（五）学习策略

学习策略是指学生为有效地学习和发展而采取的各种行动和方法。英语学习策略主要包括认知策略、调控策略、交际策略和资源策略等。培养学生的学习策略可以促使他们有效学习，为终身学习奠定基础。好的学习策略可以改进学习方式，提升学习效果，还能使学生学会如何学习，从而形成自主学习的能力。因此，教师要帮助学生形成自己的学习策略，对自己的学习过程和效果进行监控和反思，培养学生根据学习风格调整学习策略的能力，引导学生善于观察他人的学习策略，乐于尝试不同的学习策略。

四、教学方法

教学方法是教师和学生为了实现共同的教学目标，完成共同的教学任务，在教学过程中运用的方式或手段的总称。从古至今，英语教学中出现过不少教学方法，它们也都在英语教学中发挥过作用。然而，事实证明，教学方法没有最好的，只有最有效的。具体地说，英语教学中采用固定的、一成不变的方法，将会引起学生的反感，也会降低英语教学的效率。即使在一堂课使用一种教学方法，学生也会感到单调、乏味。因此，英语教学所采用的方法应具有灵活、多样等特点，要对各种语言技能有所侧重，这样才能全面提高学生英语学习能力。

五、教学环境

（一）教学环境的要素

教学环境是一个由多种不同要素构成的复杂系统。广义的教学环境是指影响学校教学活动的全部条件，可以是物理环境和心理环境；狭义的教学环境指班级内影响教学的全部条件，包括班级规模、座位模式、班级气氛、师生关系等。在此，我们将教学环境的要素总结为以下几个方面。

1. 社会环境

这一环境是影响和制约外语教学的重要因素，主要涉及社会制度、国家的教育方针、科学技术水平、经济发展状况、人文精神、外语教育政策、社会群体对英语学习的态度以及社会对英语的需求程度等。英语教学发展的主要动力就是社会环境，它对英语教学有着极强的导向作用。

2. 学校环境

为学生提供学习场所和学习手段的最佳环境就是学校。学校环境对英语教学的影响是最重要和最直接的，它决定着多数学生英语学习的成败。学校环境主要涉及课堂教学、接触英语的频率、班级的大小、教学设施、教学资料、英语课外活动、英语教师及其他教职工对英语的态度及其英语水平、校风班风和师生人际关系等。

3. 个人环境

个人环境也会对学生的英语学习产生一定的影响。个人环境一般包括学生的家庭成员、同学、朋友的社会地位，物质生活条件，文化水平，职业特点，对英语学习的态度、经验、水平及学习方式，成员之间的关系及感情，学生的经济状况，拥有的英语学习设备和工具等。

（二）教学环境对英语教学的影响

1. 教学环境能使教师在教学中更加努力地营造良好的课堂环境，充分利用现代化教学设备，优化教学环境，提高学生对英语语言的运用能力。

2. 教学环境可以帮助教师正确认识环境对学生英语学习的影响，结合我国英语教学的现状，理性地分析、判断和选择其他国家英语教学的理论和方法。

3. 教学环境可以帮助教师有效地加工语言输入材料，科学地设计语言练习，创造良好的课堂英语使用环境。

4. 教学环境有利于教师在不断学习和实践中优化课堂教学环境的策略，以及在创设良好的英语教学环境的过程中，提高其自身的教学素质。

第三章　信息化背景下大学英语教学的研究背景

第一节　信息技术的发展

一、信息技术的不断发展

第三次科技革命包含空间技术、原子能技术、电子计算机技术等的利用和发展。电子计算机的广泛应用，促进了生产自动化、管理现代化、科技手段现代化和国防技术现代化，也推动了情报信息的自动化。第三次科技革命带来了信息技术的飞速发展，掀起了信息革命。信息革命以互联网的全球化普及为重要标志。信息技术的巨大变革引发了新的技术变革，对社会发展产生了深远的影响。

当今社会处于数字化、信息化时代的转型时期，新技术的快速发展和广泛普及对人的发展提出了更高的要求。在这个时代的转折点和关键点上，我们需要重新审视教育制度和教学模式，思考如何在教育教学中充分利用现代技术并最大限度地发挥技术的有效性。处于信息化潮流之中，教育目的之一必然包含能积极主动地处理信息、提高信息处理能力，即信息的获取、分析、加工等方面的能力，具备信息素养。

《国家中长期教育改革和发展规划纲要（2010—2020年）》明确提出："信息技术对教育发展具有革命性影响，必须予以高度重视。"信息技术对教育的各个方面、各个环节都会产生颠覆性的变革，它正在改变我们的学习习惯和学习方式，也在改变学校的教学模式。我们没有理由不转变教育观念，重新审视教育技术，从不同的视角积极主动地探索信息革命下如何进行教育变革，如何在教育中充分利用现代信息技术促进教育的发展。

二、亟须变革

在工业革命之前，学徒制一直是最主要的教育形式。学徒制强调的是现场教学、个别化教学和代际间口传手授，教学发生在真实的工作场所中，徒弟在师傅的指导下学习和实作。学徒制培养出了具有高超技术水平的技艺人员。

工业革命的兴起使工厂的规模扩大，这样就亟须大量的具有一定知识和技能的劳动力。近代资本主义的兴起要求广泛普及教育，扩大教育规模，提高教学质量和效率，迫切要求在短时间内培养出大批受过良好教育的劳动者。然而，传统的学徒制难以满足这一需求，班级授课制这一新型教学组织形式应运而生。班级授课制是一种以班级为单位，由教师按照固定的课时表安排，向固定的学生教授统一内容的教学组织形式。捷克著名教育家夸美纽斯在其著作《大教学论》中首次对班级授课制从理论上加以系统论证，使班级授课制确定下来。后来，德国教育家赫尔巴特对其进行了补充说明，使其进一步完善。

分析班级授课制的基本特点，可以从中看出其顺应了工业革命之需，自创立以来，一直持续至今，依然发挥着非常重要的作用。第一，班级授课制有利于学生在有限的时间里掌握大量系统化的知识。第二，教师可以进行“一对多”教学，可以大规模地向全体学生进行授课，提高了教学效率。第三，班级授课制按照“课”确定统一的教学进度和学习要求，在教学中管理学生按照统一的步调执行，教学管理更为高效。因此，班级授课制能高效地培养大量的人才，迎合了工业革命对大量劳动力的迫切需求。

随着计算机和网络信息技术的发展与广泛应用，当今社会已经步入了信息化时代。信息革命不仅要求我们具备一定的专业知识和技能，还提出了更高层次的发展要求，如熟练掌握信息技术，学会及时处理应急事件，拥有不同于他人的独特创想，能自主学习新鲜事物，敢于探索求知等。因此，信息革命对教育提出了更高层次的目标要求。然而，传统的班级授课制教学组织形式已经难以充分满足这一要求。

信息革命带来的新型理念冲击着人们的思维，提出的新要求促使人们适时做出改变，终身学习和自主学习在当下备受关注。人人都应该接受终身教育，进行终身学习；人人都需要积极自主地有选择性地进行学习，以适应时代的发展和满足自身的发展需要，从而更好地实现自我价值和获得完满丰盈的生活。

第一次教育革命发生在从农业社会到工业社会的转型时期，在工业革命的助推之下，教学组织形式由学徒制过渡为班级授课制。第二次教育革命已初见端倪，在信息革命浪潮的助推下，教学组织形式由班级授课制向终身学习、自主学习发展。通过简要梳理教育发展的历程，我们可以看出教学组织形式由手工学徒制到班级授课制再到现代的终身学习、自主选择学习的发展趋势。

第二节 数字化时代的到来

美国著名的新闻和媒体经营大亨鲁伯特·默多克曾经在一次演讲中说道：“在座的各位，都不需要我告诉你们，人才和科技怎样使我们的生活变得更加富有和多彩。不管我们到哪里，我们都可以看到电子科技给生产力带来的进步。科技也创造了比以往更多的工作机会，同时把我们从时间和空间的局限中解放出来。”

以信息技术为枢纽的数字信息化形式是当前世界经济转型的典型表现，在信息技术冲击下，“未来的社会将逐步向扁平化演进”，在这种扁平化趋势影响下的全球分散式信息，将会形成基础设施。因此，未来“每一个人都必须具备理解当今全球性知识的基础技能”。可见，以互联网为支撑的产业革命让科技生产者处于创新人才链的源头位置。具有丰富的知识构成，能自我获取新兴科技和探索未知领域的创新人才成为这个时代的领军人物，这些人才是在互联网上能灵活运用各种科技知识的综合人才。

面对这样的人才需求，在讨论全球教育改革思潮时，有学者认为“之所以当前以新自由主义为主导的经济理论日渐盛行，各国不约而同围绕经济展开激烈竞争，这都与新的信息技术发展密切相关，正是新的信息技术发展才使‘产生知识、信息处理与沟通技术’成为生产力的来源，对教育创新更是在全球范围内迅速更新了原来的模式”。在教育领域，信息技术带来了个性化、智能化、定制化等新的学习理念，从而推动了新的学习方式的产生。新的人才培养将以新技术与信息技术融合创新为手段，注重人们的学习能力发展。这不仅是顺应社会的发展，也是满足人类全面发展的需要。

一、数字化与学习方式的变革

（一）学习方式

传统的学习方式主要是教师对学生的单向传输过程，学生需要在规定时间内按照统一要求达到测试要求，学习路径呈同质和线性发展趋势。而今，信息技术让知识以网状化状态进行传播和应用，具有强烈的时效性和前沿性。这些碎片化的知识点来源于人们任意时间的意义表达，学习者用多元化思维思考。学习内容不再局限于教材，获取知识的途径和时间更趋个性化，真正实现了“以人为本”，成为构建学习型社会的重要组成部分。信息技术创造了跨越时空的扁平化交互式教育平台，消除了全世界人们之间的距离。新的学习结构由传统金字塔型转变为分散网络型，围绕即兴的目标进行随时信息交流，使教育与世界交融。从这种意义上说，信息技术体现了为任何人在任何时间和地点的人类需求提供服务的价值取向，这种跨越为全球化学习打下了坚实基础。基于不同领域新技术的个体组合所形成的交互平台见证了人们通过互联网形成的交叉知识链接的协同学习结构。

（二）学习环境

新形势下的学习环境已从教室延伸到对全球领域横向体验的共同学习环境中，提升了个人对全球变化的分布式体验。从课内到课外、从学校到家庭、从国内到国外，传统的面对面的师生讨论实现了可扩展和可选择的大教育状态，突破了师生间传统的主从关系，对学习具有深远意义。以互联网为代表的信息技术让移动学习、微学习、泛在学习等一系列数字化学习不断涌现，开拓了教育的多种渠道。这些渠道使人们之间的同步与异步交流得以实现，不断消除着人们与教育环境的距离，“刺激了教育者去拓展新的学习环境设计”，使“时时、处处、人人皆学”成为现实，从根本上营造出前所未有的全新学习环境。资源共享、多重交互、自主探究、协作学习等具有的智能化、快捷化、超链化等特征使学习者感同身受。客观世界的一切变化过程，为人们提供了“技术、环境与人”相互协调的教育生活空间，使人的生命本质在教育生活中得以彰显。

教育发展的历史与现实表明教育的终点就是要回归生活。马克思曾指出，“人们的存在就是他们的实际生活过程”，教育的本质就是人的生命实践。从这种意义上说，信息技术让教育环境获得了工具性、生活性和文化性的多重诠释，使信息技术拥有了人类和社会的生命和文化等多种价值取向，贴近了生活，也走向了更加具体的生命实践，使生活和学习融为一体，形成了一种高度智能的信息化学习生态环境。

二、数字化与教学方式的变革

古希腊时期苏格拉底和柏拉图采用话问法或辩驳式提问法教学；洛克认为教师对儿童实施形式教育要有坚实的经验基础，通过经验教学使儿童掌握深层次的概念；裴斯泰洛齐创设了“实物教学”；从儿童身心发展角度看教学的卢梭对爱弥儿的教育采用了自然教育的方式。上述教学理论和方式，没有随着时间而消逝，而是在不断改进中为我们所采用。随着科学技术的不断发展，教育理念也在不断更替，从以往的以教师为中心到后来的以学生为中心，从以往单一的课程到现今多样的课程选择，从以往的死记硬背到现今的个性化发展，无一不体现着教育的与时俱进。在科技如此高速发展的今天，以往的教学方式和技术已经不能满足现今学生的需要，因而改革势在必行。

在多媒体技术还未产生之时，教师在课堂上教授知识一般采用口头描述或在黑板上记录的形式。但这种方式不能很好地将教师所讲的知识清晰、全面、深刻地传递给每位学生。有时，教师为了讲解一个数学公式的由来，需要写上满满一黑板，耗时较长。随着多媒体技术在教育中的应用，教师在讲课时将知识以“数字化”的形式存入电脑中，再通过多媒体教授给学生，使学生更为直观地了解这一知识。另外，远程教学也是教学方式的一大新突破，它使每位学生都可以通过网络学习到优质的教学资源，如网易公开课。国外很早就开始采用远程教学方式，如函授教育，这一教学方式突破了时空的局限，使优质的教学资源可以在更广的范围内为大多数学生所共享，使优质资源的效益最大化。

教学方式在教育过程中起着至关重要的作用。在英语教学中，英语教师教学方式的优劣，直接关系到学生对外语知识学习的优劣。《国家中长期教育改革和发展规划纲要（2010—2020 年）》中强调要强化信息技术的应用，提高教师应用信息技术的水平，更新教学观念，改进教学方法，提高教学效果。教师需要借助现今的数字化技术为自己的教学增姿添彩，不应固守前人的教学方式一成不变。事实上，这并不是对已有教学方式的冲击，也不是摈弃陈旧的教学方式，而是在原有的基础上进行一些变革，使之能更好地适应现在的社会。众所周知，我们现在已处于信息化时代，因此教学也应该具备这一时代的特征。

三、数字化时代课堂教学变革的现实困境

数字化时代的到来，对英语课堂教学来说无疑是一次千载难逢的机遇，但同时昭示着英语课堂教学将迎来一场空前的挑战。因为在数字化背景下，我们在英语课堂教学实践中遇到了诸多现实困境，亟待我们逐一解决。

（一）传统教学手段的缺位

自从现代信息技术被引入课堂教学领域，人们便纷纷追求教学的现代化取向，甚至产生了对现代教学媒体的过度依赖。较为严重的现象是当前很多教师

只有在现代教学媒体辅助下方能完成教学，如经常有教师反映由于停电而不能上课，因为忘记带U盘而无法借助课件进行正常教学。

显然，这种对现代教学媒体的过度依赖反映了现实教学的另一个极端现象，即传统教学手段严重缺位于现代课堂教学中。事实上，传统教学媒体如书本、黑板、粉笔、挂图、画册、模型、实物、小型展览等在教学上具有很多优势，也是现代教学媒体没法替代的。例如，粉笔加黑板的板书式教学在突显教学直观的同时兼顾师生间的有效互动，这是多媒体教学无法替代的。教师可以通过对板书速度的控制，调整对学生的管控。这种直接互动方式不仅能很好地吸引学生的注意力，还能留给学生足够的思考空间。况且，良好的板书设计也是体现教师魅力的关键所在。

传统教学媒体具有很多现代教学媒体所不及的优势，如成本低、方便移动，在教学运用中对教师和学生的技术性知识的要求不高，适应性强，易于操作。正如有学者所言，在选择传统教学媒体时，对学生、教师、教学条件、媒体特征、媒体效益等因素考虑较少，而在选用现代教学媒体时这些是必须充分考虑的。

（二）“手脑”并用的机会减少

数字化时代，由于计算机的广泛运用，人们的手写功能逐渐被键盘输入所代替，造成人们“手脑”并用的机会逐渐减少，不利于学生的健康发展。根据神经学的相关研究，写字是一个复杂的功能，依赖于一个庞大的神经系统网络。普兰汀等人对1995—2012年使用脑功能性磁共振成像（Functional Maqnetic Resonance Imaging，简写为FMRI）和亚电子发射计算机断层扫描（Positron Emission Tomography，简写为PET）方法涉及写字过程的18篇论文进行了分析，结论确认了“书写脑”的存在。然而，在数字化的今天，文字的输入方式从手写到键盘输入的简化，不能不说人类正面临一场书写危机。这危机一方面表现为人的“手脑”并用的机会减少，“书写脑”的功能得不到很好的发挥而逐渐削弱；另一方面由于键盘输入简化了人们手写汉字时所特有的对汉字内部结构的复杂处理的程序，在很大程度上丢掉了汉字更多丰富的表意性的信息。

（三）虚拟世界的道德缺失

数字化的典型特征就是为我们构筑了一个超越现实的虚拟世界。英语课堂教学中师生的互动场所从现实的基于教室的课堂延伸至超越现实的虚拟课堂，师生之间的互动模式从直接的“人—人”互动模式发展为“人—机”“机—人”

或“人—机—人”等多种互动模式。在这个英语虚拟课堂中，英语教师或学生的主体性和自由度受到了超现实的膨胀。因此，人的道德意识和道德情感在这个虚拟课堂中无法得到保障。有学者在研究数字化背景下大学生的人文素质时直接指出：“学生在网络中隐瞒自己的真实身份，创设虚假角色，容易造成信任危机。一旦学生处在这种具有非社会性的和道德感隐蔽的网络氛围之中，就会缺乏道德感和责任感，造成‘精神真空’和‘道德真空’，最终将导致人格的扭曲。居高不下的网络犯罪，层出不穷的反科学的、不健康的信息污染，令人胆战心惊的电脑黑客等，都让人们深切意识到数字化时代的人文危机。”

（四）“真”与“假”呈乱象趋势

在数字化时代所设计出的虚拟世界的明显特征就是“真”与“假”并存。“真”是因为它是源于现实的，是对现实存在的经验化的结果，其存在的本质是“借助‘数字化’构造一个‘真实’虚拟的而非想象、虚假的信息传播与交流的平台”；“假”是因为它与现实存在并非同步存在，它是对现实存在的虚拟仿真。这个虚拟世界所不可规避的“真”“假”乱象趋势，在具体的英语课堂教学中则主要表现在三个方面。一是教学内容的虚拟化。数字化时代的英语课堂教学总是习惯于将真实的客观知识经验转化为虚拟世界的“真实”存在。比如，模拟自然灾害中自救、大火中逃生等，虽然类似的教学内容是虚构的，但是反映的自然规律是真实的，达到的教学效果是真实的、合理的。二是师生间的互动交往融入了虚拟存在的媒介。在数字化时代，师生间的互动交往活动早已经超越了面对面的交往，而是将真实的人际交往行为经验化为虚拟存在并延续到虚拟世界里持续进行。三是教学场景的虚拟化。数字化已经发展到有足够的实力设计一个完全虚拟的英语课堂场景，就某个真正的现实问题进行课堂讨论，实现在真真假假、虚虚实实中完成英语课堂教学任务。

四、数字化时代英语课堂教学变革的历史机遇

数字化时代的到来，为教育事业的发展带来了翻天覆地的变化，尤其给英语课堂教学造成了极大的影响和冲击。比如，由于数字化的影响，传统的师生之间以教科书为中介的简单的互动模式已经不能满足当前信息潮下的实际需要，更值得关注的是数字化的引入为英语课堂教学开辟的诸多从未涉及的新领域。当然，这种影响和冲击既是英语课堂教学研究与发展的历史机遇，又是英语课堂教学改革与创新面临的新挑战。其面临的历史机遇主要表现在下列六个方面。

（一）激起了英语教学理念的创新

英语教学理念是英语教师在英语教学实践中形成的对教学的基本观点和根本看法，以及在此基础上形成的相对稳定的思想和观念体系。英语教学理念至少包括三层意思：第一，它是一种思想观念，即不同于人们的具体教学实践的一种主观认识体系；第二，它源于英语教学实践，由英语教师在教学实践中不断概括而成；第三，它是对有关英语教和学活动的内在规律的总体认识。可见，英语教学理念的发展与变化总是基于人们的教学实践的发展和变化。数字化的引入对现实的英语教学活动提出了诸多新的要求，如数字化背景下英语教师必须会操作电子产品，能认识和接受从现实世界到虚拟世界的变化等。这必将引起旧的英语教学理念与新的英语教学条件不相适应，在没办法抵制数字化所带来的新的具有绝对优势的教学条件的诱惑时，我们只能从观念认识上改变自我，改变我们对待教学活动的态度，即变革和创新我们的英语教学理念。

（二）突破了英语教学思维的瓶颈

英语教学过程作为一种认识活动，是人们的思维逻辑过程逐渐展开的结果，这就决定了英语教学思维在教学活动过程中的决定性意义。这里的英语教学思维是指师生基于英语教学实践活动而引起的关于英语教和学活动的各种思维方式、过程和结果的总和。显然，数字化时代的到来，为师生的教学思维开辟了一片新天地，拓宽了英语教学思维的对象世界。在英语课堂教学领域，人们原有的关涉课堂教学活动的思维方式发生了根本性的变化。由于数字化世界所构筑的赛博空间里的存在是基于现实而又超越现实的存在，因此导致了认知思维同样可以在源于现实而又超越现实的情境下无限制地遨游于赛博空间。

（三）超越了英语教学时空的局限

在传统意义上，基于空间的认识，英语课堂主要指进行教学活动的教室；而基于时间的英语课堂则是持续 40 ～ 45 分钟的教学过程。数字化时代的今天，英语课堂教学有了新的定义，教室不再是学生接受知识的唯一场所。比如，翻转课堂颠覆了传统课堂中接受知识、课后内化知识（通过作业复习巩固）的模式，将学生接受知识的过程提到课前由学生自主学习完成，课堂中则通过探究、讨论等方式解决学生接受知识过程中所遇到的种种困难。

因此，数字化背景下的英语课堂教学不再是向 40 ～ 45 分钟或者 50 分钟要质量，而是充分利用现代教学媒体的优势，帮助学生从广大信息潮中寻求需要的信息。更重要的是，在数字化背景下，虚拟世界使诸多现实英语课堂教学中无法实现的教学活动得以实现。因此，数字化时代的英语课堂教学已经在空间上超越了教室的局限，跨过了现实的界限，通过网络技术融入虚拟世界；在时间上超越了传统意义上的 40 ～ 50 分钟的局限，如翻转课堂的"先学后教"模式，把学生的大量时间转移到了课前的学习准备上。

（四）引起了英语教学结构的变化

英语教学结构是在一定教育思想、教学理论、学习理论指导下，在某种环境中展开的，由英语教师、学生、教材和教学媒体相互联系、相互作用而形成的英语教学活动进程的稳定结构形式，它将决定英语教师按照什么样的教育思想、教学理论与学习理论组织教学活动进程。从传统的英语课堂教学结构来看，主要有以教师为中心的教学结构、以知识为中心的教学结构和以学生为中心的教学结构。随着数字化时代的到来，英语课堂教学结构主要从以教师为中心和以知识为中心的教学结构形式转向以学生为中心的教学结构形式。陆志平在《数字化时代的课堂重建》中论述，在数字化时代里，课堂教学正由辅助教学转向"E 学习"（如翻转课堂的"先学后教"）。在英语课堂教学的教师、学生、教材和教学媒体这四要素中，计算机辅助教学模式所支持的是英语教师在教学媒体的作用下教教材，即通过信息技术把知识传递给学生。可见，计算机辅助教学模式是支持传统教学模式的。在数字化环境下的"E 学习"则是以学生为中心的，即教师和信息技术都作为学生直接面对知识的媒介，其中，英语教师起指导和帮助作用，而信息技术起支持和辅助作用。

（五）实现了英语教学方式的变革

数字化时代改变了传统的粉笔加黑板式的英语教学形式，实现了现代化教学手段支撑下的"虚拟 + 现实"的新型英语教学形式。在传统英语教学中，由于条件的限制，主要使用的教学方式是讲授式、讨论式、问答式、表演式等。而在数字化背景下，英语课堂教学方式有了诸多新的变化。为了适应数字化教学环境的需要，英语教师在探索教学方式时，离不开计算机网络技术的支持，有人甚至认为没有融入现代信息技术的课堂是不合格的课堂。可见，数字化时代的英语教学方式的变革与创新的核心是对现代信息技术的充分运用，或者说是对现代信息技术的依赖。在现代化信息技术的支持下，英语课堂教学方式变革的维度至少包括三个方面：一是信息技术的运用推进了英语课堂教学方式在质上的变化，如师生之间的直接对话中介入了一个虚拟场景，这种虚拟场景能避免很多教学交往中的尴尬局面；二是信息技术的运用实现了英语课堂教学方式在量上的变化，如可以通过云技术进行多面展示，通过技术设计开发教学软件，通过网络平台实现英语在线学习和咨询等；三是信息技术的运用实现了时空维度上的拓展，即促进了英语课堂教学方式在结构形态上的变化，传统英语课堂教学主要采取讲、听、练、考等单向推进的方式，而进入数字化时代后，英语课堂教学主要采用自主、合作、探究等方式综合进行。

（六）改变了英语教学评价的方式

数字化时代的英语课堂教学不仅在教学理念、教学思维、教学时空、教学结构和教学方式等方面存在系列变化，在英语课堂教学评价上也存在变化。在英语课堂教学评价上，数字化信息技术的运用使英语评价的方式更加开放、多元。在数字化时代里，引起英语课堂教学评价发生改变的原因是多方面的，概括起来大致有两点：一是传统的英语教学评价方式已经不足以适应新型课堂教学结构的变化。在现代化信息技术的支撑下，英语课堂教学引入数字化的虚拟世界，这不是简单的考试和分数所能涵盖的，而是需要借助现代化信息技术进行精确的数据测量和分析，如虚拟仿真实验的引入和运用等。二是随着现代化信息技术的运用，大量新型社会评价方式逐渐为师生所青睐。比如，有学者就建议："日常评价可以引进投票、关注、粉丝、网评等网上通行的学生喜闻乐见的评价方式，改变分数加排名的简单做法。"

当然，我们在英语教学过程中不能盲目地选取和运用这些新型社会评价方式，必须遵循一定的原则。首先，应该遵循新型社会评价方式的教育性原则，即引入新型社会评价方式的目的是促进学生身心的和谐、健康发展，而不是为了赶时髦。其次，应遵循综合性原则，即这些评价虽然在一定程度上能吸引学生的注意，激发学生的学习兴趣，但往往优势也正好隐藏着自身的不足，如网评本来是一件方便快捷的好事情，但由于缺乏面对面的交流而可能导致评价的虚假和恶搞等；因此，必须综合多种评价形式，取其均值，以将评价中由于个人偏好而造成的不真实成分控制在有限范围。最后，应遵循人文关怀性原则，即评价方式的修正性原则，当我们在运用现代新型社会评价方式进行评价时，必须考虑教学实际，顾及个体感受，不能因为评价而伤及某位教师或某个学生。

五、数字化时代英语课堂教学变革的路径反思

毋庸置疑，数字化的应用给我们的英语课堂教学带来了颠覆性的变化。那

么，面对机遇与挑战，我们究竟应该怎样做才能更有效地使数字化信息服务于英语课堂教学呢？对此，笔者认为可从下列几个方面思考。

（一）切实转化师生的教学主体性角色

在传统英语教学条件下，师生之间的互动交往模式主要是基于现实课堂教学的“人—人”交往模式，师生之间有且只有直接面对面的交流。显然，在这种有限的条件下，英语课堂教学主要是以教师为中心或以知识为中心的教学结构形式，英语教师组织教学的目的主要是尽可能高效率地将知识传递给学生，学生则完全处于等待接受的状态，此外，英语教学资源也主要源于教材和教学参考书。随着数字化资源的引入，这种英语课堂教学结构发生了根本性的变化，英语教师不再享有对知识的绝对优势权，师生交往所借助的客观知识（教学内容）也不再局限于单一的教材，学生也不再是等待接受的被动学习者。这就需要处于英语课堂教学中的师生必须切实转化各自的教学主体性角色。

从英语教师主体角度来说，理应改变以“我”（教师）为中心的教学态度。开放、丰富的数字资源早已超越了教材的局限，学生获取知识的渠道也不仅源于教师或单一的教材。因此，英语教师应该做的是为学生获取更多知识提供方便，帮助学生在浩瀚的知识海洋里尽可能快速地获取需要的信息。

从学生主体角度来说，在这个丰富多彩的信息世界里，那种等待接受、被动吸收的“享乐主义”角色已经不复存在了。为了适应变化莫测的数字世界，学生需要积极、主动地获取知识信息。

（二）谨慎对待数字化时代的英语教学变革步调

数字化激起了当今英语课堂教学潮涌似的变化，但是变革不能一蹴而就，仍须循序渐进，谨慎为之。我们在认同和接受数字化时代引起的课堂教学变化的同时，需谨慎对待数字化时代诱发的英语教学变革步调。一方面，数字化世界淡化了我们对现实、对直接经验的亲历需求，虚拟数字世界所呈现的仿真经验往往是经过加工、处理、选择后相对完美的经验，很容易让涉世未深、缺乏辨别能力的学生产生虚拟世界的东西才是自己真正需要的错觉。另一方面，数字化世界所存储的大量信息在带给学生更多方便、快捷的同时，大大增强了学生对网络搜索的依赖，而这正在默默地夺走学生独立思考问题的能力。正如有学者指出的那样：“我们以为虚拟是真实现象的数字化再现，其实它是经过选择、加工的主观再现，它以貌似客观真实的方式呈现着主观、虚拟的内容。因此，无论是旧媒体还是新媒体，都不能天然地应用于教学，必须通过有目的的、自觉的改造，才能使其服务于教学。”[①] 然而，所谓的谨慎为之，并不意味着放弃而不为之。虽然数字化世界变幻莫测、多姿多彩，使我们疲于应付、应接不暇，但也正是这种多样性、超现实性刺激了我们不断改革与创新的神经，使我们不得不自我调整而主动去适应时代的发展需求。因此，我们所指的谨慎对待数字化时代的英语教学变革步调，实质是想告诉大家既要“埋头拉车，更要抬头看路”。在面对虚实相济的数字世界时，我们不能一味跟风，要紧扣英语教学实际，循序渐进地进行英语教学改革；我们应该极力克服畏难情绪，乘风破浪，勇于探索和创新，致力寻求英语教学改革与时代发展的切合点，深入教学实践，不断反思与总结经验，让英语教学实践成为衡量改革成效的根本标尺。

（三）极力匹配数字化时代教学变革的辅助系统

为了让数字化时代的英语课堂教学变革顺利进行，我们在付诸实际行动的同时，也要思考如何合理有效地进行。我们可从四个方面建设该辅助系统。一是提高思想意识。数字化已经成为时代发展的必然趋势，我们应该清楚地意识到在此背景下，进行英语课堂教学变革势在必行，否则，英语课堂教学将难以满足数字化时代学生追求知识的强烈欲望。二是加强科学研究。面对数字化时代带来的英语课堂教学的机遇与挑战，既不能因为它是一次机遇就绝对信赖地往前冲，也不能因为数字化时代抛给英语课堂教学太多的挑战而畏缩不前。我们需要把握好变革的步调，有目的、有计划地进行英语课堂教学变革，加强对数字化时代英语课堂教学变革与创新的科学研究，防止课堂教学的改革被浸没在虚拟世界的陷阱中。三是注重实践探索。英语课堂教学变革不能跟风随雨、人云亦云，更不能只停留在纯理论的思辨与妄想之中，而应该深入英语课堂实际，进行实践反思与创造，不断追求进步。四是拟定相应的政策文件。一方面赋予师生进行课堂教学变革的应有权利；另一方面制定相应的规章制度，既起规范之效，又有监督之力，从而确保英语课堂教学改革的顺利进行。

（四）重新界定英语课堂教学的时空概念

数字化时代带给英语教学的变化是显而易见的，尤其值得注意的是其引起了英语课堂教学在时空上的变化。在数字化时代，英语课堂教学正以非常快速的步伐从主要关注现实世界走向关注现实与虚拟相结合的二重世界。因此，若想全面深刻地理解当前的英语课堂教学，必须对英语课堂教学的时空概念做出

① 刘微．信息化背景下高职英语课堂教学策略研究[J]．天津职业院校联合学报，2020，22（5）：34—37.

数字化时代的重新解读。否则，传统意义上对英语课堂教学的理解必将束缚着数字化时代赋予英语课堂教学全新的意义。基于这样的思维逻辑，我们提出“泛课堂教学”的概念。只有在“泛课堂教学”理念的包容下，数字化时代的英语课堂教学时空观念才能有准确合理的定位，同时为大家思考数字化时代的英语课堂教学提供一种全新的思维视角，以激起大家更多的关注和思考。

第三节 信息技术与大学英语教学的融合发展

在信息化社会，由信息资本决定社会生产关系变化，人们需要不断获取支撑自己生存发展的信息资本，而英语就是人们获取各类信息资本的工具之一，掌握一门乃至多门外语以准确获取知识信息正成为当代人的日常需要。人们希望更加便捷地学习英语，于是大量共享开放网络英语学习资源和“慕课”等在线课堂应运而生，所有学习人群包括在校学生都不再安心于课程、课堂和既定教材的传统学习方式。21 世纪的英语教育形式，正在向“无所不在”“随时随地”和个性化的泛在学习转向，英语教育的信息化革命已经悄然来临。

在网络信息化急速发展的情况下，我国大学英语课堂教学存在诸多的变量影响因素，主要包括内部因素、外部因素以及处境因素。内部因素具体包含教师因素、教学理论、元认知因素与教师专业发展。教师本身的成长经历、学习经历属于一种固化因素，其固化体现为不可改变性，能对教师的教育思想以及教育方式等造成重大的影响。在大数据背景下，丰富的资源为教师提供了改革的途径，同时，新技术的出现使学生具有了多种选择，对教师的教育思想以及方式的转变也提出了新的要求。

因此，教育部于 2012 年 3 月发布了《教育信息化十年发展规划（2011—2020 年）》（以下简称《规划》），制定了 2011—2020 年间全国教育信息化的建设蓝图。该《规划》在“信息技术对教育具有革命性影响”的思想指引下，强调推进教育信息化体系建设，提出既从教育也从技术的双向角度，全力推进信息技术与学科教育深度融合创新。《规划》指出，教育信息化在对教育起到支撑作用的同时，需要更多强调它对学科教育变革的引领性作用，即教育信息化要革新各学科教育的主流业务，而不是利用教育技术作为各学科教育的一种辅助手段。《规划》强调要利用教育信息化破解长期制约我国教育创新的发展瓶颈，“到 2020 年，全面完成《国家中长期教育改革和发展规划纲要（2010—2020 年）》所提出的教育信息化目标任务，形成与国家教育现代化发展目标相适应的教育信息化体系”。为此需要“加快教育信息基础设施建设”，加强优质教育资源开发与应用，“构建国家教育管理信息系统”[①]。《规划》要求教育信息化要与我国教育现代化发展进程相适应，要为我国教育现代化事业做好支撑，成为教育现代化进程中的核心组成部分。《规划》明确教育信息化体系不是单纯的基础设施建设，而是一种总体协调运行的能力体系建构，它不仅包括硬件基础设施，还包括应用软件系统、数字教育资源、管理信息系统、人才队伍、制度保障等全部教育现代化的发展要素。

由此足见，《规划》的核心理念是使信息技术真正进入学科教育并发挥其无可替代的核心作用。为了实现这一战略目标，教育信息化建设就必须告别之前“建网、建库”等以硬件建设为中心的思维定式，善于利用既有网络信息技术环境和共享服务资源，实现学科教育的变革与创新。“‘以硬件为中心’引领的思路是首先建设硬软件，然后为了推动硬软件的使用，再配套资源，开展培训、调整制度、开展服务等”，而“‘以应用为核心’的思路则是先调研实践应用以及人的发展需求，围绕需求问题的解决……形成实际问题解决的能力体系”。毫无疑问，英语教育改革也需要“关注推进信息系统从孤立走向连接与整合……实现从独立系统到集成化的综合服务的转向”，需要“从关注个别学校的实验转向推进整体区域的规模质量效益，从关注技术教育应用的表面转向各学科教学质量和促进学生学习质量的实际提高，从关注短期行为转向关注可持续发展”。

总之，从教育实际出发研究英语教育规律，我们不难认识到，面对信息技术时代扑面而来的优质英语学习资源和共享开放的在线课堂，英语学科教育的信息化诉求正日趋强烈，传统英语教育的功能性质必然发生革命性的转变。

第四节　大学英语课程改革的新要求

随着社会经济的发展和科学技术的进步，人类进入了信息社会的发展阶段。信息社会的来临，对教育教学提出了新的人才培养目标和挑战，也为教育的发展提供了新的机遇和有利条件。近年来，随着计算机、多媒体和互联网教育应用的飞速发展，高等教育的内容和形式发生了重大的变革，大学英语教学

① 国家中长期教育改革和发展规划纲要工作小组办公室.《国家中长期教育改革和发展规划纲要（2010—2020年）》[M].北京：人民出版社，2010.

的内容和模式也随之发生了很大改变。为了适应新形势下人才培养的需要，我国高等院校纷纷对大学英语教学进行了新一轮的改革，这一时期的改革呈现出新的趋势和走向。

高校英语教学改革，应该重视确立新型的大学英语教学模式。为了适应国家和社会发展需要，2010 年第四次全国教育工作会议提出要创新人才培养模式，创新教育教学方法，倡导启发式、探究式、讨论式、参与式教学，激发学生好奇心，发挥学生主动精神，鼓励学生进行创造性思维，改变单纯灌输式的教育方法。新的教学模式应以现代信息技术，特别是网络技术为支撑，使英语的教与学可以在一定程度上不受时间和地点的限制，朝着个性化和自主学习的方向发展，改进以教师讲授为主的单一教学模式。这种新的教学模式应体现英语教学实用性、知识性和趣味性相结合的原则，有利于调动教师和学生两个方面的积极性，尤其要体现学生在教学过程中的主体地位和教师在教学过程中的主导作用。在充分利用现代信息技术的同时，要合理继承传统教学模式中的优秀部分，发挥传统课堂教学的优势。

由于计算机、多媒体和互联网的普及，可获得的教学资源越来越丰富，现代信息技术应用在教育和教学领域的重要性日益为人们所认识。目前，随着多媒体和互联网技术的迅猛发展，建构主义的学习理论与教学理论在西方日渐风行。建构主义学习理论主张以学生为中心，强调学生是信息加工的主体，是知识意义的主动建构者；认为知识不是由教师灌输的，而是由学习者在一定的情境下通过协作、讨论、交流、互助等学习方式，并借助必要的信息资源由学习者主动建构的。在建构主义学习环境下，“探索式”“发现式”“合作式”的学习过程是学生掌握学科内容的基本途径，也是以学生为中心教学模式中的基本教学形式。

随着计算机、多媒体和互联网等现代信息技术教育应用的飞速发展，建构主义学习理论正越来越显示出其强大的生命力，并在世界范围内日益扩大其影响。建构主义之所以能得到迅速推广，主要是因为计算机、多媒体和网络技术等现代信息技术为建构主义学习环境的实现提供了最理想的条件；而建构主义学习理论与教学理论则为多媒体和互联网在教学中的广泛应用，以及以学生为中心的教学模式的推广，提供了坚实的理论基础。先进的建构主义教育理论有利于实现信息技术与课程的整合，能够把以计算机及网络为核心的信息技术，作为教学环境的创设工具和促进学生学习的认知工具，应用到各学科教学过程中，这就有利于将各种教学资源、教学要素和教学环节进行重新建构、相互融合，提高教学质量，促进传统教学方法的变革。

信息技术与课程整合是我国 21 世纪基础教育教学改革的一个新途径，与学科教学有着密切的联系和继承性，又是具有相对独立性特点的新型教学模式类型。信息技术与课程整合，不是把信息技术仅仅作为辅助“教”或辅助“学”的工具，而是强调要把信息技术作为促进学生自主学习的认知工具和情感激励工具，利用信息技术所提供的自主探索、多重交互、合作学习、资源共享等学习环境，把学生的主动性、积极性充分调动起来，使学生的创新思维与实践能力在整合过程中得到有效的锻炼，这正是创新人才培养所需要的。由此可见，信息技术与课程整合是改变传统教学模式、实施创新人才培养的一条有效途径，也是目前国际上基础教育改革的趋势与潮流。

目前，很多高校在大学英语教学中都非常注重学生自主学习能力的培养，重视大学英语第二课堂的建设。例如，清华大学、外经贸大学、上海外贸大学等高校都在大学英语课堂教学的基础上，要求学生以自主学习的方式在语言实验室或通过自主学习平台以及网络课程，扩充和强化课堂教学的内容。其中，清华大学特别重视英语环境平台建设，针对学生的自主学习专门成立了英语学习网站、英语交流与写作辅导中心、英语学习策略咨询辅导中心、英语夏令营，为培养学生的自主学习能力、拓宽知识面和个性化的学习创造了有利的条件。

第四章　信息化背景下信息技术与大学英语课程整合

第一节　信息技术与课程整合

信息技术与课程整合尽管在我国已开展多年，但不少教师仍对此缺乏正确的认识。有些教师把信息技术与课程整合看作是现代化教学的一种工具、手段，或是更有效地学习信息技术的一种方式。更多的教师则是把信息技术与课程整合和计算机辅助教学完全等同起来，认为只要在课堂上运用了多媒体或是课件就是在进行信息技术与课程整合。这种看法反映出广大教师对信息技术与课程整合的内涵和实质缺乏了解，也表明他们对于实施信息技术与课程整合的途径与方法缺少了解和掌握。

何克抗教授指出，任何一种关于信息技术与课程整合的理论都必须回答以下三个问题：

一是信息技术与课程整合的目标（意义）是什么？

二是信息技术与课程整合的内涵（实质）是什么？

三是信息技术与课程整合的方法（途径）是什么？

只有对上述三个方面的问题做出科学的回答，并且能够通过教学实践的检验，才能达到深层次整合的要求。下面将从这三个方面，对信息技术与学科课程深层次整合的理论与方法进行探讨。

一、信息技术与课程整合的目标与内涵

（一）信息技术教育应用的发展

自 20 世纪 50 年代末研究出第一个计算机辅助教学系统以来，信息技术教

育应用在发达国家大体经历了三个发展阶段。

从20世纪60年代初至20世纪80年代中期被称为“计算机辅助教学阶段（CAI）”。这一阶段主要是利用计算机的快速运算、图形动画和仿真等功能辅助教师解决教学中的某些重点、难点。这些CAI课件大多以演示为主，这是信息技术教育应用的第一个发展阶段。在这一阶段，一般只提计算机教育，还没有提出信息技术教育的概念。

自20世纪80年代中期至20世纪90年代中期为“计算机辅助学习阶段（CAL）”。此阶段逐步从辅助教为主转向辅助学为主，强调如何利用计算机作为辅助学生学习的工具，如用计算机搜集资料、辅导答疑、自我测试以及安排学习计划等。这个阶段不仅用计算机辅助教师的教学，更强调用计算机辅助学生自主学习，是信息技术教育应用的第二个发展阶段。在这一阶段，计算机教育和信息技术教育两种概念同时并存。应当指出的是，我国由于信息技术教育应用起步较晚，目前大多数高校的信息技术教育应用模式仍然主要是CAI阶段，即计算机辅助教学阶段。

信息技术与各学科课程的整合是从20世纪90年代中期开始的，被称为“信息技术与课程整合阶段（IITC）”。至此，信息技术教育应用进入第三个发展阶段。这一阶段以信息技术应用于教学为显著特征，教学模式发生了重大变化。在这一阶段，原来的计算机教育（或计算机文化）概念已完全被信息技术教育所取代。信息技术与课程整合，是当前国际教育界非常关注的一个研究课题。

（二）信息技术与课程整合的目标

信息技术与课程整合，不是把信息技术仅仅作为辅助教或辅助学的工具，而是强调利用信息技术来营造一种新型的教学环境，该环境应能支持情景创设、启发思考、信息获取、资源共享、多重交互、自主探究、协作学习等多方面要求的教学方式与学习方式，即实现一种既能发挥教师主导作用又能充分体现学生主体地位的、以“自主、探究、合作”为特征的教与学方式，这样可以把学生的主动性、积极性、创造性较充分地发挥出来，使传统的以教师为中心的课堂教学模式发生根本性变革。教学模式变革的主要标志是师生关系与师生地位作用的改变，这种改变使学生的创新精神与实践能力的培养真正落到实处，而这正是我们的素质教育目标所要求的。

西方发达国家把信息技术与课程整合看成是培养21世纪人才的根本措施，而21世纪人才的核心素质则是创新精神与合作精神。信息技术与课程整合是培养创新人才的重要途径乃至根本措施，其所要达到的目标就是要实现创新人才的培养。这既是我们国家素质教育的主要目标，也是当今世界各国进行新一轮教育改革的主要目标。

（三）信息技术与课程整合的内涵

通过以上对“信息技术与课程整合目标”的分析可以看到，我们对整合目标的确定，是首先从分析信息技术与课程整合的性质、功能入手的，在把握信息技术与课程整合本质特征的基础上推导出其目标。因此只要稍加精炼与加工，我们就完全有可能从上述关于整合目标的分析过程中，引申出关于信息技术与课程整合的定义或内涵。

这一定义或内涵可以表述为：所谓信息技术与学科课程的整合，就是通过将信息技术有效地融合于各学科的教学过程来营造一种新型教学环境，实现一种既能发挥教师主导作用又能充分体现学生主体地位的以“自主、探究、合作”为特征的教与学方式，从而把学生的主动性、积极性、创造性较充分地发挥出来，使传统的以教师为中心的课堂教学模式发生根本性变革，从而使学生的创新精神与实践能力的培养真正落到实处。

由这一定义可见，它包含三个基本属性：创设新型教学环境、实施新的教与学方式、改革传统的教学模式。新型教学环境的建构是为了支持新的教与学方式，新的教与学的方式是为了改革传统的教学模式，改革传统的教学模式则是为了最终达到创新精神与实践能力培养的目标，如创新人才培养的目标。可见，“整合”的实质与落脚点是改革传统的教学模式，即改变以教师为中心的教学模式，创建新型的、既能发挥教师主导作用又能充分体现学生主体地位的“主导—主体相结合”的教学模式。

“环境”这一概念含义很广，教学过程主体以外的一切人力因素与非人力因素都属于教学环境的范畴。所以，上述定义就信息技术在教育领域的应用而言，和把以计算机为核心的信息技术仅仅看成工具、手段的CAI或CAL相比，显然要广泛得多、深刻得多，其实际意义也要重大得多。CAI主要是对教学方法与教学手段的改变，没有出现新的学习方式，更没有改变教学模式，所以它和信息技术与课程整合二者之间绝不能画等号。但是，在课程整合过程中会将CAI课件用于促进学生的自主学习，所以“整合”并不排斥CAI，其目的是运用CAI课件作为提供学生自主学习的认知工具与协作交流工具，这种情况下的CAI只是信息技术应用于整个教育过程的一个环节、一个局部。而传统的以教师为中心的计算机辅助教学是把CAI课件作为辅助教师突破教学中的重点与难点的直观教具、演示教具，这种情况下的 CAI 就是信息技术应用于教育的全部内容。可见，对这两种教学情景下 CAI 课件的运用，其应用方式和内涵实质都是不一样的。①

目前从全球教育的发展趋势看，信息技术教育应用逐渐进入第三个发展阶段，即信息技术与课程整合的阶段。进入这一阶段后，信息技术就不再仅仅是辅助教或辅助学的工具，而是要通过建立新型教学环境和教与学方式，从根本上改变传统的以教师为中心的教学模式，以培养学生的创新精神与实践能力为教学目标，即大批培养创新人才的目标。

二、信息技术与课程整合的途径与方法

信息技术与课程整合对我国当前教育深化改革具有重要意义。就高等教育而言，我国教育信息化的硬件设施有了很大的发展，高校的校园网络建设基本上已经在全国范围内普及。有关专家指出，目前我国大学校园网 90% 以上只用于科研方面的资料查找，而没有其他的教育教学应用；在其余 10% 科研以外的应用中，有一部分用于教育行政管理（如学校办公系统、电子图书馆、学生成绩统计等），另有一部分用于辅助教学（一般都停留在多媒体课件 + Power Point 的浅层次运用）。真正能在某些学科教学中，通过开展信息技术与课程的有效整合实现教育深化改革的高校为数并不多。如何运用信息技术环境（尤其是网络环境）来促进教育深化改革，改变传统的以教师为中心的教学模式、形成“主导—主体相结合”的新型教学模式，是关于提升高校的学科教学质量与效率的问题，也是中国教育信息化、科学化的关键问题。

目前国际上普遍认为，只有通过信息技术与课程的有效整合才有可能解决上述问题。信息技术与课程整合的理论必须对信息技术与课程整合的目标、内涵、方法等三方面的问题做出科学的回答，以整合途径与方法，这是信息技术与课程整合理论中最关键的问题。有关专家指出，信息技术与课程的有效整合意味着数字化的学习，而数字化的关键是将数字化内容整合的范围日益增加，直至整合整个课程并应用于课堂教学。当具有明确教育目标且训练有素的教师把具有动态性质的数字内容运用于教学的时候，它将提高学生探索与研究的水平，从而有可能达到数字化学习的目标。为了创造生动的数字化学习环境，学校必须将数字化内容与各学科课程整合。

美国教育技术 CEO 论坛的第三年度（2018 年）报告提出进行有效整合的

① 费婷婷 . CAI 课件在英语听说教学中的应用研究 [J]. 成才之路，2017（7）:82.

步骤和方法如下：

（1）确定教育目标，并将数字化内容与该目标联系起来。

（2）确定课程整合应当达到的、可以被测量与评价的结果和标准。

（3）依据上面第二条所确定的标准进行测量与评价。

根据以上步骤，按照评价结果对整合的方式做出相应的调整，以便有效地实现教学目标。但是应该指出，这样的步骤和方法既不涉及“整合”的指导思想，又不涉及“整合”的教学设计、教学资源与教学模式，对教师而言在实际的操作中会有困难。

从事信息技术教育的学者普遍认为，信息技术应用于教学主要是在课前与课后，包括资料查找以及在学生与学生之间、学生与教师之间进行交流与合作，而课堂教学过程的几十分钟里一般难以发挥信息技术的作用，还是要靠教师去言传身教。信息技术应用于课前，是指教师利用这种方式在课前将讲授内容、相关资料、重点难点以及预习要求，事先通过网络发布，使学生在上课前能做好充分准备，若有疑问还可随时和教师进行沟通与交流。基于问题的学习、基于项目的学习、基于资源的学习则属于基于网络的专题“研究性学习”模式。由于这类模式是围绕自然界或社会生活中的真实问题而展开的，往往是多个学科的交叉、多种知识的综合运用，要进行大量的实际调查、访谈或测量，需要花费较多时间，只能利用课外时间来完成，所以不适合作为课堂上的常规教学模式。

我国对整合内涵与本质的认识源于西方的观点，即从创造新型教学环境的角度来理解整合。在各门学科的信息技术与课程整合过程中，坚持新时代中国特色社会主义思想和基本方略，努力找到实现信息技术与课程深层次整合的基本途径与方法。

（一）以先进的教育理念为指导

为了实现上述目标，必须运用先进的教育理论，特别是以建构主义理论为指导。信息技术与课程整合的过程绝不仅是现代信息技术手段的运用过程，还是教育深化改革的过程。没有理论指导的实践是盲目的实践，改革必将失去正确的方向。建构主义理论并非能解决教学中的任何疑难问题，但建构主义所强调的“以学为主”，学生主要通过自主建构获取知识意义的教育思想和教学观念，对于传统教学结构是极大的冲击。除此以外，建构主义的学习理论与教学理论以及建构主义学习环境下的教学设计方法，可以为信息技术环境下的教学，也就是信息技术与各学科课程的整合提供强有力的理论支撑。

（二）以建立新型的教学模式为中心

在分析信息技术与课程整合定义与内涵的过程中曾经指出，“整合”的实质与基础是变革传统的教学模式，即改变以教师为中心的教学结构，创建新型的既能发挥教师主导作用又能充分体现学生主体地位的“主导—主体相结合”教学模式。这就要求教师在进行课程整合的过程中，密切关注教学系统四个要素（教师、学生、教学内容、教学媒体）的地位与作用，通过课程整合，使这四个要素的地位与作用发生相应的改变，并深入思考以下问题：改变的程度有多大，哪些要素改变了，哪些要素没有改变，没有改变的原因在哪里？这些问题，正是衡量整合效果与整合层次深浅的主要依据。

（三）坚持“学教并重”的教学设计理论

目前流行的教学设计理论主要有“以教为主”的教学设计和“以学为主”的教学设计两大类，后者也称为建构主义学习环境下的教学设计。由于这两种教学设计理论均有其各自的优势与不足，所以最好是将二者结合起来，形成优势互补的“学教并重”的教学设计理论。这种理论既重视发挥教师的主导作用，又充分体现学生的主体地位。在运用这种理论进行教学设计时，以计算机为核心的信息技术，包括多媒体和计算机网络技术在内，不单单是辅助教师教课的形象化教学工具，更是作为促进学生自主学习的认知工具与协作交流工具。建构主义学习环境下的教学设计理论，能在这方面发挥重要的指导作用。

（四）重视教学资源的建设

丰富而高质量的教学资源，是实现课程整合的必要前提，是学生自主学习、自主发现和自主探索的必不可少的条件，也是改变教师主宰课堂、学生被动接受知识这种状态的要求。缺少了这个前提，新型教学模式的创建便无从说起，创新人才的培养也无法实现。教学资源的建设，要求广大教师努力搜集、整理和充分利用互联网上的已有资源（如免费教学软件等），在确实找不到理想的与学习主题相关的资源的情况下，教师才有必要自己去进行开发。

（五）注意结合学科的特点

新型教学模式的创建要通过全新的教学结构来实现。教学结构属于教学方法、教学策略的范畴，但又不完全等同于教学方法或教学策略。教学方法或教学策略一般是指教学上采用的单一的方法或策略，而教学结构则是指两种或两种以上教学方法或教学策略的稳定组合。在教学过程中，为了实现某种预期的效果或目标，创建新型的教学模式，往往要综合运用多种不同的方法与策略。当这些教学方法与策略的联合运用总能达到预期的效果或目标时，就成为一种有效的教学结构。能实现新型教学模式的教学结构很多，且因学科和教学单元的内容不同而各异。在实际教学中，教师应结合各自学科的特点，通过信息技术与课程的深层次整合去创建新型的、既能发挥教师主导作用又能充分体现学生主体地位的“主导—主体相结合”教学模式。这种新型的教学模式的类型是多种多样的，是分层次的。常见的实现信息技术与课程深层次整合的教学模式包括探究性教学模式、专题研究式教学模式、仿真实验教学模式等。探究式教学模式适用于各个学科每一个知识点的常规教学，这种模式可以深入地达到各学科认知目标与情感目标的要求。专题研究性教学模式适用于培养学生解决实际问题的能力，包括发现问题、提出问题、分析问题、解决问题的能力。仿真实验教学模式则适用于物理、化学、生物等课程的实验教学。这几种教学模式均有各自不同的实施步骤与方法，如果能将这几种教学模式灵活运用，将有力地促进信息技术与课程设计的深层次整合。

三、信息技术与课程整合在大学英语教学改革中的实践意义

传统的大学英语教学模式，实质上就是以教师为中心的教学模式。在这种模式下，教学系统中四个要素的关系是：教师是主动的施教者，是教学过程的权威，教师通过口授、板书等方式把语言知识传递给学生；作为学习过程主体的学生，在整个教学过程中主要是听讲、记笔记，处于被动接受状态；媒体在教学过程中主要是辅助教师教课，即用于突破教学中重点、难点的演示教具、直观教具；教材是学生获取知识的主要来源，教师讲这本教材，复习和考试都是依据这本教材。这种教学模式的优点是有利于教师主导作用的发挥，有利于教师对课堂教学的组织、管理与掌控。但是，这一模式的不足就是影响了学生的主动性与积极性的发挥，不能把学生的主体地位很好地体现出来，难以达到理想的教学效果，这正是传统的以教师为中心教学结构的最大问题。

在教学实践中探索和实践将信息技术与大学英语课程整合的教学模式，将会有助于大学英语教学改革进程的推进，提高大学英语教学的成效。学科教学过程涉及三个教学阶段：一是与课堂教学环节直接相关的“课内阶段”，另外两个是课堂教学环节之外的“课前阶段”和“课后阶段”。因此，从最高层次考虑，信息技术与课程整合的教学模式只有两种，即按照所涉及的教学阶段来划分的“课内整合模式”和“课外整合模式”。

第二节　信息技术与英语课程整合的重点

现代信息技术与外语课程的整合是目前外语教育教学改革的制高点、突破口。首先，学与教的活动要在以多媒体和网络为基础的信息化环境中进行，包括多媒体计算机、多媒体课堂网络、校园网络和互联网络等。学与教的活动包括在网上实施讲授、演示、自主学习、讨论学习、协商学习、虚拟实验、创作实践等环节。其次，要对课程教学内容进行信息化处理，使之成为学习者的学习资源，可以通过教师开发和学生创作，把课程学习内容转化为信息化的学习资源，提供给学习者共享，而不仅仅是教师用来演示；还可以把课程内容编制成电子文稿、多媒体课件、网络课程等，教师用来进行讲授或作为学生学习的资源。充分利用全球性的、可共享的信息化资源，如数字化处理的视频资料、图像资料、文本资料等，作为教师开发或学习创作的素材，整合到课程内容相关的电子文稿、课件之中，整合到学习者的课程学习中；还可将共享的信息化资源与课程内容融合在一起，直接作为学习对象，供学生进行评议、分析、讨论。最后，利用信息加工工具让学生进行知识重构，利用文字处理、图像处理、信息集成的数字化工具，对课程知识内容进行重组、创作，使信息技术与课程整合不仅只是向学生传授知识，让学生获得知识，而且能够使学生进行知识重构和创造。

一、信息技术与外语教学整合的目标

信息技术与课程整合的宏观目标可概括为“建设数字化教育环境，推进教育的信息化进程，促进学校教学方式和学生学习方式的根本性变革，培养学生的创新精神和实践能力，实现信息技术环境下的素质教育与创新教育，培养有21世纪能力素养的人才”。

（一）在学科教学中渗透信息技术教育，提高师生信息素养

面向素质教育、基于信息技术的课程与教学改革，其根本要点是将培养和发展人的信息素养作为渗透素质教育的核心要素。信息技术与课程的整合，是渗透信息技术教育的基本途径。今天，基于知识与信息的新经济形态已经崭露头角，以多媒体计算机和网络为代表的信息技术取得的飞速发展使“21世纪是知识信息的时代”成为共识。面对新世纪的挑战，为了实现教育的跨越式发展，

我们必须将迅速提高青少年的信息素养作为渗透整个素质教育的核心要素，将信息素养的培养融入教材、认知工具、网络以及各种学习与教学资源的开发之中，以形成人对信息的需求，培养人查找、评估、有效利用、传达和创造具有各种表征形式信息的能力，并为此拓展对信息本质的认识。

（二）完善拓展课程的学习内容，为多种专业人才的培养打下基础

通过信息技术与课程的整合，可以充实、完善、拓展、提高课程的学习内容，以实现从单一学科知识作为课程内容向逐步形成以高新技术为主体的综合知识型课程内容的转变，提高学生学习兴趣，同时培养学生终身学习的态度和毅力，使之具有主动吸取知识的愿望并能付诸日常生活实践，将学习视为享受，而不是负担；能够让学生独立自主地学习，能够自我组织、制订并执行学习计划，能控制整个学习过程，对学习进行自我评估，从而为社会发展所需要的各种人才的培养打下基础。

（三）培养学生的自我适应、自我生存能力

在信息时代，知识量剧增，知识成为社会生产力、经济竞争力的关键因素；知识的更新速度加快，有效期缩短。另外，知识的高度综合性和各学科间相互渗透，出现了更多的新兴学科、交叉学科，由此带给人们难以想象的社会生活、经济生活、政治生活和人类一切领域内深刻而广泛的冲击和影响。在这种科学技术、社会结构发生剧变的大背景下，自我适应能力、自我生存能力变得至关重要。学校教育中，这些能力可以通过综合学习、研究性学习予以培养。在综合学习、研究性学习中，信息技术的应用占有十分重要的位置，而信息技术与课程的整合是当前综合学习的主要形式。

综上所述，整合的目标是促进外语学科的教学质量，促进外语学科教学目标的实现。也就是说，整合追求的是促进外语学科的教学质量，提高学生学习外语的效果和效率，而不是技术方面的目标。外语课程的总体目标是培养学生的综合语言运用能力。而综合语言运用能力的形成建立在学生语言技能、语言知识、情感态度、学习策略和文化意识等素养整体发展的基础上。整合目标对学生的基本要求为：有较明确的外语学习动机和积极主动的学习态度；能听懂教师有关熟悉话题的陈述并参与讨论；能就日常生活的各种话题与他人交换信息，并陈述自己的意见；能读懂相当水平的读物和报纸、杂志，克服生词障碍，理解大意；能根据阅读目的运用恰当的阅读策略；能根据提示起草和修改

小作文；能与他人合作，解决问题并报告结果，共同完成学习任务；能对自己的学习进行评价，总结学习方法；能利用多种教育资源进行学习，进一步增强对文化差异的理解和认识。整合就是要将信息技术的应用“毫无痕迹”地融合在课堂教学中，促进更好更快更多更省地完成上述任务和要求。只有在此基础上，才能追求发展性的培养目标（培养和提高学生的信息素养，不仅限于技术操作），将发展性目标统一在基础性目标的实现过程中，并与之协调发展，而不能本末倒置。

二、信息技术与外语教学整合的前提

整合要结合外语学科特点和学生心理特点。在整合的过程中，要依据外语学科特点和学生生理、心理特点剪裁和组合信息技术，安排课堂内容结构，运用教学策略和设计活动等。首先，外语课程的学习是学生通过外语学习和实践活动，逐步掌握外语知识和技能，提高语言实际运用能力的过程，其中，听、说、读、写是一个有机整体。因此，在课堂中，我们应该改变传统的过多重视语法和词汇知识讲解的做法，采用任务驱动的途径，把听、说、读、写和译的各种技能结合起来，并把它们统一在具体的问题和任务中，让学生在做中学、在做中用。其次，根据对外语学习认知过程的分析来设计课堂教学的各个环节、步骤和活动。利用信息技术激发学生的兴趣，用任务调动学生的探究热情，用个性化的学习让学生独立思考，用协作学习让学生进行交流、运用和建构。当然，我们还要尝试着根据学生爱说爱动、善于模仿、记忆力强，有强烈的竞争意识和表现欲，喜欢将学到的语言材料随时运用到对话、叙述和表演中的特点，来设计开展丰富多彩的课堂交际活动，以便于学生边学边练，学用结合，使所学语言材料能够在运用中获得巩固和提高。

三、信息技术与外语教学整合的条件

整合是需要条件的，要在以多媒体和网络为基础的信息化环境中实施。它不同于过去研究的视听技术支持下的多种媒体在教学过程中优化组合应用的整合，而是指学与教的活动要在信息化环境中进行，包括多媒体计算机、多媒体课堂网络、校园网络和互联网络等。当然，不应是为了用技术而用技术，而应在现有的条件下，充分发挥信息技术的优势为学生创造出理想的学习环境，促进教学方式、学习方式和教学结构等的一系列转变。实践证明，信息技术在外语教学中有以下优势。

（一）语言学习环境自然、真实

信息技术能够创设自然而真实的语言学习环境。集成性是多媒体技术的关键特性之一，它可以将文字、声音、图形、动态图像有机地集成在一起，并把结果综合地表现出来。与课本、录音带等教学媒体相比，多媒体计算机能提供更为真实、更接近自然的语言输入，提供情景性更强、更生动活泼的语言教学，从而激发学生的兴趣和学习动机。再加上多媒体技术与网络的结合不仅可以提供来源和表现形式多样化的外语输入量，而且还可以为学习者创造丰富、自然的目标语环境，让他们在真实的环境中学习和接受挑战性的学习任务，促进学习形态由低投入（被动型）转向高投入（主动型）。这对于学习者发现语言规律、建构自己的语言系统是非常重要的。

（二）丰富的资源有利于自主学习

多媒体与网络能够提供丰富的教学资源，引导学生自主学习。借助多媒体计算机和网络的海量存储，每个学生都能很容易得到比以前任何时候都多的信息。各种新型教学资源补充、扩展了传统的教学资源，使学生获得了更多的学习机会。不仅如此，很多计算机软件还能够提供友好的交互界面，针对语音、听力、词汇、阅读、写作等语言技能提供练习任务，并给予相应的反馈和指导。通过人机对话的方式，学生可以自主地探究学习。这样，一方面可以扩大课堂的信息容量，从而增大训练的广度、密度和深度；另一方面也有利于因材施教和个别化的教学，更有利于培养学生的学习兴趣，使其找到获取知识的最佳途径，获得最佳的学习效果，这是传统的课堂教学所不能比拟的。另外，超文本技术实现了信息的非线性组织，各种信息之间有丰富的链接，构成了立体的信息空间。因此，学生可以按照自己的思路来学习，以更好地适应每个学生的学习风格和学习进度。借助这一潜在优势，教师和学生可以进行教学演示，让学生通过多种感官获得丰富的体验，而且可以对演示过程进行自主控制；促进知识的直观化和可视化，促进学生对知识的深入加工；获取丰富的、不同类型的信息，丰富、扩展对学习主题的理解；表现自己的感受、知识、见解等。

（三）更好地体现了素质教育

计算机和网络使素质教育在外语教学中得到了更好的贯彻和体现。一方面，在计算机和网络所创设的真实、自然的语言学习环境中，学生不仅满足了个人兴趣，在生动活泼的氛围中感受和体验到了特定的语境和标准的语音、语调，从而更好地把握所学内容，还陶冶了情操，开阔了视野，了解了外国的风土人情和文化，进而提高了跨文化交际能力。另外，在和同伴的直接交流中，还可以发挥创造思维能力和合作能力，让他们充分地学以致用，解决实际问题。另一方面，外语学习是多种感官的协同学习，掌握一门语言必然是听、说、读、写、译诸方面能力的综合运用，计算机和网络不仅可以兼顾这些方面，而且可以达到比传统教学手段更好的效果，从而全面提高学生的素质。

四、信息技术与外语教学整合过程中的误区

（一）缺乏正确的整合观念

有的教师认为信息技术与课程整合就是将信息技术简单地纳入课程中，只要在课程教学中使用了计算机就是整合；有的教师把信息技术与课程整合看作是一种时尚，并不清楚实施信息技术与课程整合是为了什么，只是因为大家都在应用信息技术，或者上级号召应用信息技术而不得不应用；还有的教师只把信息技术与课程整合仅仅看作是现代化教学的一种工具、手段或更有效地学习信息技术的一种方式，认为信息技术与课程整合就是要把信息技术课程与其他学科课程融合在一起，以便学生在学习其他课程时能更有效地学习信息技术，把信息技术与课程整合看作是有效学习信息技术方式的一个典型例子。这些观点显然是不了解信息技术与课程整合的内涵和实质导致的。

（二）直观形象教学与语言教学脱节

信息技术能提供真实的直观形象材料，使学生获得全新充分的感知，但是教师还必须适时加以适当的提示、强调、总结和引导，不能只关注直观材料本身而忽略对学生讲解所展示的视觉材料与教材之间的内在联系，忽略形象材料的辅助性和课文材料文字信息的重要性，造成直观形象教学与课堂语言教学脱节的现象。教师应针对语言教学重点和难点进行教学设计，只有把握好教学内容的深度，合理使用信息技术，才能取得良好的教学效果。

（三）没有把握“适时、适度、适当”原则

“适时”就是运用多媒体时要选择有利于学生掌握重点并使教学达到最佳效果的时机。“适度”就是多媒体的运用要做到既不喧宾夺土地滥用，也不因噎废食而全然不用。“适当”就是多媒体要用在“精彩”之处，用在激发学生学习之处，用在突出重点、突破难点之处，用在利于学生内化教学内容之处。教师

要注重发挥多媒体的特点与功能，找准计算机多媒体与教学内容的切入点，合理使用信息技术，以取得良好的教学效果。要确保发挥信息技术的优势和实效，必须依次考虑以下问题：信息技术是否适用于当前教学内容、学习者和教学目标的需要？信息技术在实现当前教学目标方面是否有不可替代的优势，具体体现在哪些方面？如何通过有效的教学策略使潜在优势转变为教学实效？如何消除当前教学中应用信息技术的不利影响？

（四）缺乏科学性地掌握信息技术与课程整合的方法

在整合过程中，个别教师在教学实践中把热情过多地落在具体技术手段上，好像用得少了就不是整合，用不出新招数就不够新颖。这样就使课程教学成了教师不断追求技术创新的表演课，整合的效果是大屏幕代替粉笔加黑板，机器代替人授课，电子教材代替书本，本质上并没有改变传统教学结构，只是减轻了教师课堂工作量，加大了课堂信息量，实质是穿“新鞋”走老路。实际上，整合的立足点应当是课程，而不是信息技术，当学生能够选择信息技术工具来帮助自己及时地获取信息、分析综合信息并熟练地表达时，信息技术与课程整合才有意义、有效果。

（五）没有把握好整体性原则

在整合课堂教学中，教师应以“以人为本”的课程理念和教学思想为导向，通过教学设计，以符合学科特点和学生学习需求的方式，高效应用信息技术，追求信息技术在促进教学、学习和学生全面发展方面的实效性。信息技术整合的教学设计是一个结构性的系统。因此，教师应把握整体性原则，综合考虑该系统包括的各个要素和环节，包括教师、学生、教学内容、教学日标、教学媒体和方法等，追求信息技术应用与教学方式变革的相互促进。教师必须明确，在整合的课堂教学中，教学策略起着核心作用，教师应追求的是每节课或一系列教学活动在教学、学习和学生发展等方面的实效，而不能过多考虑教学中采用的信息技术的多与少，或者所用信息技术先进与否。

（六）没有掌握信息技术与多种活动方式的综合运用

多媒体与网络技术给教育教学带来了一次深刻的革命，但它并不是万能的，不能代替学生的操作实践等活动，也不能完全取代教师的地位，它只是一个帮助我们认识世界的好工具。我们要避免信息技术应用与其他活动方式的对立，杜绝切断学生与社会、生活实践联系的“全盘信息化”，不能为用信息技术而剥夺学生的动手实践机会。课堂活动的主要形式不是人机互动而是师生之间、学生之间的互动，因此要充分发挥教师的主导作用和学生的主体作用，让学生自己去加工、整理、呈现信息，以提高他们的主观能动性，创造良好的教学关系。此外，在充分利用现代信息技术的同时，要注重常规媒体与教学手段的有机结合与渗透，以达到事半功倍的效果。

信息技术与课程整合的过程绝不仅仅是现代信息技术手段的运用过程，它必将是伴随教育教学领域的一场深刻变革。既然是场革命，那么摆在课程改革面前的重要任务，就是要努力推进信息技术与学科之间的“整合”，在新的形势下，以新的条件、新的手段、新的教育教学观念、新的视角对学科进行改革。这种改革将在不同层次逐步推进，上至大纲教材，下至课堂、课外。这种改革带有信息时代的特色，步入一个崭新的阶段，对于每一所学校、每一位教师都是一个机遇、一次挑战。

五、信息技术与外语教学整合的关键

整合就是要建立一种新型的教学结构。在整合中，不是仅仅把信息技术作为辅助教或辅助学的工具，而是强调利用信息技术营造一种理想教学环境，通过教师—学生—信息技术—教学资源有机融合和持续互动，建立起教师主导、学生主体的新型教学结构，以实现一种能充分体现学生主体地位的以“自主、探究、合作”为特征的新型学习方式，切实促进外语教学的改革。[①] 这是我们整合的关键。要通过新的师生关系、新的学生关系和新的学习工具，为学生创造大量学习、实践、思考的机会，让学生去发现和利用当前的信息和资源（包括师生、生生、生机之间的互动交流所获得的），并用所学知识和技能解决较为复杂和真实情景中的“开口”和“对话”，让学生实质性地参与教学过程，真正地做到“为用而学，在用中学，学了就用”。

第三节　信息技术与大学英语课程的课内整合

信息技术与课程整合的教学模式是“课内整合教学模式”和“课外整合教学模式”。“课内整合教学模式”分类比较复杂，根据选用教学策略的不同，

① 华璐．利用信息技术创新高校外语教学模式[J].读与写（教育教学刊），2019，16(11)：7.

"课内整合教学模式"原则上可以分为自主探究、协作学习、演示、讲授、讨论、辩论、角色扮演等多种类型。其中，探究式教学模式是指在教学过程中要求学生在教师指导下，通过以"自主、探究、合作"为特征的学习方式对当前教学内容中的主要知识点进行自主学习、深入探究，并进行小组合作交流，从而较好地达到课程标准中关于认知目标与情感目标要求的一种教学模式。探究式教学模式的基本特征用一句话概括为：既重视发挥教师在教学过程中的主导作用，又充分体现学生在学习过程中的主体地位。①

本节笔者将对目前影响较大的信息技术的"课内整合教学模式"——探究式教学模式进行介绍和分析，讲述其产生的背景、内涵与特征、实施步骤等，并结合这种整合模式在大学英语教学中的实施案例，探讨信息技术在大学英语教学中的"课内课外"整合模式的目标、内涵和实现的途径。本节的主要目的是帮助广大大学英语教师更深入地理解，如何在建构主义理念下将探究式教学模式运用在大学本科高年级阶段双语课程的教学实践中。

一、建构主义理念下的探究式教学模式

建构主义教学观有别于传统的教学观。传统教学观认为，教育的目的是把前人所获得的知识传授给学生，师者只要传道授业便完成了使命，学生只是知识的被动接受者。建构主义教学观认为，学习过程是以自身已有的知识和经验为基础的建构活动，教师应该以此为终极教学目的，辅助学生完成知识建构。因此，基于建构主义教学观所设计的主体学习活动是动态的，设计中应充分考虑主体已有的知识积累和学习经历与经验。主体已经形成的人生观和世界观也会对知识建构产生影响，在教学活动设计的过程中也应该最大限度地考虑到学生在这方面所呈现的个体差异，在探究知识的过程中培养学生的批判性思维。对学生知识的评价体系应该建立在问题解决过程中，以学生对事物的理解和解决问题的能力作为衡量的标准。将传统的"教师决定式"或灌输式教学模式转化为开放式，使教学活动的每个环节都有学生主体的参与，学习质量好坏不仅是学生知识积累的多寡，更多的是学生外化知识能力的提升。换言之，学生获得知识的多少不再取决于学生死记硬背教师讲授内容的能力。在教学过程中，教与学不再只是简单的知识的传输和接收过程，而是包含了教师与学生之间的互动、学生与学生之间的互动，以及学生主动探索、不断构建新知识体系的过程。

① 练萍萍．多元整合英语课外实践模式促进学生综合素质的提高[J]．黑龙江高教研究，2006(3)：175—176.

建构主义学习观认为，学习不是信息简单地从外到内的单向输入，而是通过新信息与学习者原有的知识经验双向的相互作用实现的。因此，基于建构主义学习观的教学活动设计还应包括学习者与学习环境之间的互动。学习应该通过学习者的高水平的思维活动来实现，而不是简单沿着记忆的流程进行。学习者需要建构关于事物及其过程的表征，但这种知识建构不是原封不动地搬运知识，而是应用已有的认知结构对新信息进行加工而完成的。在这个知识学习、整合、内化过程中，每个学习者都以自己原有的经验系统为基础，对新的信息进行认识和编码，建构新的认知体系。在这一过程中，原有知识由于新经验的介入而发生调整和改变。因此，建构主义所倡导的学习，不再是教师向学生简单传递知识，而是学生主体建构自己知识的过程。学生不再是被动的信息接收者，相反，学生要在主动改造和重组原有经验的基础上建构新信息的意义，这种建构不可能由他人代替。学生学习的主要任务不再是对各种事实性信息的记忆、复述和简单应用，而是在教师指导下主动地、有意义地对外部信息进行选择和加工，搜集并分析有关的信息和资料，进而对所学习的问题提出各种假设进行验证、评价甚至批判。

基于建构主义理论的探究式教学过程以学生为主体、以学生发展为本、以教师为主导，无论是对教师，还是对学生，都提出了更高的要求。这就要求学生必须保证课后的时间及精力投入。建构主义教学理念强调情景学习，目的之一就是让学生融入学习的情景中，主动观察、模仿情景中所隐含的知识与技能，进而培养独立思考的能力，以解决实际面临的各项问题。在建构主义理念下，作为探究问题的学习者要有一个由“边缘”到“核心”的转变，这个过程就是学生自主能力提升的过程，符合情景学习理论的边缘参与规则。探究式教学要求学生勤于思考、发表独创见解、有创新精神，要求学生课后不断反思，迫使学生形成反思能力，形成科学的学习方法。

多数学者认为，学习方式是指学生在完成学习任务过程中的基本行为和认知取向。可以说，学习方式是当代学习理论中的一个重要概念，它不是指具体的学习方法和学习策略，而是指学习者在学习过程中发挥自主性、探究性与合作性方面的基本特征。传统的学习方式把学习建立在人的客体性、受动性和依赖性的基础之上，而忽视了学习者的主动性、能动性和独立性。转变学生的学习方式就是要转变这种他主的、被动的和依赖的学习方式，倡导自主的、探究的与合作的学习方式，使学生的主体意识、能动性和创造性不断得到发展，并真正成为学习的主人。

2007 年教育部高教司发布的《大学英语课程教学要求》指出，各高校应充分利用现代信息技术，改进以教师讲授为主的单一教学模式，使英语的教与学可以在一定程度上不受时间和地点的限制，朝着个性化和自主学习的方向发展。新的教学模式应体现英语教学实用性、知识性和趣味性相结合的原则，有利于调动教师和学生两个方面的积极性，尤其要体现学生在教学过程中的主体地位和教师在教学过程中的主导作用。教学模式改革的目的之一是促进学生个性化学习方法的形成和学生自主学习能力的发展。新教学模式应能使学生选择适合自己需要的材料和方法进行学习，获得学习策略的指导，逐步提高自主学习的能力。为此，明确倡导要在大学英语教学中推进以“自主、探究、合作”为特征的学习方式，从而改变传统的以教师为中心的教学模式。2010年，《国家中长期教育改革和发展规划纲要（2010—2020年）》（以下简称《纲要》）明确指出，要深化教育体制改革，改革人才培养体制，提高人才培养水平，创新人才培养模式。在此基础上，《纲要》进一步明确创新人才培养模式，即在遵循教育规律和人才成长规律的前提下，深化教育教学改革，创新教育教学方法，探索多种培养方式，形成各类人才辈出、拔尖创新人才不断涌现的局面，为此要倡导启发式、探究式、讨论式、参与式教学，帮助学生学会学习，注重学思结合。在教学过程中，教师要激发学生的好奇心，培养学生的兴趣爱好，为学生营造独立思考、自由探索的良好环境；同时，要充分发挥现代信息技术作用，促进优质教学资源共享，引导学生深入研究，确定不同教育阶段学生必须掌握的核心内容，形成更新教学内容的机制。在上述背景下，探究式教学模式为我国教育界日益熟悉和接受，越来越多的高校教师开始将这一教学模式运用到不同学科专业课程教学的教学实践中。

探究式教学模式对传统的以教师为中心的单纯以讲授为主、学生被动接受的教学模式提出了挑战。教学模式的改变不仅是教学方法和教学手段的变化，而且是教学理念的转变，是实现从以教师为中心、单纯传授语言知识和技能的教学思想和实践，向以学生为中心，既传授语言知识与技能，更注重培养语言实际应用能力和自主学习能力的教学思想和实践的转变，也是向以培养学生终身学习能力为导向的终身教育的转变。探究式教学模式的学习对象（即学习主题）是课文中的某一个或几个知识点，这与课外整合模式中的研究性学习教学模式有着本质上的不同，因为研究性学习教学模式的学习主题总是围绕自然界或社会生活中的某个真实问题而进行。由于任何课程的教材都是由一篇篇的课文组成，而每篇课文又总是包含一个或几个知识点，这就表明信息技术与课程整合的几乎所有日常教学活动（包括各种不同学科的常规课堂教学活动）都可以采用这种模式。事实上，探究式教学模式目前已经成为能满足各学科常规课堂教学需要的、最有效也是最常用的课内整合模式之一。

二、探究式教学模式的内涵与特征

认知目标涉及与学科相关的知识、概念、原理与能力的理解和掌握；情感目标则涉及感情、态度、价值观与思想品德的培养。在实施信息技术与课程深层次整合的过程中，各学科知识与能力（如阅读、写作、计算、看图、识图、实验以及上机操作等能力）的培养，以及健康情感、正确价值观与优秀思想品德的形成，都可通过探究式教学模式逐步落实。探究式教学模式的特点和优势具体表现在以下两个方面：

1. 教师的主导作用

尽管探究式教学模式主要采用“自主、探究、合作”的学习方式，在教学过程中强调学生的自主学习和自主探究，但是它并不忽视教师在教学过程中的主导作用。相反，它通过下面四个角色使教师的主导作用在整个教学过程中得到全面发挥。

（1）学习动机的激发者。探究式学习的对象要由教师确定。探究式模式的教学总是围绕课程中的某个知识点（即探究式学习的对象）而展开，到底是哪个知识点，不是随意确定的，更不能由学生自由选择，而要由教师根据教学目标的要求和教学的进度来确定。同时，教师应适度激励学生以极高的热情和主动性参与活动，如考虑学生学业素质、兴趣、需要，适时适度给予学生必要的个性化指导，营造相互信任支持和帮助的学习气氛，并鼓励学生全身心投入到探究学习活动中。

（2）学生自主学习和协作学习的组织者。即教师要给学生提出若干富有启发性、能引起学生深入思考并与当前学习对象密切相关的问题。在学习的对象确定之后，为了使探究性学习切实取得成效，还需在探究之前选择或设计教学的探究策略，如根据具体情况采用“支架式”策略、“抛锚式”策略、“随机进入式”策略等，启发和引导学生进行探索、发现规律，帮助学生在自主学习中完成知识建构。同时，教师要设计多种交互形式，如竞争、辩论、伙伴合作、问题解决、角色扮演等方式，组织学生开展协作学习。

（3）学习环境和资源的设计者。在探究过程中教师要为学生提供多方面的帮助与指导，以便学生可以带着问题进行探究。这一过程固然是由学生个人或学习小组去实施完成，但教师的作用也是必不可少的：教师应该为学生的探究活动设立积极的学习情景（如吸引、情景、学业三种内容的设计）、新旧知识的联系线索、帮助构建新知识、精选设计组织和传递学习资源，甚至需要提供有关的探究工具，指导和引领学生正确高效地使用相关的教学资源（如图书馆中的专业数据库），以及对探究式学习中的方法、策略做必要的指导。如果这方面的学习支持与指导不落实、不到位，将会挫伤学生的学习信心与学习积极性，使探究性学习的效果大打折扣，甚至完全落空。

（4）探究过程的评价者。探究过程完成后教师要对学生的探究过程进行评价和反馈，帮助学生进一步总结与提高。按照探究性学习的流程，探究过程结束后一般要先由学生个人或学习小组做总结，教师一般不会直接给出总结。学生通过一次探究性学习虽然能取得不小的收获，但他们毕竟是初学者，总结起来难免有片面甚至错误之处。通过全班的讨论交流，集思广益，取长补短，在一定程度上可以克服这些片面甚至错误之处。但是如果希望全班学生都能对当前的学习对象由此达到比较深入的理解与掌握，即对所学的知识点都能从感性认识上升至理性认识，做到不仅知其然，而且知其所以然，还需要教师的帮助。教师毕竟对整门课程的内容和知识有比较全面透彻、深入细致的把握。

2. 学生的主体地位

根据建构主义理论，在探究式教学活动中必须确保学生的主体地位。换言之，学习是否有成效取决于学生在学习过程中的主体地位是否获得了保障。探究式教学模式因为采用“自主、探究、合作”的学习方式，所以在教学过程中特别强调学生的自主学习和自主探究，以及在此基础上实施的小组合作学习活动。一节课的教学目标主要靠学生个人的自主探究，加上学习小组的合作学习活动来完成。由于在此过程中学生的主动性、积极性、创造性都能普遍地得到比较充分的发挥，因而这种教学模式不仅可以较深入地达到对知识技能的理解与掌握，更有利于创新思维与创新能力的形成与发展，即有利于创新人才的培养。一般来说，学生的主体地位是通过这些角色得到体现的：第一，自主学习者；第二，探究发现者；第三，团体合作者；第四，积极参与者；第五，自我评价者；第六，观点分享者；第七，知识的生产者和思想的贡献者。以教师为主导、学生为主体的课堂是能够焕发生命活力的课堂，学生在这样的课堂中积极参与，表现主动专注，学习的目标性强。综上所述，“主导—主体相结合”的教学关系，是探究式教学模式最本质的特征。这种教学模式的成功实施涉及两个方面，既要充分体现学生在学习过程中的主体地位，又要重视发挥教师在教学过程中的主导作用。离开其中的任何一方，探究性学习都只能是虎头蛇尾、无功而返、无果而终。

三、探究式教学模式的实施步骤

探究式教学模式通常包含下面五个实施步骤：

第一步，创设情景。创设情景不仅是教师教学主题的需要，也是激发学生的学习动机和自主探究动机的需要。教师创设情景的方法多种多样，可以设置一个待探究的问题，而此问题的解决需运用当前所学的知识；也可以播放一段与当前学习主题密切相关的视频录像、举一个典型的案例、演示专门制作的课件、设计一场活泼有趣的角色扮演。当然，所有这些活动都应有一个先决条件，即必须与当前的学习主题密切相关，否则达不到创设情景的目的。教师通过上述各种方法创设能激发学生学习动机和探究动机的情景，学生一旦进入教师创设的情景，就可在情景的感染与作用下形成学习的心理准备，并产生探究的兴趣。

第二步，启发思考。在学生被创设的情景激发起学习兴趣并形成学习的心理准备之后，教师应及时提出富有启发性而且能涵盖当前教学知识点的若干问题，切忌提出一些有明显答案或明知故问的问题。让学生带着问题去学习和掌握有关的知识和技能时，这一过程也就是学生主动高效地完成当前学习任务的过程。在问题思考阶段，教师对于学生应当如何解决问题、利用何种认知工具或学习资源来解决问题，以及如何处理在探究过程中遇到的新问题等，都应给出具体的建议和指导；学生则要认真分析教师所提出的问题，明确自己所需完成的学习任务，并通过全面思考形成初步的探究方案。

第三步，自主学习与自主探究。在实施这一步骤的过程中，学生要利用教师提供的认知工具和学习资源，或者利用在教师指导下从网上或其他途径获取的工具和资源，围绕教师提出的与某个知识点有关的问题进行自主探究。这类自主学习与自主探究活动包括：学生利用相关的认知工具去收集与当前所学知识点有关的各种信息；学生主动对所获得的信息进行分析、加工与评价；学生在分析、加工与评价的基础上形成对之前所学知识的认识与理解，即由学生完成对当前所学知识意义的自主建构。在学生进行自主学习与自主探究的过程中，教师应密切关注学生的学习与探究过程，并适时地为学生提供如何有效地获取和利用认知工具、学习资源及有关学习方法策略等方面的指导。

第四部，协作交流。为了进一步深化学生对当前所学知识意义的建构，教师应在学生自主探究的基础上，组织学生以讨论的形式开展小组或班级内的协作与交流。通过共享学习资源与学习成果，在协作与交流过程中进一步深化学生对当前所学知识的认识与理解。教师在此过程中应为学生提供协作交流的工具，同时要对如何开展集体讨论、如何面对小组成员的分歧等协作学习策略做适时的指导，而且在必要时也应参与学生的讨论和交流，不能只做场外指导。协作交流的过程不仅是学生深入完成知识与情感内化的过程，也是学生了解和掌握多种学习方法的过程。

第五步，总结提高。总结提高是实施探究式教学模式的最后一个步骤，其目的是通过师生的共同总结，补充和完善全班学生经过自主探究和协作交流之后，对当前所学知识的认识与理解方面仍然存在的不足，以便更全面、更深刻地达到与当前所学知识点有关的教学目标的要求。在实施这一步骤的过程中，学生的活动包括讨论、反思、自我评价、相互评价；教师的活动包括点评学生的学习情况、提出与迁移拓展有关的问题并创设相关情景、对当前所学知识内容进行概括总结，以帮助学生了解当前所学知识点与其他相关知识点之间的内在联系。对于提出与迁移拓展有关的问题，可以要求学生应用所学知识去解决某个问题，也可以要求学生应用所学知识去完成某件作品。

第四节　信息技术与大学英语课程的课外整合

前面对课内整合教学模式进行了介绍，本节将对信息技术的课外整合教学模式——研究式教学模式做重点介绍。

信息技术的迅猛发展，直接冲击着传统的大学英语教学模式，也直接影响着信息技术与大学英语课程的课外整合教学模式。为此，进一步探讨信息技术与大学英语课程的课外整合模式，即研究性学习教学模式的意义重大。

一、建构主义理念下研究式学习教学模式的内涵与特征

建构主义提倡在教师指导下的、以学习者为中心的自主学习，此种学习既强调学习者的认知主体作用，又不忽视教师的指导作用。教师是意义建构的帮助者和促进者，而不是知识的传授者与灌输者；学生不再是外部刺激的被动接受者或被灌输的对象，而是对信息实施加工处理的主体，是意义建构者。建构主义提倡在教与学的过程中用系统分析、共时方法和深层阐释去分析和解决问题，旨在用“全新科学模式”取代传统的教与学的方法，注重用辩证的方法进行教与学。

（一）“研究式学习”的定义

研究式学习是学生在教师指导下，从自然、社会或生活中选择、确定专题进行研究。在研究过程中学生主动实施获取知识、应用知识、解决问题的学习活动。研究式学习是以问题为载体，以小组合作为形式，在活动过程中创设一种类似于科学研究的情景，让学生通过自己收集、分析和处理信息，感受和体验知识产生和形成的过程，培养学生发现问题、分析问题、解决问题的能力。作为一种学习模式，研究式学习不同于接受式学习，它具有自主性、交互性、实践性、开放性等特征。设置研究式学习的目的在于改变学生以单纯地接受教师传授知识为主的学习方式，为学生构建开放的学习环境，提供更多的获取知识的途径，鼓励学生将学到的知识进行整合、消化、吸收，最终应用于客观实践。在此过程中，教师还要注重培养学生的创新精神和实施能力。

（二）“研究式学习”的特征

研究式学习是20世纪80年代末在我国教育界广泛推崇和实施的一种学习策略和学习模式。研究式教学指的是在建构主义教学思想指导下进行的一种教学和学习方法，要求在教学过程中，教师用科学的方法指导学生以研究的方法进行学习，并在教师指导下，学生充分发挥潜能去掌握知识，运用知识解决实际问题。同时，研究式教学模式要求教师具有创新思维和科学施教的本领，引导学生主动去发现问题、分析问题、解决问题，培养学生创造性学习的能力。目前，研究式学习以其实用性而广受关注，但是研究式学习作为一种学习理念仍处于探索和发展阶段，对其理论指导意义及实践性还有待做进一步的系统研究。归纳起来，研究式学习有以下特征：

1. 强调学习的自主性

研究式学习强调学生的自主学习，学生通过自主学习来激励自己。学生可以根据自己的兴趣、爱好、个性、特长自主选择研究课题，自主进行课题研究，自主完成研究成果，自主交流与分享。在整个学习过程中，学生始终享有高度的自主性，学生是课题的提出者、设计者和实施者，而教师仅作为合作者、参与者、指导者和促进者存在。

2. 强调学习的交互性

研究式学习具有互动性，这种互动性是由研究课题和研究方式交互作用生成的，不同的研究课题和研究方式会生成不同的研究内容。交互性体现为师生之间、学生之间的互动，教师和学生在互动中共同完成学习任务和学习内容的建构。

3. 强调学习的开放性

研究式学习把学生置于动态、开放、主动、多元的学习环境中，打破了封闭式的学习状态，鼓励学生走出课堂，步入社会。这种开放式的学习，体现为活动过程、目标内容、问题解决、学习环境的开放性、多元性和动态性，为学生提供了更多的获取知识的方式和渠道。

4. 注重学习的实践性

研究式学习以学生的直接经验为基础，以丰富学生的直接经验为归宿，让学生自己动手实践，在实践中学习，在学习中实践。在活动过程中，学生通过查阅资料、社会调查、亲手实验、走访、实地考察等多种途径，获得各种有价值的信息，收获直接经验和亲身体验。

5. 注重过程及学生的体验

研究式学习注重研究的过程，而不注重研究的结果；注重学生的意识、精神、创造性的培养，而不注重现成的结论。研究式学习以活动的过程作为个体存在与发展的基本形式，强调学习活动化、活动过程化、过程体验化。学生个体的发展不是被动接受，而是主动摄取，积极自主地完成建构过程。

6. 强调师生间的平等

研究式学习要求教师为学生创设轻松、融洽和愉悦的学习环境，使学生在学习过程中获得一个发现世界、探索世界的宽松环境，让他们主动思考，勇于问，敢于想，善于做。师生关系平等有助于双方感悟彼此的思维方式及看待问题的角度，增进了解，互相促进，共同提高，共同进步。

7. 促进创造性与潜在性的统一

研究式学习与传统学习的最大区别就是其可以培养学生的创造性和创新意识。研究式学习是一个能动的创造性的学习活动，能够极大地激发教师和学生的创造热情，调动他们的积极性和主动性。教师注重的不再是知识的简单复制、粘贴以及对学生机械的灌输。学生注重的也不再是死记硬背教师传授的“金科玉律”或是从书本中寻找现成的“标准答案”，而是经过思考、探究、综合运用相关理论知识，将理论知识与实践有机结合，充分发挥自己的想象力、创造力，寻求带有“主观能动性”的解答。研究式学习是具有主观能动性和创造性的学习，它能够帮助学生形成发散性思维，激发教师和学生的创造热情及学习的积极性和主动性。

二、研究式学习教学模式的实施步骤

建构主义认为，学习是获取知识的过程，是学习者在一定的情景即社会文化背景下，借助他人（包括教师和学习伙伴）的帮助，利用必要的学习资料，通过意义建构的方式获得知识，而不是通过教师传授得到知识。建构主义教学实质上是一个研究和再发现的过程，通过不断研究和再发现达到学习的目的。要达到学习的目的，就要有科学的学习方法。

建构主义理论强调以学生为中心，要求学生身份由外部刺激的被动接受者和知识的灌输对象转变为信息加工的主体、知识意义的主动建构者，而且要求教师身份由知识的传授者和灌输者转变为学生主动建构意义的帮助者和促进者。这意味着教师应当在教学过程中采用全新的教学模式，摈弃传统的、以教师为中心的教学方法，采用全新的教学方法，运用全新的教学设计理念，创设适应建构主义理论需求的学习环境、教学模式、教学方法和教学设计。建构主义理念下的研究式学习教学模式通常包含以下五个实施步骤。

（一）提出问题

在此环节中，教师通过创设问题情景激发学生学习与研究的兴趣，并由此引出当前研究式学习的主题——自然界或社会生活中有待解决的某个真实问题。

（二）分析问题

在此环节中，教师应该首先向学生介绍分析问题的方法，如由表及里、由浅入深、由近及远、透过现象看本质、客观事例归纳、换位思考、用两点论而非一点论看问题等诸多方法；然后再根据问题的性质和研究的需要教给学生相关的研究方法，如问卷调查法、文献调研法、案例收集法等，并对研究式学习的策略给出具体建议与指导。由于研究式学习的对象是自然界或社会生活中的真实问题，一般都比较复杂，因此在此环节中，学生在“同化”与“顺应”过程中时，教师应随时给予学生引导和帮助。

（三）解决问题

这一步骤通常包括两个子环节：提出解决问题的初步方案和优化解决问题的方案。在这个环节中，研究式学习的研究主体，可以是学习者个人进行自由探索和自主学习，即“自我协商”；也可以是学习小组集体进行探索和研究，即“相互协商”。通常情况下，提出解决问题的初步方案这个子环节由学习者个人在深入分析问题的基础上自主完成，第二个环节——优化解决问题的方案通常是学习小组成员“会话”与“协作”的成果。

（四）实施解决问题方案

为了节约学习成本，避免不必要的浪费，在实施解决问题方案的过程中，一要注意做好形成性评价，及时收集反馈信息，经常进行反思；二要根据真实问题的实施情况，随时调整或修正解决问题的方案。

（五）总结提高

研究式学习的总结包括个人总结、小组总结和教师总结。小组总结应以个人总结为基础。教师总结应以个人和小组总结为基础，教师需要帮助学习者把对客观事物的认识由感性上升到理性，丰富与完善他们对科学概念与原理的认识，培养学习者全面、系统、完整地认识和理解问题的能力，使每位学习者都能做到知其然，更知其所以然。

研究式学习是对建构主义教学方法中抛锚式教学法的发展与完善，是建构主义理论广泛应用的产物。开展研究式学习，需要建构主义理论的指导，反之，研究式学习实践又会进一步完善建构主义理论体系，并为建构主义理论广泛应用提供实践经验。

三、对研究式学习教学模式下英语教学的反思

研究式学习的教学过程，使笔者和学生都获益匪浅。以内容为依托的研究式学习一改传统教学模式的教师主体地位，激发学生的主体意识，使学生从始至终积极参与学习。由于研究式学习注重学习过程，学习过程中学生持续进行“联系”与“思考”活动，把“新”“旧”知识进行“同化”和“顺应”，结果是学生的创新思想和思辨能力得到强化，形成多视角、多元化、自主性的思考习惯。开展研究式学习需要学生之间相互分工与协作，通过课内外的协作性学习，学生的团队合作意识得到加强，人际沟通能力得到提升。这些能力的养成对于学生毕业之后尽快融入社会环境、建立良好人际关系、顺利开展工作是十分有益的。以下是笔者针对研究式学习教学模式的实践所进行的反思，拟从几个不同的方面分析和探讨这一教学模式在实践过程中需要注意的问题和环节。

（一）教学观念的转变和教师角色的定位

研究式学习教学模式与传统的以教师为中心的教学模式有很大不同，其强调以学生为中心，提倡学生在教师指导下的自主学习。要改变学生的学习方式，就要求教师的教育观念和教学行为必须转变，这是开展研究式学习的前提。为此，教师需要重新调整自己的角色，与学生建立平等的关系，为学生创设宽松、

自由、民主、协作的学习环境，这是取得良好学习效果的保证。教师要把学生置于学习的主体地位，树立服务于学生的意识，创设能够引导学生主动参与的学习环境，激发学生的学习积极性。教师在备课过程中也应该时时想着学生，从学生的水平、视角出发设计问题，引导学生开展学习研究。研究式学习对教师备课质量、内容要求更高，教师备课的重点是“备学生”而不是“备书本”。

（二）学生的中心地位和自主学习

为了确保研究式学习的顺利进行，教师在教学中要做到以学生为中心，不断提高学生自主学习的能力，对学生有全面细致的了解，这样才能在学习过程中从各个层面为学生提供细致入微的引导和帮助，对学生的研究式学习给予充分的支持。

以笔者研究的旅游英语课程为例。这门面向旅游英语专业三年级学生开设的专业英语课程采用全英语授课形式，以内容为依托，以英语为教学工具，以原版教材为核心教学内容。由于这门课程既要求学生掌握旅游专业知识，又要提升他们的英语水平，因此学生面临着专业内容学习和外语学习的双重困难。课程讲授的初始阶段，学生中存在的畏难情绪较为突出。为了帮助学生应对课程初始阶段的困难与压力，笔者根据每一个章节的内容特点，设计出导读内容，对于较为抽象、专业性强或容易产生歧义的概念先进行详细的介绍与分析，以帮助学生解决他们自己无法独立解决的学习困难，然后再布置需要研究的问题，开展小组学习，组织讨论。同时，笔者会向学生推荐与研究问题相关的经典著作和重要文献，供学生研究学习，对课堂专业内容进行巩固与延伸。

在学习的过程中，很多学生对自己的外语能力信心不足，害怕学习内容难度过大，担心在学习材料中遇到大量生词、句法结构复杂难懂等问题。了解到这一情况后，笔者利用两周的授课时间，首先对本门课程进行宏观介绍，对一些国际政治专业领域常用的、学生感到陌生的英语专业词汇、短语进行集中讲解，把国际政治理论中常见的概念用英文加以介绍和分析，厘清彼此之间的关系。之后，笔者又选择一两篇较有代表性的英文专业文章提前发给学生进行课下自主研读，留待下一次上课时围绕该文章的内容展开讨论，讨论的内容主要涉及“是什么”和“为什么”的问题。

事先用英语对专业内容和相关概念进行讲解和分析，使学生从专业知识和英语语言知识方面做好了准备，对于这门课程的畏难情绪明显减少，为接下来的课程学习铺平了道路。

上述学习和讨论也为笔者了解学生的英语语言水平提供了很好的机会。笔者根据学生运用英语交际的能力和语言水平，把全班学生按照英语语言水平进行分组，确保每个小组的语言水平基本相近，各组内学生的语言水平高低基本平衡，这样做的好处是有利于后续自主性研究学习顺利开展。可以说，研究式学习方式能否取得成功在很大程度上取决于教师对学生的了解程度。

以学生为中心还体现在每个学生在学习过程中受到关注与帮助的多少。笔者在教学实践中发现，研究式学习方式适合于小班授课。如果班级过大，学生数量过多，就难以保证每个学生都有平等的机会参与到同一个教学内容的全部探究过程，容易在学生中形成“中心”和“边缘”地带。这是因为学生的语言和知识水平存在差异，好学生在学习中会表现得更加积极主动，这势必会造成水平较低、性格内向的学生成为研究式学习中的“看客”，使他们在研究式学习中被“边缘化”。如果把班级人数控制在合理的范围，这一不良后果就可能会避免。

（三）教学机制和学习资源的配套建设

研究式学习教学模式的推广和完善是一个系统工程，这一教学模式的确立不但需要任课教师的参与和投入，也需要学校其他管理部门的支持和配合。从课程体系的角度看，开展研究式学习要以研究式课程体系的确立为前提，因为研究式课程是研究式学习方式的载体。确立课程体系要明确研究式学习的首要目标是培养学生的创新意识和自主学习能力，强调知识学习的综合性、过程性、创新性和应用性。从教学评价的角度看，研究式学习需要建立配套的形成性和过程性评价体系，注重对学习者实际能力和综合素质的考查。从研究式课程的内容看，课程提供的知识应具有交叉性、前瞻性和多元性等特点，这就要求教师具备丰富多元的知识结构，通常在精通一门专业的基础上还要再精通一门外语。教学模式的多元性、开放性要求教师在内容选择、时空安排、资源配备、研究方法等方面要为学生提供更大的灵活度。可见，建构主义理念下的研究式教学对教师的素质和教学基本功提出了更高的要求。为了提高教师的综合素质与教学能力，要鼓励教师开展研究式学习的教学实践，聘请专家学者对教师定期进行培训，挖掘多种渠道让教师走出校门、接触社会，接触生活，开阔眼界，掌握学科发展变化的前沿性信息，拓展研究式学习的资源和渠道。

建构主义理念下的研究式教学模式非常重视学习环境的创设和学习资源的开发，提倡信息技术与课程的整合。为此，教师要掌握相应的专业知识和现代信息技术，为学习者提供研究式学习所需要的情景资源、信息资源、研究手段。在研究式学习的教学过程中，教师要具有信息安全意识，注意引导学习者区分信息的优劣，取其精华，去其糟粕，抵制网络和媒体可能对学习者造成的不良影响。信息化的教学需要现代科技的支持，而校园网络、多媒体和计算机系统等硬件学习条件的创造，需要学校教学管理部门的配合与支持。此外，教学管理者应该从教学目标、教学模式和评价体系等方面推进教学改革，制定相应的考核、奖励机制，鼓励教师进修学习，更新专业与相关技术知识。教学管理者应该具有可持续发展的眼光，和在职教师协商制订周全详尽、切实可行的进修学习计划，尤其要积极倡导和鼓励教师开展跨学科学习，提高教师的教学科研水平与综合素养，以适应研究式学习过程中不断出现的新需求，使教师能够在教学中为每一位学习者提供科学正确的引导和帮助。

总的说来，面向非英语专业学生开设专业英语课程，是高等教育改革的一项重要内容和发展趋势，它顺应了经济全球化和高等教育国际化的要求，它既是大学专业课程国际化的一种形式，也可以被看作是对大学英语教学模式的革新与发展。目前，英语作为国际通用语的作用已经显示出来，开设专业英语课程的目的就是将专业内容的学习和外语学习有效结合起来，通过学习原版教材和专业领域相关的英文资料，为学生提供接触专业英语的平台，使学生了解专业前沿学科的发展状态，同时增强英语的实际运用能力。以专业内容为依托，以英语为媒介语的学习方式，能够有效帮助学生掌握搜集和利用第一手研究资料的方法，开阔学术视野，培养创新思维，提高思辨能力，发展自主学习能力，并最终使他们成长为社会需要的复合型、创新型、高素质的国际化人才。

第五章　信息化背景下的大学英语教学模式研究

第一节　现代信息技术下大学英语教学模式的理论框架

现代信息技术下的新型大学英语教学模式理论框架整合了多模态、多媒体、多环境理论、计算机技术与英语课程生态化整合理念以及建构主义等教学理念，以环境的创设和教学结构的改变为主要特征，以多模态体验和模态转化学习为实际操作的着力点。与以往单纯以建构主义理论和计算机辅助语言学习理论为基础的理论框架相比，该模式的框架更加系统、细致，对实际教学模式的设计更具指导意义。自 2003 年大学英语教学改革启动伊始，学界对于大学英语教学模式改革的探索便全面展开。2012 年 9 月 26 日至 28 日，2012 年教育部高等学校大学英语青年骨干教师高级研修班第三期以“构建多模态、多媒体、多环境的集成型大学英语教学模式”为主题，于北京交通大学隆重举办，标志着这种探索进入一个新高潮。研修期间，中国社会科学院顾曰国教授、上海外国语大学陈坚林教授、北京交通大学司显柱教授分别做了题为“多模态、多媒体、多环境下大学英语学与教理论与实践”“信息技术与英语课程的生态化整合”以及“建构主义与大学英语教学模式创新”的专题报告，提出或引导多模态、多媒体、多环境理论，计算机技术与英语课程生态化整合等教学理念。

笔者认为，三位教授独创或倡导的理论和理念可以整合为一个统一的理论框架，共同支撑新型大学英语教学模式。与以往研究中仅以建构主义和计算机辅助语言教学理论构成的理论框架相比，由这三种理论成分共同构成的理论框架更为系统、细致，因此以其为基础建立的教学模式更具可操作性和可证伪性。下面将对组成该理论框架的三个理论成分进行简单介绍，并对整合而成的新型大学英语教学模式理论框架进行阐释，尤其对其优势进行论证，对实践中可能出现的问题进行讨论，再次指出该理论框架的意义和重要性。

一、新型高校英语教学模式理论框架的成分

（一）多模态、多媒体、多环境理论

顾曰国教授在主旨报告《多模态、多媒体、多环境下大学英语学与教理论与实践》和以往的研究中，对“多模态”“多媒体”“多环境”三个基本概念进行了界定，并对多模态、多媒体、多环境下的学习行为进行了剖析。

1. 多模态

模态是人类通过感官跟外部环境之间的互动方式。这里的感官不但包括广为人知的视觉、听觉、嗅觉、触觉、味觉，还包括医学上新发现的平衡感、距离感等。多模态指用三种或三种以上感官进行互动。在互动过程中，人类可以将来自多模态的信息打包捆绑成整个的体验。模态越多，人类所获得的信息和体验就越充盈。例如，如果亲口品尝到北京烤鸭，至少涉及视觉、嗅觉、触觉和味觉，而如果只看到北京烤鸭的图片，那就只涉及视觉，因此前者的信息和体验比后者更为充盈。另外，顾曰国教授把输入和产出之间发生模态变化的学习行为称为“模态转换学习过程”。例如，让学生把读到的内容复述出来，就是一种模态转换学习；如果只让学生理解所读到的内容，则是同模态学习过程。顾曰国教授提出，恰当的模态转换可以增强学习者对所学内容的内化度，提高内容记忆的持久度。换句话说，越充盈的体验、越丰富的模态转化，对学生学习越有利。

2. 多媒体

要理解多媒体这一概念，首先要区分物理媒介和逻辑媒介。物理媒介指装载内容或信息的物理介质，如纸张、磁带、光盘等。逻辑媒介是指在物理媒介上装载内容或信息的编码手段，如文字、模拟音频流、数字音频流、图像及视频流等。界定某内容是否为多媒体材料，是以逻辑媒介为划分标准的。使用三种或三种以上逻辑媒介的，就是多媒体内容。在这个定义下，文字材料印在纸介上是单媒体材料，声音录制在磁带上也是单媒体材料；但如果一张光盘上有文字、图片、音频流、视频流，那么即使装载内容的物理媒介只有光盘一种，这里的内容也是多媒体内容。显然，与单媒体材料相比，多媒体材料更有可能触发多模态的体验。这也是多模态学习和多媒体学习经常交织在一起的原因。

3. 多环境

学习环境可分成不同的类型。例如，对在校学生而言，有教室、图书馆、自习室等物理环境；有包括课程设置、课程设计理念、教师教学模式等在内的学术环境；有由学生处、教务处等构成的管理环境；有通过计算机广域网构成的虚拟教学环境等。环境向学生同时提供机遇和框定。例如，图书馆向学生提供博览群书的机会，同时也框定学生在馆内的行为以及博览群书的极限。再如，教师的知识面等构成对学生的框定，而针对学习任务采取行之有效的教学手段又可为学生提供机遇。学习可以说无处不在，发生在多种混合环境中。各环境因素都提供框定和机遇，从而左右学习效果。如此，大学英语教师在教学设计中应尽量为学生创造可以获得充盈体验、进行模态转化学习的环境，并充分考虑多种环境因素，特别是多种环境下的学习集成型模式。

（二）信息技术与英语课程的生态化整合理念

近年来，英语教学研究对于信息技术非常重视，整个英语教学研究范式已由“理论、方法到课程或教材”转变成“从理论、方法、技术到课程或教材”。在这种情况下，厘清计算机等现代教育技术与英语教学的关系问题尤为重要。

关于二者的关系，目前广为接受的看法是将计算机视为辅助语言学习的工具，但是这种观念存在很大不足。计算机作为辅助工具应用于教学，具有四个特点，分别是：①计算机仅充当辅助教师的演示工具；②教学内容基本与课本一致；③学生仍被视为被动接收知识的对象；④未改变以教师为中心的教学结构。以上四个特点限制了计算机本可以发挥的作用。上述问题的根源在于将计算机定位为“辅助”工具，而不是英语学习的有机组成部分。因此，要充分利用计算机等现代教育技术，就必须将其视为与书本一样的语言教学必备元素。

计算机成为语言教学必备元素的方式就是通过信息技术与英语课程的生态化整合。根据美国教育技术 CEO 论坛 2010 年度报告，信息技术与各学科课程相整合的内涵在于创设生动的数字化学习环境，强调数字化学习环境的创设也是整合与辅助最大的区别。笔者认为，信息技术与课程的生态化整合实际就是通过信息技术有效地融合于各学科的教学过程来营造一种信息化教学环境，实现一种既能发挥教师主导作用又能充分体现学生主体地位，以“自主、个性、探究、合作”为特征的教与学的方式，从而把学生的主动性、积极性、创造性较充分地发挥出来，促使传统的以教师为中心的课堂教学结构发生根本性变革，形成“主体导向”的教学结构。因此，整合的内涵可概括为三条：①营造信息化教学环境；②实现新型教与学的方式；③转变传统教学结构。

（三）基于建构主义的教学理念

根据以往研究，基于建构主义的教学理念与基于客观主义哲学观的传统教学理念相对立，二者在知识观、学习观、教学观、评价观、教师和学生角色、目标倾向、价值取向、信息技术应用、教学设计等方面截然不同。

传统教学理念以客观主义哲学为基础，认为知识是客观、稳定、非情景化、抽象的存在，是对客观世界的表征，因此，知识外在于学习者，可以传递，而教与学就是知识传递的过程。这种教学理念重知轻行，片面强调系统掌握各学科的理论知识，因此教出来的学生缺乏必要的专业实践能力或动手操作能力，只能获得低阶的、没有深入理解也无法运用的知识。因此，传统教学模式普遍采用注入式或灌输式的授课方式，教学组织形式和方法不够灵活，学生的学习方式是机械地接受知识，学校的培养方式也是统一的培养模式，没有根据学生的不同来制订个性化的教学设计和教学模式。

建构主义教学理念的哲学基础是由维柯、杜威、维果斯基、皮亚杰等哲学家发展的建构主义。建构主义认为，与其说知识是名词，不如说它是动词。知识是一个不断认知、体验和构建的过程；知识不是对于外部世界的表征，而是由个人创造出来，用来理解亲身经历、构造意义的。学习的过程就是知识构建的过程，是在一定情况下，针对无法满足需求的知识进行质疑、探求、构建和协商的过程。教学就是创设有助于意义建构的学习环境，创设有助于交流协商的学习共同体。与传统理念的重知轻行不同，建构主义教学理论提倡知行合一，其目标是令学生获得高阶知识，促进学生实践能力的发展。在建构主义教学模式下，师生是双主体和互动对话的关系。建构主义教学理念倾向的技术应用观是“用技术学习”，主张把信息技术作为学习工具，它克服单一的以讲授为主的班级形式，超越传统的“讲中学”“坐中学”，走向“例中学”“做中学”“探中学”和“评中学”，最大限度地丰富学习资源、时空、方式和体验，以提高教学成效。

二、新型高校英语教学模式理论框架的核心要素与关系

综览上面三种教学理念可以发现，它们共同强调两个核心要素，即学习环境的创设和教学结构的转变，它们互相依托、互相补充。这是三个理论成分得以整合成为一个理论框架的基础。

（一）学习环境的创设

多模态、多媒体、多环境理论强调创设更能让学生获得多模态充盈体验以

及进行模态转化学习的环境；信息技术与英语课程生态化整合理念强调创设生动的数字化学习环境；建构主义的教学理念强调创设有助于交流协商、意义建构的环境。这三种环境实际上彼此相容，甚至通过彼此来实现。首先，如顾曰国教授所指出的，在当今教学实践中，多模态学习经常依靠多媒体学习来实现，而数字化环境是多媒体学习的必要条件。其次，与计算学理论构成的理论框架相比，该研究提出的理论框架的最大优势在于更为系统、细致，因此以其作为基础建立的教学模式更具可操作性，在教学设计中更容易实现。

但是在以此理论框架为指导建立具体的教学模式过程中，容易出现一些问题。首先是在教学模式设计中，教师、学生、计算机之间的互动往往不够。某些网络教学内容仅是课本的翻版，并不是让每个学生都真正成为参与者和贡献者。此外，部分学校的技术环境仍有欠缺，这也是阻拦教师、学生、计算机之间充分互动的一大障碍。另外，在这样的教学模式下，计算机和网络成为书本一样的教学必需品，如何保障硬软件条件、维持系统良性运转也是不得不考虑的问题。其次是教师的角色问题。计算机技术的广泛应用不代表教师作用的淡化。事实上，在该研究提出的理论框架中，教师仍是学习共同体中的重要一员，而不仅仅是计算机开启者和网络维护者。过分地依赖机器，教学就流于一种技术的展示。当然，这些问题在单纯以建构主义理论或以计算机辅助语言学习理论为基础建立的理论框架下同样容易出现。如何在教学模式设计实践中真正践行某种理论框架，是所有大学英语教学单位需要花费大量精力和财力才能解决的问题。以信息技术为基础，对大量音频、视频资源进行有效的收集、处理、整合、存储、传输和应用的数字化环境，几乎可以自然而然地触发多模态学习，即数字化环境在某种程度上成了多模态学习的充分条件。另外，鉴于在建构主义视域下，知识作为个人经验的合理化以及个体与他人经过协商后达成一致的社会建构，主要通过互动来搭建，借助计算机和网络技术使教师和学生、学生与学生之间的联系显著加强的数字化学习环境正是有助于交流协商、有助于意义建构的环境。

（二）教学结构的转变

在传统教学理念和模式中，教师是主动的传授者，学生是被动的接受者。而在建构主义教学理念下，学生与教师同样具有主体地位；在计算机与英语课程生态化整合理念中，学生是主体，教师是主导；在多模态、多媒体、多环境理论中，教师的主要作用在于创设环境以帮助学生获得充盈体验并进行多模态学习，实际上也暗示了学生为主体、教师为引导者的观念。三种理念的共同点是均赋予了学生毫无疑问的主体地位。另外，生态化整合理念和多模态、多媒体、多环境理论，都将以计算机和网络为主体的信息技术视为除了教师和学生之外的教学结构组成要素。

（三）这三种理念本身具有相互依托、相互补充的关系

建构主义的知识观和学习观是多模态、多媒体、多环境理论和生态化整合理念的哲学基础。反过来，多模态、多媒体、多环境理论和生态化整合理念是在现代教育技术飞速发展的氛围下对建构主义教学理念的一种细化。另外，生态化整合理念和多模态、多媒体、多环境具有同样的基础和细化关系：生态化整合理念提升了计算机技术在英语课程中的作用，从而扩大了多模态、多媒体、多环境学习在英语学习中的比例；而多模态、多媒体、多环境学习理论，特别是模态转化学习假说，则给出了在数字化环境下教与学的一个可能方向。

在此基础上，可以勾勒出现代信息技术下新型大学英语教学模式。此新型教学模式的最大特点在于环境的创设和教学结构的改变。这里的环境指的是可以触发模态转换学习的数字化环境，也是有利于意义构建的环境。教学结构的改变则体现在新型学习共同体的建立上。在该新型共同体中，教师、学生、计算机具有同样重要的地位，且任意二者之间都可以进行互动。学生在互动中获得充盈体验，进行模态转换学习。

教育部高等教育司副司长在“2012 年教育部高等学校大学英语青年骨干教师高级研修班”上总结了大学英语教学改革中仍然存在的问题，其中一个便是部分学校仍然停留在以教师讲授为主的单一教学模式，大学生学习的积极性、主动性、创造性没有被调动起来。创新大学英语教学模式是未来大学英语改革的突破口，是提高教学质量、增强大学生英语综合能力的关键所在。大学英语教学模式的创新，要有合适的理论框架为指导，该研究试图提出这样一个理论框架：它整合了多模态、多媒体、多环境理论、计算机技术与英语课程生态化整合理念以及建构主义的教学理念，以环境的创设和教学结构的改变为主要特征，以多模态体验和模态转化学习为实际操作的着力点。该框架具有深层哲学基础和可证伪层面上的假说，既充分考虑以信息技术为代表的现代教育技术飞速发展的大形势，又具备系统性和细致性，可真正指导教学模式的构建。当然，该研究期待着更进一步的实际操作验证，以便不断完善与发展。①

① 但颖丽．“互联网 +”高职院校英语混合式教学管理——评《互联网 + 英语教学》[J]. 科技管理研究，2020，40（12）：272.

第二节 信息化背景下大学英语教学模式的构建路径

在科学技术高速发展的今天，由于信息技术尤其是计算机三大关键技术（人工智能技术、数字化技术、信息和网络技术）的发展，可以说在英语教学中计算机有了主导教学的可能和条件。换言之，网络媒体支持由“情境”“协作”“会话”“意义建构”所形成的学习环境，使学习者知识的获得并非完全通过教师传授，而是学习者在一定的情境即社会文化背景下，从不同层面、角度出发，借助原有的经验、认知结构，主动接受和选择加工外来信息，并借助其他人（包括教师、学习同伴、网络交流者等）的帮助，利用所能获得的学习资源（包括文字材料、影音资料、视听媒体、多媒体课件、计算机教学软件、网络上人与人的交流）以及从互联网上文献检索获取的信息，通过与教师、学习同伴等的交流、协作，最终以意义建构的方式来获得。由此，建构主义理论的核心是以学生为中心，强调学生对知识的主动探索、主动发现和对所学知识意义的主动建构。情境、协作、会话和意义建构是建构主义学习环境的四大要素。“情境”是学习者进行学习活动的社会文化背景，学习者在真实的情境下，借助社会性的交互作用和利用获得的学习资源，可积极、有效地建构知识。“协作”是学习者在学习过程中，以已有经验为基础，在特定的情境下，以特殊的方式建构，并强调学习者与教师、学习同伴、网络交流者等的相互作用。“会话”是协作过程中通过人人、人机交互，使每个参与者的思维成果（智慧）为整个学习群体所共享，以实现意义建构。“意义建构”是整个学习过程的最终目标，所要建构的意义在于事物的性质、规律以及事物之间的内在联系。建构主义学习理论的基本特征是“学习的自主性、情境性和社会性”。

一、建构主义指导下的信息化教学模式的设计原则

基于对建构主义学习理论内涵的认识，建构主义指导下的信息化教学模式设计思路可概括为：在整个教与学过程中，强调以学习者为中心，利用情境、协作、会话和资源等学习环境要素，通过对学习者的知识、认知特征和背景的分析，设计适应学习者的学习资源、学习策略、认知工具，并通过教师和学习伙伴的帮助，充分发挥学习者的主动性、责任感和创新精神，有效地实现对当前所学知识的意义建构。在这种模式下，学习者是知识意义的主动建构者；教师是教学过程的组织者、指导者，意义建构的帮助者、促进者；教材等教学资

源是学习者主动建构意义的对象；视听媒体是用来创设情境进行协作学习和会话交流，即作为学生主动学习、协作探索的认知工具。因此，构建信息化教学模式时可遵循以下设计原则。

（一）学习自主性原则

学习是学习者建构自己知识结构的过程，这就意味着学习者不是被动地接受来自外界的刺激，也不是把知识机械地从外界搬到记忆中，而是在原有经验的基础上，主动地对外部信息进行选择与加工，通过新旧知识经验间反复、双向的互动作用过程来获取、建构新知识的过程。也就是说，无论是语言知识还是语言技能，都要靠学生自己主动去学、去练，这样才能有长进，教师的作用只能是主导而不能包办代替。因此，学习者要通过学习策略训练，培养自身的自主学习能力，在教师、学习同伴等的帮助下实现知识意义的主动建构。

（二）真实情境创设原则

建构主义认为，学习是一个积极主动的、与情境联系紧密的自主操作活动。在这个过程中，知识、内容、能力等不能被训练或吸收，而只能被建构。由此，情境学习的建构总是以学习者已有的知识结构为基础，有选择地知觉外在信息，根据具体实例的变异性建构当前事物的意义，即情境学习借助获得的学习资源，把所学的知识与一定的真实任务和情境挂钩，倡导合作学习，解决实际问题。情境教学具有以下特点：首先，学习的任务情境应与现实情境相类似，以解决学习者在现实生活中遇到的问题为目标；其次，教学过程应与现实中问题解决过程相类似；再次，科学的科目教学应创设有丰富资源的学习情境，其中应包含许多不同情境的实例和有关信息，以便学习者根据自己的兴趣、爱好去主动发现、主动探索，从而实现学习者的认知灵活性，形成对知识的多角度理解，把知识学习与具体情境联系起来。通过多次进入重新安排的情境，使学习者形成背景性经验，从而掌握知识的复杂性及相关性，在情境中形成知识意义的多方面建构。

（三）学习的社会性原则

建构主义认为，学习者与周围环境的相互作用对于知识意义的建构起着关键性的作用。知识不是抽象的，而是与学习的情境，学习者带入这一情境的经验及周围环境有密切关系。知识的复杂性使学习者不可能对知识有全面的理解；同时，由于情境中问题的艰巨性，学习者也不可能完全独立解决。学习者主动从不同背景、角度出发，在教师或他人的协助下，通过独特的信息加工活动

（争辩、讨论和提供证据）实现知识意义的重新建构，从而使面对面的或通过多媒体网络进行的“协作学习”成为必然。学习者与周围环境的交互作用，促使学习者对知识的理解将更加丰富和全面（即对知识意义的建构），认知水平也随之得到提升。因此，体现学习社会性的“协作学习”是整个学习群体共同完成对所学知识的社会性建构。

二、信息技术为建构主义理论提供技术支持

信息技术的发展和应用为建构主义学习理论提供了技术层面上的有力支持，促进了教学观念的根本性变革。自主学习理念的应用有效地克服了传统教学中的种种弊端，提高了学习者的认知能力、分析和解决问题的能力，使大学生的素质教育和创新教育落到了实处，为建构主义学习理论的应用奠定了基础。

（一）超媒体与“自主学习”

认知心理学的研究表明，人类思维具有联想特征，经常从一个概念或主题转移到另一个相关概念或主题。超媒体是按人脑联想思维方式非线性组织管理的一种先进技术，它按照人脑联想思维方式，将文、图、声、像等不同媒体信息整合，将讲解、演示、测验等不同教学内容整合，将预备知识、当前知识与扩展知识整合，构成了一个丰富而生动的超媒体学习环境。这和人类思维的联想特征相吻合，从而实现对教学信息最有效的组织与管理，使学习者自由联想能力得到发挥，促进创造能力的培养。同时，教学信息的非线性使学习者可以根据自己的实际情况通过联想，自由选择不同的路径，进入不同的链接点，从一个主题跳转到另一个主题，即从一个链接点跳转到另一个链接点，灵活地浏览各节点的内容（包括文本、声音、图形、图像、动画等），为自主学习奠定了基础。多媒体技术的交互功能提供了图、文、声并茂的多重感官综合刺激，使学习者可以依据自己原有的认知结构、认知水平和兴趣，自由选择、自主控制学习内容及其呈现方式。

（二）虚拟现实技术与“情境学习”

虚拟现实是计算机与用户之间的一种更为理想化的人机界面，人可与计算机生成的虚拟现实环境进行交互，与传统计算机相比，虚拟现实系统具有三个重要特征：临境性、交互性、想象性。在现代教育技术环境中，虚拟现实技术应用图形、声音和图像再造构建出逼真的课堂教学情境，将学生置身其中，以求获得最佳的教学效果。人与计算机生成的虚拟现实环境的交互，在虚拟现实

技术“构建”的交互性课堂中，教师和学生可以是真实的或虚拟的，学习者可以是一个或多个，教学模式可以多样化以及教学方法的可选择性使教学进度可由多方控制。在教学过程中，学习者和教师同是教学的设计者和控制者，这种教学方式克服了传统班级授课限制学生主动性和独立性的缺点，确保了师生双方的作用得到充分发挥。虚拟现实技术创造和展示各种趋于现实的学习情境，把抽象的学习与现实生活融合在一起，有效地激发了学生的思维，使学生以丰富的想象力实现知识意义上的建构。

（三）多媒体通信网络技术与“协作学习”

计算机通信网络与多媒体技术融合而成的多媒体计算机通信网络是计算机网络和多媒体技术发展的必然趋势，它兼收并蓄计算机的交互性、多媒体的复合性、通信的分布性及电视的真实性等优点。在网络学习环境中，学习者既可实现信息资源共享，也可实现利用网络介质进行信息交流，打破了地域和时间上的限制，学习者自主地选择学习内容、学习方法、学习时间、学习地点、学习条件，改变了被动的、被支配的、受监控的地位。网络资源共享使学习者获取学习信息的资源极大丰富，帮助了不同层面的学习者获取平等受教育和平等竞争的权利，为面向民众的全面素质教育的实施和语言文化交流的国际化奠定了基础。网络教学中的“协作学习”“小组讨论”“在线交流”等学习策略使师生之间、学习者之间通过交流信息实现情感互动。换言之，网络中的“协作学习”对高级认知能力的发展、合作精神的培养和良好人际关系的形成等具有明显的支持作用。

三、高校英语信息化教学模式的构建

基于以上分析，信息化教学的某些特征为建构主义学习理论提供了技术层面上的支持，其学习环境与建构主义学习理论所主张的学习环境相一致，体现了学习的自主性、情境性和社会性。因此，用建构主义指导信息化教学不仅必要而且可行。大学英语信息化教学模式可按教学目标分析、情境真实创设、自主学习、协作学习、意义建构五个关键环节进行教学设计。

（一）教学目标分析

本环节主要负责分析教学目标、确定学习内容、提出本课或本单元要达到的教学目标，以确定当前所学知识的“主题”，并以此组织教学。大学英语是一门语言实践课，从语言发展的内在规律来看，听、说、读、写、译等五项语言基本技能是紧密相连的。听、读过程是学习者自外而内获取语言知识，即输入过程；而说、写、译则是学习者将所学知识自内而外的再现过程，即输出过程。因此，学习者要根据自己的实际情况构思完成教学目标的方法与手段，通过学习操作实践去实现教学目标。教师提出的教学目标的难度应以大多数学习者能通过为宜，并应具有层次性，以适应不同程度的学习者。教师通常还应指导学习者将一些大的任务分解为几个小目标，以便学习者分步进行学习研究。

（二）创设真实情境

建构主义认为，学习总是与一定的社会文化背景，即“情境”相联系的，在实际情境下进行学习，可以使学习者利用自己原有认知结构中的有关经验去同化和索引当前学习到的新知识，从而赋予新知识以某种意义。如果原有经验不能同化新知识，则要引起“顺应”过程，即对原有认知结构进行改造与重组。总之，要通过“同化”与“顺应”来达到对新知识意义的建构。学习个体不同，认知特点也会不同。教师要帮助学习者分析自身的知觉、记忆、思维以及动机、经验、情感等因素，找到学习内容与自身认知结构的结合点，用最符合学习者认知心理的外部刺激去促进他们对新知识的“同化”和“顺应”，完成知识意义的建构，并把其智力引向更高的水平。目前，我国已拥有卫星网、DDN 专网、IP 宽带网和有线电视网等天地合一、多网集成的信息传输运行平台，可通过实时模拟、双向答疑、视 / 音频文字一体的多媒体、BBS 讨论区、教学内容的网上交流等多种途径，实施教学计划指导下的非实时自主学习，以调动学习者的所有感官和过去的经验去探索与解决问题，使其对知识掌握得更加透彻、更加形象，有效地促进其朝着个性化学习、自主式学习方向发展，使其在因材施教、个性化发展的过程中完成提高语言水平的实践。因此，创设从不同侧面、不同角度表征知识的多样化情境，可为学习者的探索提供多条路径，使其可随机进入任意学习情境，实现知识的正迁移。

（三）自主学习

当代英语学习理论强调，学习者在学习过程中起决定性作用，在网络学习环境下，学习被看成是学习者自发地与外界相互作用的产物。学习不是死记硬背，而是一个“积极地从所发生的事件中寻求（甚至强加）意义的创造性过程”。在这个过程中，学习者要根据自身的水平，寻找适合自己能力的学习起点、学习目标以及学习内容和方法，并确定自己的一套评估体系的能力，以扩大学习活动的自由空间，解决个体差异的需求问题，使每个学生的潜能得到最有效的开发。也就是说，教学对象要从客体过渡为主体，语言本身、教材和教法属于客体，是外部因素；学习者是主体，是内部因素。学习者借助多媒体网络教学系统提供的弹性学习环境，随时随地开展学习，并且能够下载或输出所需材料，从而实现网络资源的提供者和获得者进行实时和非实时的交流，使学习者在学习中遇到的问题能得到及时的解答和讨论。例如，学习者可以有针对性地重点学习词汇用法或学习篇章结构和背景知识，或选择反复训练听力和发音。自主学习的方式突破了课堂时间的限制，不仅适合于不同水平、不同学习要求和目的的学习者，也体现了个性化的教学原则。

（四）协作学习

由于知识的复杂性和在情境中解决问题的艰巨性，个人根据自己的经验所建构的对外部世界的理解是不同的，且存在着局限性，通过意义的共享和协调，才能使理解更加准确、丰富和全面。由此，协作发生在学习过程的始终，会话是协作过程中不可缺少的环节。学习者通过在内容丰富的情境中的对话与合作，通过对各自见解的协商而达到对新知识的构建与共享。可以说，会话是达到意义构建的重要手段之一。 在信息化学习环境下，学习者面对面地进行实时在线语言交流或通过多媒体网络进行实时的文字交流的“协作学习”，使每位网络资源提供者和获取者的思维与智慧被整个网络学习群体所共享，即整个学习群体共同完成对所学知识的意义建构。尽管“理解”属于个人的建构物，无法共享，但可以与他人进行交流，通过交流检验和修正自己的“理解”，使之更符合客观规律。网络资源提供者和获取者之间有着动态的信息交互，学习者既可通过访问网络站点进行在线学习，也可通过文献检索在线资源来选择自己所需的学习内容，以达到获得知识的目的。在学习者与教师的协作过程中，学习者获得教师的帮助，教师获得学习者的信息反馈。在情境中学习时，教师既是组织者也是参与者，他们既可以通过电子会议系统、电子黑板等实现同步协作，也可以通过电子邮箱实现异步协作。“协作学习”可在两个以上的学习者之间进行，既可在有组织的情况下进行，也可直接面对面地或通过网络论坛进行。学习者可在比较分析同一问题的不同观点时提升自己的认识结构，加深对知识的理解，并在对不同观点进行梳理的过程中，提高自身知识意义建构的能力。

（五）意义建构

意义建构是学习过程的最终目标，所需要建构的意义是指知识或学习主题等的意义，即事物的性质、规律以及事物之间的内在联系。在这个环节中，学习者要根据自身在学习过程中，通过各种不同形式获得的各类不同信息形成自己的学习体会或研究成果，并且以文字材料、视听媒体、影音资料、多媒体课件和主页等多种形式将成果具体体现出来，以汇报学习成果并进行总结评价（包括学习者个人的自我评价、学习小组对个人学习的评价及教师对学习者的点评），主要目的是使学习者在一个完整、真实的问题情境中产生学习的需求，并通过学习共同体成员之间的协作学习，通过学习者主动探索、亲身体验，完成对知识的意义建构过程。实践证明，意义建构是使学习者适应真实生活，逐步学会独立认识问题、提出问题和解决问题的一条十分有效的途径，有助于学习者在综合实践中提高自身的综合素质。

科学技术的高速发展，使得信息技术应用为建构主义学习理论提供了技术层面上的支撑，优化了大学英语教学资源与教学环境、教学过程与教学目标，促进了学生的学习效率和教学效果的提高。这说明信息化教学代表着先进的教学理念和先进的教学手段。

应该说，现代信息技术所构建的英语教学环境具有了情景的信息化、英语学习的全球化和个性化，为大学英语教学模式的改革奠定了坚实的基础。因此，现代教育技术支持的当代建构主义学习理论对于知识建构的意义可诠释为：学习是学习者主动地建构内部心理表征的过程，它不仅包括结构性的知识，而且包括大量的非结构性的经验背景；学习过程既要运用原有的经验建构对新信息的理解，也要建构从记忆系统中提取的旧信息；不同的学习者对事物的理解（建构）不同，协作学习有助于使理解更加丰富和全面；其主要表现为在学习过程中，强调以学习者为中心，同时不忽视教师的指导作用，强调“情境”和“协作”等学习环境的设计，强调利用各种资源来支持自主学习，以达到学习的最终目的。

第三节 现代信息技术下大学英语教学模式的创新

一、教学模式的建构

（一）教学模式建构的基本原则

从素质教育观出发，教学的目标就是培养学生的能力和发展学生的个性。教学的本质是教学生“学”，学习的本质是学会学习；课堂教学是实施素质教育的主阵地，是师生双向活动沟通得以形成“回路”的主渠道。因此，课堂教学活动的基本任务就是挖掘学生的学习潜能——不仅仅着眼于当前知识的掌握和技能的训练，更要注重学生的能力开发和未来发展。楼房的建造，须依靠墙体或柱子的支撑；课堂教学流程的构建，也必须依赖有力的“支点”支撑。

1. 理论的科学性与实践的可行性相统一原则

一定要以科学的理论为依据建立教学模式，教学模式不仅要能够体现教学的本质与规律，还要反映出当前社会培养人才的特点，同时还必须以教学实际为出发点，充分结合当前国家教育教学的发展情况进行实践，真正做到理论的科学性与实践性相统一。

2. 主体性原则

美国著名教育家杰罗姆·布鲁纳认为，我们应当尽可能地使学生牢固地掌握科学内容，还应当尽可能使学生成为自主的思想家。这样的学生，当他在正规学校的教育结束之后，将会独立地向前迈进。

课堂教学质量的提高，一方面要发挥教师的主导作用，另一方面绝对不能离开学生在学习中的主体作用。学生是课堂教学的主体，是活生生的人，他们有感情、有思想，而不是没有生命、没有知觉的留声机、录音机。传统教学立足于教师单方面的输出作用而忽视输出后学生的反馈作用，传统教学的主要特征可以概括为“三中心论”：以书本知识为中心、以课堂教学为中心、以教师为中心。创新教育要求广大教师树立与新的教学理念相适应的学生观，充分尊重学生在学习过程中的主体地位，采取多种形式的方法和手段促进学生能力的主动发展，从而提高学生的整体素质。

3. 普及与提高相统一原则

建立教学模式就要服务于普及教育，所以应该将重点放在“普及型”教育模式的开发上，尤其要注意多开发一些与农村及边远地区的师资、生源和教学条件相适应的教学模式。在教育的问题上，我国都是先普及后提高。以实验学校为代表的城市学较适合多开发些“提高型”的教学模式，使之成为典范；然后教师水平与教学条件逐渐提高，使“提高型”的教学模式向“普及型”教学模式发展。因此，建立教学模式要从本地、本校的实际情况出发，不仅要适合普及的需要，也要考虑提高的需要，将普及与提高统一起来。

4. 批判继承、合理借鉴与积极创新相统一原则

科学发展的特殊之处在于历史的继承性。因此，在对教学模式的历史和发展进行研究时得出了这样的结论：新的教学模式的形成也要吸收已经存在的教

学模式的可取之处。我国自从改革开放以来，与其他国家的交流越来越频繁，国外的教学模式也为我国教学模式的构建提供了有利的借鉴。我们要在吸收借鉴的基础上进行创新，吸收已经成功的经验，吸取别人失败的教训，这样国家与国家的差距就会缩小；我们要对历史的遗产进行批判性的继承，吸收国外有益的经验，让教学模式能够取得更大程度的创新发展，进而对现有教学模式难以解决的问题进行解决，并适应教学的需要与时代的发展。创新教学模式有两层含义：一是构建一种之前从未有过的新型教学模式，二是健全和完善已有的教学模式。同时，创新教学模式还可以是在教学研究的领域加入其他研究领域的新的优秀成果，建立新的教学模式。因此，可以从各个角度进行创新，而且创新的程度也是各不相同的，有可能再证实比完全的创新价值更大。

（二）教学模式建构的基本方式

1. 演绎法

演绎法就是先做出一个科学理论假设，推演出一种教学模式，接着通过实验的方式对这种假设的优越性进行验证，其出发点是科学理论假设，思维过程是演绎。以演绎法进行教学模式的构建有以下两种方式：一是使相关的基础研究成果直接形成教学模式；二是根据在观察与实验中得到的材料直接进行教学模式的组织与设计。演绎法包括教育行动研究法、教育实验法等。

2. 归纳法

归纳法就是总结归纳之前的教学经验，进而形成新的教学模式，其出发点在于经验。通过归纳法构建的教学模式也有两种：一是加工改造历史上较为优秀的经验；二是对当前优秀教师在教学实践的过程中获得的先进经验加以总结、提高、系统化。因此归纳法又叫升华法。归纳法包括文献研究法、教育经验总结法、课例研究法、观察法等。

二、多媒体支架式教学模式

不同的学者对支架式教学的定义不同。

罗森赛恩（Rosenshine）认为，支架式教学就是教师或更有能力的同伴为帮助学生解决独自不能解决的问题而提供帮助、支持的过程。[①]

普利斯里（Presley）认为，支架式教学模式是按照学生的需求帮助他们，

① 黄敏，李友利．“支架式”教学模式在大学英语口语教学中的应用研究 [J]. 齐齐哈尔师范高等专科学校学报，2020（2）：136—138.

在学生的能力获得提高后便不再帮助。①

目前，欧共体“远距离教育与训练项目”（DGXII）的文件中提到的支架式教学模式的定义是应用最为广泛的。文件中认为，支架式教学模式是支架式教学应当为学习者建构对知识的理解提供一种概念框架。学生者在深入理解学习问题的时候是需要框架中的概念的，为此，事先要分解复杂的学习任务，这样就能一步一步，循序渐进地让学习者深入理解学习问题。简言之，是通过“支架”（教师的帮助）把管理调控学习的任务慢慢从教师转给学生，最后撤去“支架”。②

（一）理论基础和模式特点

1. 理论基础

维果斯基（Vygotsky）认为，在个体智力活动中，自身具有的能力可能不足以解决存在的问题，通过教学，个体在教师帮助下能够将能力提升到可以解决问题的程度，这就是最近发展区理论。也就是说，最近发展区可以定义为：个体独立解决问题时的实际发展水平（第一个发展水平）和在教师的帮助下解决问题时的潜在发展水平（第二个发展水平）之间的距离。可见，教学决定了个体的第一个发展水平与第二个发展水平之间的状态，教学可以创造最近发展区。

建构主义认为世界是客观存在的，但是对世界的认识，个人与个人都是不一样的，这是主观的。人根据自身积累的经验进行知识的建构，由于不同的个体积累的经验与对经验的信念存在差异，所以个体在理解外部世界的时候也会存在差异。在建构主义者看来，知识的建构更应该在原有的经验、心理结构和信念的基础上进行，并且将学习的主动性、情景性与社会性作为重点强调，把学习分成初级学习与高级学习，注重自上而下的教学设计及知识结构的网络化，倡导改变教学脱离实际情况的情景性教学。

2. 模式特点

多媒体支架式教学模式将多媒体技术与英语课堂教学有机整合，创设语言情境，充分发挥教师的主导作用和学生的主体作用，将学生学习英语的主动性、社会性、情景性和创造性融为一体，促进学生的生理、心理与智力和谐发展，

① 王华．支架式教学在英语阅读教学中的应用探索[J]．成才之路，2019（34）：84—85.

② 张震．基于支架式教学模式的元认知能力培养[J]．宿州学院学报，2011，26（1）：103—105.

使其兴趣、情感和意志得以激励。多媒体技术使学生能够通过多种感官获取知识，促使学生由形象思维向抽象思维转化，不停地把学生的智力从一个水平提升到另一个新的更高水平。

（二）实证研究

对于在大学英语教学中所使用的多媒体支架式教学模式，鲍静实施了实证研究。其中，支架式教学模式的步骤有：搭建支架；进入情境；独立探索；协作学习；效果评价。笔者在这一步骤的基础上，将研究对象确立为大学专业英语精读课堂，并将《现代大学英语》第二册第二课作为研究范例。第二课主要讲的是一对夫妻对于同一件事的看法存在分歧，进而体现了个人观点差异和种族观念不同的文章主题。

1. 搭建支架

在教学开始之前，教师要为学生提供课上要用到的资料，并且对学生解释这些资料的用途，让学生自己对材料进行理解，这就是所谓的搭建支架。搭建支架的过程中，教师先要为学生播放动画录像，学生在看完视频之后要说出自己的想法。视频中的大致内容是关于一对男女在思考以及处理相同的问题时出现很大的认知差异。举例来说，男人在购物的时候总是买完需要的就走，但是女人可能会逛街逛一整天，最后什么都不买。教师构建支架的方式为播放视频，一方面可以生动形象地向学生传递课堂主题，另一方面能够让学生对这个主题产生学习的兴趣。教师能够通过多媒体支架式教学模式让课堂变得生动而活跃。

2. 进入情景

这一环节就是教师带领学生进入问题情景之中，布置任务，让学生说出自己的观点。学生看完全部的录像之后，教师向学生提出问题——男女之间的差异与矛盾除视频上所说的几点之外还有哪些，让学生思考并在课堂上展开讨论。接着就这些不同点思考产生的原因。在陈述完原因后，教师通过多媒体图片与推荐美国畅销书《男人来自火星，女人来自金星》进行话题总结。在这本书中，男女之间差异的原因可以通过插图与简介了解。教师在总结时采用多媒体支架的形式，比直接告诉学生答案更能让学生主动接受。这一环节完成之后，学生还可以在课下继续阅读，寻找答案。在此，教师已经成功引入了教学主题之一，就可以引导学生对文章进行理解，让学生了解文章中介绍的其中一个主题，即性别让想法产生差异。

3. 独立探索

这一步骤指的是学生立足于集体思维成果进行独立思考产生自己的想法。

教师在这个环节可以在多媒体的辅助下向学生提出问题，且问题要一步一步地深入，让学生一边回答问题，一边独立挖掘文章更深层次的主题，即种族观念的问题。教师要通过多媒体向学生提出问题，然后学生讨论得出自己的答案、教师给出答案。这种做法不仅可以让学生对答案记忆更深刻，还能够起到语言的示范作用。把上述问题的所有答案组合起来就会得出新的文章主题。所以，多媒体支架在引导学生独立探索文章主题上起到了重要的辅助作用。

4. 协作学习和效果评价

学生和学生、学生和教师共同协商讨论，共享尝试探索过程中的成就，共同解决问题就是协作学习。而效果评价则指客观性测试、个人的自我评价与集体对个人的学习评价。完成文章的主题讨论之后，教师按照文章的主题又提出了新的问题供学生讨论。在此过程中，学生发掘自身潜力，教师不干涉学生的学习。通过多媒体，学生还可以在观点的把握、理解和探索上更加深入。在展示之后，教师和学生可以共同给出评价。

多媒体支架包括图标、图片、视频等各种方式，学生通过这些方式在掌握概念、理解信息时就更加容易了。多媒体支架式教学引导学生自己形成思考并应用知识，对于较难理解的知识和新信息的挑战，多媒体支架的辅助恰好可以帮助学生更直观有效地理解所学知识点。

三、微课教学模式在大学英语教学中的应用

（一）微课应用在大学英语教学中的优势

1. 不受时间限制，随时随地是课堂

众所周知，课堂教学的传统模式就是上课的时间是规定好的，上课的地点也是固定的，所以大学使用这种教学模式就会对学生完成教学任务、吸收知识与课后的评价产生制约。运用微课正好能缓解这些制约。当前科技快速发展，网络也遍布全球，学生在任何时间和空间都能应用网络，几乎人人都有手机，为学生随时观看微课提供了现实条件。学生可以随时随地完成课前预习、课后复习、背景了解、知识巩固等各种学习内容。学生在通过微课进行学习的过程中也能提升自主学习能力。

2. 短小精悍，针对性强

戴维·彭罗斯在 2008 年率先提出了微课一词，并且指出微课就是未来教师为了向学生传递知识点与概念制作的短视频，每段视频大概为 1 ～ 3 分钟。近年来，我国研究微课的人越来越多，研究也逐渐深入，许多专家对微课进行

了定义。胡铁生指出，通过微型教学视频对某个知识点与教学环节设计开发的新型情景化，能够支持多种学习方式的在线网络视频课程就是微课。[①] 从国内外众多学者对微课的定义中可以看出，“微”是其核心，微课最重要的一点就是短小精悍。当前社会是信息化社会，众多的信息都需要人们去接收，也有更多的事情等着人们去做，学生在课下不可能花费相当多的时间去观看学习视频。而每段微课视频的时间都很短，针对的是一个知识点，并将这个知识点中所有的重点内容都呈现于视频之中，不必花费学生太多的时间，也更容易让学生清楚明白，使学生在进行课堂学习时拥有更高的学习效率。

3. 模式新颖，有吸引力

微课的兴起是一种新颖教学模式的尝试，对于学生学习来说非常有吸引力，它让单一枯燥的英语学习变得生动灵活、丰富有趣。在微课视频中，不受时间、地点的限制，可以遨游世界，领略各地风采，可以运用图片、声音结合所要讲述的内容，进行有目的的安排，提高学生学习英语的兴趣，吸引学生的同时让学生学会相应的知识。

4. 类型多样，顺应不同教学需求

微课操作起来相当灵活方便，按照教学需要能够开展各种各样的微课形式。胡铁生提出，微课可以根据教学内容性质、教学方法、使用对象和主要功能、最佳传递方式、微视频的主要录制方法等分成几种不同的种类。举例来说，根据教学方法的不同，可以将微课分成讨论类、实验类、探究学习类、问题类、练习类等；根据最佳传递方式的不同，可以将微课分为活动型、解题型、讲授型等几种类型；根据录制方法的不同，可以将微课分为录屏型、摄制型、混合式等几种类型。教师必须在教学需求的基础上设计微课课程，微课虽然短小，却凝结了教师的教学理念和设计思路。[②]

（二）微课在大学英语教学中的应用

如何在大学英语教学中更好地应用这一新的教学模式，是我们正在探索和实践的内容。微课的应用模式包括以下几种。

1. 微课的课前预习应用

每一位大学英语教师都应该知道学生的课前预习是相当重要的，若是他们

---

① 王晶．基于产出导向法的英语微课教学研究 [J]. 黑龙江教师发展学院学报，2020，39（7）：151—153.

② 张丽萍．信息化时代微课应用于大学英语教学的思考 [J]. 课程教育研究，2020（20）：132—133.

没有好好进行课前预习，课堂或许就不能顺利进行，最后达不到预期效果。学生不提前预习就不能大体上了解课文内容，反而要在课堂上花费时间，然而课堂上时间是固定的，若是教师在导入主题的时候花费太多时间，那么课程重点与难点的教学就不能在课堂上完成，学生也不可能在课堂上进行参与及互动，只剩下教师一个人在讲台上讲，那么教学模式又回到了传统型。如果学生在预习时观看微课视频，教师在进行课程导入时就会轻松许多，学生也能够对课文有一个整体的把握，也可以很好地适应教师的授课方式。因此，教师要提前上传微课视频，给学生布置学习任务，学生以个人的形式或者小组合作的形式完成都可以。在备课时，教师可以根据自己的教学设计进行微课的录制，可以将学生思考的问题以及要学生讨论的问题呈现于微课中，这样就可以很好地辅助课堂教学了。

2. 微课的课上授课应用

若是教师一直在课堂上讲，学生就会感到乏味无趣，时间一长就会导致注意力的转移。所以教师根据教学内容在合适的时候播放微课视频能够节省课上的时间，还可以让学生保持注意力的集中，让课堂的效率更高，学生也会对课程内容产生更深刻的记忆，而且有更多的时间去消化和吸收课堂上传递的知识。当前，一大批高校的英语教师都尝试了使用基于微课的翻转课堂教学模式。学生应教师的要求观看与课堂内容相关的微课视频，教师可以在课堂上通过翻转的形式实施教学。在这种情况下，学生成了课堂的主角，参与到学习活动之中，并且实现了其课堂中的主体地位。

3. 微课的课后巩固应用

一节课结束后，对于当堂课内容做出及时的总结和检测是非常重要的。通过微课的形式让学生在课下及时进行回顾和反思，确保学生真正掌握知识内容，可以达到事半功倍的效果。

（三）微课在大学英语教学应用中的注意事项

1. 目标明确，主题分明

一次微课解决几个问题就容易使目标不清晰、定位不准确，最后导致主题不明确，不能达到微课应用的效果。目标过多，容易使微课变成压缩了的课堂教学，使微课流于形式，失去其真正的意义。因此，在大学英语教学中引入微课教学的教师一定要注意这一点，它是决定微课使用成败与否的关键。

2. 把握时间，不宜过长

很多英语教师没有真正弄懂什么是微课，往往在进行微课设计时，内容繁杂，时间过长。进行微课教学时应该把握好时间，一般在1～3分钟之内，也可以稍长到5分钟，时间过长，会影响学生观看学习的效果。微课兴起后，很多大学英语教师尝试将微课运用到自己的教学中去，可是初期很多教师对于微课了解不深，误把微课当成是课堂教学的微缩版，微课录制超过10分钟，甚至到20分钟，时间过长，内容太多，没有达到微课的真正效果。其实，微课教学视频长度以小于10分钟为宜，这样既能将一个知识点讲透，又不会花费学生太长的时间。

3. 结合教师教学，给学生启发与思考

虽然“微”是微课的核心内容，但是教师设计制作微课时也要花费不少的时间与精力。每一段微课视频都包含着教师的教学理念，教师也要对其进行整体的设计，还要以任务驱动、问题向导、反馈互动为基本原则，使学生在学完微课之后能够获得知识。微课在应用上较为灵活，教师可以通过微课进行教学辅助，还可以让学生通过微课提高自主学习、自己思考的能力，好的微课会使学生的生活与学习都得到帮助。

微课产生并应用于大学英语教学之中，使大学英语教师在完成教学任务方面更加轻松，而且对学生扩展知识面、提高学习兴趣也有一定的帮助。但微课的应用同时对大学英语教师提出了更高的要求，教师在设计制作微课时要全面考虑、反复修改，使微课和课堂教学能够很好地融合。因此教师要充分了解微课的概念和特点，分析大学英语教学亟待解决的问题，利用微课拓展大学英语课程的教学思路和方法。

四、慕课教学模式在大学英语教学中的应用

（一）慕课的应用

1. 教师讲解与慕课播放的有效结合

在慕课背景下的高校英语教学，教师可以将自身的课堂讲解与慕课播放两种方式有效结合起来，即在英语课堂上通过播放录像及视频文件的方式，将学生的学习兴趣充分调动起来。在教学过程中，学生在观看视频时还能加强思考，慢慢进入课堂教学的环境中，从而自发地进行英语学习，这就有利于学生思维能力和学习积极性的提高。

2. 应用慕课创新阅读教学模式

教师要灵活运用慕课来进行英语阅读教学模式的创新，以培养学生的思维能力及自主学习能力。教师在具体教学中，可搜集与英语阅读有关的慕课，先

让学生观看视频，然后以视频当中的英语阅读为例，教授给学生正确的英语阅读方式，以此来提高高校学生的英语成绩。此外，在进行英语教学的过程中，教师在课堂上需要根据班上学生的兴趣爱好、学习特点、学习能力及英语水平等来选择合适的慕课，以此展开高效的英语阅读教学，并根据教学标准，对不同层次的阅读进行针对性的问题设定，这样就能达到提升学生英语成绩与水平的目的。

在高校英语教学的过程中，通过英语阅读训练，能够快速增强学生的英语口语交流能力，帮助学生提升英语水平；同时，通过培养学生的口语能力及阅读能力，还能使慕课教学变得实用化。通过采用创新的视觉模式来训练学生的英语感官，通过图画及影像等来激发学生的兴趣，让学生在阅读的过程中具有明确的目的，这样学生就能带着问题进行英语阅读，并对阅读的文章结构有整体的了解和把握，从而更加熟练地掌握英语阅读技巧。

3. 应用慕课减轻学生学习压力，提高学习效果

慕课教学主要是通过一定的网络平台来进行教学的，教师与学生之间有足够的时间进行交流沟通，且无须面对面，这在一定程度上减轻了学生的心理压力，从而很好地帮助学生排除了心理障碍。教师在运用慕课进行教学时，要灵活运用情感教学方式，使学生能将自己的学习感受或遇到的问题及时地与教师进行交流，并逐渐找到适合自己的学习方法，这样学生的自学能力及英语水平才能得到有效提升。

（二）慕课教学的优势

近年来，国内外各大知名高校纷纷投身慕课的课程建设中，慕课与网络教学视频、传统的远程教育以及在线应用或单一学习软件不同，它是一种新型的大规模在线教育课程。慕课教学模式包含课程、课堂教学、学生学习进程、师生互动体验等。与传统大学英语教学相比，慕课具备自身优势，不同于以往传统的教学模式，推动了高校大学英语教学改革，切实提升了学生的英语实际应用能力。

1. 慕课的推广有助于普及教育公平发展

学习者只要通过邮箱注册，不受国籍和地域的限制，即可参加国内外名师课堂的学习，能够共享优质的教育资源，使教育公平、民主的目标得以实现。慕课能使优质教育资源分布不均的问题得到一定程度的缓解，使学习者获得均等的学习机会，共享多种教育资源，包括师生关系、教育内容、教育方式等。

2. 发挥学生学习主体地位，转变教师角色

现代教学模式主要依托教师讲授，教师对教学活动有主导权，给予学生的学习活动有限。而自主性强是慕课的典型特点，学生能够以自己的需求和兴趣等为依据对学习进行自主选择，对学习进程自主安排。学习者可以自主学习，如在线阅读、对视频反复观看、向教师提问、与同学互动等，这种新的学习模式突出了学生在学习中的主体地位，打破了传统的知识灌输式教学模式。在这种教学模式下，教师角色发生如下转变。

（1）由课堂的“主角”转变为“引导者”。传统教学一直秉承“教师中心”“教材中心”，学生处于被动接受的状态。长此以往，学生学习的主动性、创新性都受到很大的影响。在慕课来袭的大背景下，学生可以更方便地获得质量较高的资源。优秀教师的视频为学生提供了丰富的资源，学生可以在学校学习，可以在家中学习，在任何时候任何地点都可以学习。学习方式也因为网络而发生改变，学习者可以轻松看视频，可以徜徉在学科游戏中，可以在讨论吧自由地阐释自己的观点。学生的智商可以在慕课中得到发展，但情商与爱、责任意识都需要教师的引导，教师通过了解学生、分析学生，引导学生自主发展、自主学习，于是教师的教书职能在信息化过程中逐渐被弱化，分析师、引导者的职能逐渐被强化。教师是学生成长过程中的引导者，为学生成长提供优质服务。

（2）由学生学习的“监督者”转变为“协助者”。慕课使学习的时间、地点都变得很有弹性，所以教师“监督者”的角色受到冲击。但是教师作为“协助者”的角色还是不可替代的。教师需指导学生在使用慕课资源的过程中学会自学，慕课未必能呈现出一节课教学知识的全部，起的只是抛砖引玉或是画龙点睛或是直击病灶的作用。教育是一个很复杂的过程，不能单纯地通过网络教学完全替代传统教学，特别是刚开始推行慕课的时期，教师要指导学生在家完成网络在线的慕课学习，将课堂作为师生间深度知识探究、思辨、互动与实践的场所，真正使以教师为中心、以知识灌输为主的教学模式转变为以学生为中心、以能力提升为核心的个性化学习模式。

（3）由“单打独斗”者到“团队协作”者。慕课资源开发的复杂性使其技术门槛比较高，有时候单靠一名教师的一己之力难以为之，需要一个教师团队来合作设计。这就需要建立一支以各学科骨干教师为主的慕课研究团队，明确分工课程资源设计活动，如有的教师负责在一定框架下确定课程的教学目标，预设学生可能会遇到的热点、难点问题，突出教学重难点；有的教师负责搜集

图文资料和网络信息，观看网络上同课题的典型课例的教学方法和教学资源，汲取百家之精华融入教学内容中；有的教师负责录制与剪辑视频、插入动画、添加字幕等技术制作工作，保证片头片尾的配乐清楚悦耳、图像清晰稳定、构图合理美观、逻辑思路清晰、教师语言精练精确，把最精彩的分析讲解过程呈现给学生，满足学生的心理需求；有的教师进行锦上添花式的质疑问难与研讨交流；有的教师负责网上发布、传播与维护；有的教师负责吸纳有信息技术特长的家长或学生的试用体会，收集意见与建议，并反馈给设计团队成员进行处理；有的教师负责审查慕课资源的科学性、知识性、系统性、逻辑性，在反复推敲的基础上修改完善慕课资源。总之，慕课资源中可以融入思维导图、视频、图片等多种元素，以使其中每句话、每个字、每个画面之间都体现出一定的逻辑联系和知识概念架构，但这个构建过程需要一个配合默契的团队来完成。

3. 能调动学生更深层次的学习兴趣

慕课将优质教学资源进行整合，除拥有一批有共同兴趣的学习者，可以自行调节学习速度以外，还可以使整个学习过程告别单一的师生关系，使学生不再感到枯燥乏味。互动在视频播放、社区讨论以及课后作业等各个环节均有体现，学生学习的兴趣被充分调动起来。

4. 真正做到“因材施教”的个性化教学

慕课教学模式在提供学习平台的同时将大量数据搜集起来，并引入现代技术对学生的学习规律进行深入分析，从而为后续的教学活动提供强大的数据支持，而不再仅仅依靠经验行事。学生在学习过程中的各种细节均能在数据中反映出来，而且还能对学生的学习轨迹进行跟踪、监控和记录，包括学生的学习难点、学习时间、重复访问记录、学习方式及最佳学习时段等，并通过对这些数据进行分析，提出合理建议，做到因材施教，使差异化、个性化教学的难题迎刃而解。

5. 优质的教学资源极大地丰富了大学英语教学

慕课的发展给我们提供了一种能大大缓解教育资源分配不均、课程内容陈旧、教学方式落后以及学生创新、创造力不足等问题的手段与途径。慕课课程整合众多网络工具和数字化资源，形成人性化、多元化的学习工具和丰富的课程资源开拓教和学的渠道，更新教和学的方式，内容实时更新，增强了英语教学的开放性和灵活性，营造出一个接近以英语为母语国家的英语学习氛围，学习者浸润其中，英语水平便会突飞猛进。慕课中的微课程内容丰富，题材多样，语言地道鲜活，有关科技、文化、社会生活、历史地理、人与自然等方面的材料丰富，突出了英语的丰富性和人文色彩，真实的英语母语使教学内容更加贴近学生、贴近社会生活，更地道实用，大大激发了学生的积极性。慕课可以培养学生学习英语的兴趣，提高其英语的实际应用技能，培养其运用英语的成就感，进一步激发其学习欲望，改变其学习状态。慕课突破传统课程在时间、空间上的限制，依托互联网，使学习者在家即可学到国内外著名高校的纯英语课程。我们要建立系统、开放、动态、立体的课程体系，融必修与选修于一体，使网络与课堂互补，目标就是把大学英语课程建成大学生真心喜欢、终身受益的优质课程，以更好地满足大学生接受高质量多样化大学英语教学的需求，更加适应国家经济社会发展对人才培养的要求。①

第四节　信息化大学英语教学平台的创建

一、信息化大学英语教学平台

信息化是以现代通信、网络数据库技术为基础，对所研究对象各要素汇总至数据库，与特定人群的生活、工作、学习、辅助决策等和人类息息相关的各种行为相结合的一种技术，使用该技术后，可以极大地提高各种行为的效率，为推动人类社会进步提供极大的技术支持。教学平台是指为开展教学实践使用的一系列软硬件设施的统称，其中包括提供开展教学实践的场所，传统的有教室、操场，新型的有网络、电视等，还包括设立的课程、教材资源、教学设备等。因此，信息化大学英语教学平台就是以现代通信、网络、数据库技术为基础进行大学英语教学实践的场所。本书具体对 E-Learning（数字学习、电子学习）教学平台与虚拟教室进行论述。

二、E-Learning 教学平台

（一）E-Learning 教学平台的概念及体系结构

1.E-Learning 教学平台的概念

E-Learning 教学平台是基于互联网实现网络教学的必要条件，它是建立在网络基础设施之上的、用计算机网络编程实现的学习环境，其后台是系统程序

① 王莉莉．翻译慕课与英语课堂教学糅合模式研究 [J]. 湖北开放职业学院学报，2020，33（12）:159—160.

和被程序组织起来的数据库，前台是网页界面。从技术角度上讲，E-Learning 教学平台是一个基于数据库的信息管理、发布系统，以提供教学服务为原则，其用户通常分为讲授者、学习者和管理员，其学习管理系统主要是存放的以课程为单位的课件、试题库以及教学多媒体资源。E-Learning 教学平台把文字、图形、影像、声音及其他多媒体教学软件的先进技术有机地融合在一起，利用网络讲座、电子邮件、网络论坛等信息技术进行教学，使知识信息的传递方式和空间都有了极大的拓展。

2. E- Learning 教学平台的体系结构

E-Learning 教学平台的系统架构一般包括学习管理系统、虚拟教室工具、套装式在线教材、定制化在线教材、在线测验等模块。它包括五个部分：网上课程开发系统、网上教学支持系统、网上教学分析系统、网络教学资源管理系统和相关应用系统互操作接口，其中前四个部分分别完成网络课程开发、网络教学实施、网络教学分析、网络教育资源的管理和维护功能，第五个部分则用来解决网络教育开展过程中涉及的网络教育系统与其他相关应用系统的操作问题。

（二）E-Learning 教学平台的特点

1. 知识的可重复性

由于 E-Learning 教学是网络化的在线学习，不受时间、场地限制，因此学习者可以在自己任何有学习需要的时候调用学习资源进行预习和复习，充分巩固学习效果，避免了课堂学习容易遗忘的问题。

2. 知识的网络化

学习的知识不再是一本书，也不再是几本参考书，而是有关的专业知识和数据库。在数据库的支持下，知识体系将被重新划分，学习内容将被重新组合，学习与研究方法也将发生新的变化。

3. 学习的自由性

学习的终端是学习者桌前的计算机，学习者学习时不一定非要循规蹈矩地按照一定的顺序，他们可以按照自己设定的学习进程随时随地进行学习，并且无论在学习过程中遇到什么问题，都可以凭借网络提供的丰富的知识库或者与教员或其他学习者的非实时交流来获得相应的帮助。

4. 学习的可跟踪性

学习者的所有学习活动都被记录下来，作为评估学习效果和分析学习需求的依据。

5. 学习内容保持及时、持续的更新

所有的知识内容（包括学习教材在内的各种学习资源）可以在第一时间保持更新，同时保证知识的一致性。

（三）E-Learning 教学平台的应用

随着网络教育技术和网络教育技术标准的发展，符合网络教育技术标准的 E-Learning 教学平台也日益丰富，如 Web CT、Blackboard、Virtual-U、Moodle、4A 网络教学平台、天空教室、Web course in a box 等。

1. Web CT

Web CT，即 Web Course Tools，是由加拿大英属哥伦比亚大学的 Murray Goldberg 教授编写的一套以网页为本的电子教学平台。从我国校园网和互联网使用的普遍性来看，外语教学可以 Web CT 为工具，运用 PHP，ASP，VRML 等语言格式创建课程主页，可依托校园网站服务器建立单独的站点目录，配置 IIS 信息发布系统建立网络站点，发布给学生，让学生上网学习。外语课程主页设有课程说明、教学大纲、教学进度表、主题学习任务、讨论、作业、成绩、评语、校历等栏目（即环境）。"各栏目设置各自的内容。运用 Web CT 营造课程网上学习环境，可推动学习过程中学生与网络、学生与学生、学生与教师的全面互动与合作，为学生的语言使用、问题探讨开辟交流、合作以及自主学习的平台。Web CT 成为学生课内外合作与自主学习的重要工具与导向。"①

Web CT 可以用来存放网络外语教学课件和教学资源，还可以为学生和教师提供交互工具。Web CT 提供了一个设计环境来描绘"桌面模式"，在这个通常受限的网络界面，工具是可利用和统一的。这个教学平台具有丰富的素材组织和管理功能、方便快捷的交互功能、完善的作业提交功能和测试评估工具及教学追踪、控制等功能。Web CT 数据库还能体现教师的答疑情况、学生的学习情况、疑难问题等的详细记录。

2. Moodle

Moodle 是目前比较流行的网络教学平台系统之一。Moodle 这个词是 Modular Object-Oriented Dynamic Learning Environment，即模块化面向对象的动态学习环境的缩写，是一个用来建设基于互联网的课程和网站的软件包。Moodle 是澳大利亚教师马丁·多格玛斯（Martin Dougiamas）基于建构主义教育

---

① 朱晓申．英语合作学习策略与网络自主学习方法交互的探索[J]. 教学与管理，2007（36）：124—126.

理论而开发的网络课程管理系统，是一个免费的开放源代码的软件，目前在各国已广泛应用。所谓网络课程管理系统，是指为基于网络的课程的教与学提供全面支持的软件系统，这类软件系统也称学习管理系统（LMS）或虚拟学习环境（VLE）。Moodle 平台依据建构主义的教学思想，即教育者（老师）和学习者（学生）都是平等的主体，在教学活动中，他们相互协作，并根据自己已有的经验共同建构知识。

作为创设虚拟学习环境的软件包，Moodle 具有如下特点：

（1）总体设计。Moodle 比较容易安装，可以支持大量的多种类别课程，特别重视整个系统的安全性。所有的界面设计风格一致、简单、高效，而且不需要特殊的浏览技能。

（2）网站管理。网站是由在安装时定义的管理者进行管理的。管理者进入“主题”可以设定适合自己的网站颜色、字体大小、版面等。在网站中还有活动模块和 40 多种语言包用以满足不同国家的学习者的需求。

（3）用户管理。每一位用户都可以选择一种语言应用于 Moodle 的用户界面，可以指定自己的时区和相关的数据，鼓励学习者建立一个在线档案，包括相片、个人描述、电子邮件地址，而且这些信息可以依据用户要求不呈现。

如果学习者有一段时间不参加活动，其注册将自动退出。为了安全起见，教师可以设定课程的登录密码。课程的开设账户仅仅对建立这些课程和教授课程的人公开。学习者可以创建自己的登录账号，而其电子邮件地址将需要验证。

三、基于虚拟仿真技术的虚拟教室

（一）虚拟仿真技术概述

虚拟仿真技术是 20 世纪末兴起的一门崭新的综合性信息技术，是发展到一定水平上的计算机技术与思维科学相结合的产物。它采用以计算机技术为核心的现代高科技生成逼真的视、听、触等一体化的虚拟环境，用户借助必要的设备以自然的方式与虚拟世界中的物体进行交互，是一种人与虚拟环境进行自然交互的人机界面。它由计算机硬件、计算机软件以及传感设备等组成，这种技术的特点在于计算机产生一种人为虚拟的环境，人可以直接观察、操作、触摸、检测周围环境及事物的内在变化，并能与之发生交互作用，给人一种身临其境的感觉。

（二）虚拟教室的定义与构成

虚拟教室（Virtual Class）是运用计算机技术、多媒体技术、数字压缩技术、网络通信技术等信息技术，将多学科、多领域融合交叉而形成的产物。它是在计算机网络的基础上利用多媒体技术构建成的教与学的环境，可使身处异地的教师和学生相互听得到、看得见。它是以建构主义理论为基础，利用计算机多媒体技术、网络技术、现代通信技术等构建的数字化网络教育支撑平台。它为教师和学生提供了一个类似传统的教室，同时不受时间、地点限制的网络教学环境。

虚拟教室不同于传统教育中的教室概念，它不仅具备可以进行类似于上述所说的传统教育的环境，而且是一种使学生身处学习对象之中的逼真环境。举例来说，如果学习飞行器驾驶技术，那么虚拟课堂就是飞行器飞行的模拟环境；学习解剖学时，虚拟课堂可以是在虚拟医院。虚拟课堂甚至可以使学习者身临超越现实时空的学习环境，如探索星系时的虚拟课堂是虚拟太空，研究分子原子结构时的虚拟课堂是虚拟微观世界。

虚拟教室系统根据其功能可分为三个组成部分：使用者部件、控制中心以及教学资源库。各组成部分之间的关系如图 5-1 所示，它们构建了三层架构的功能模型。

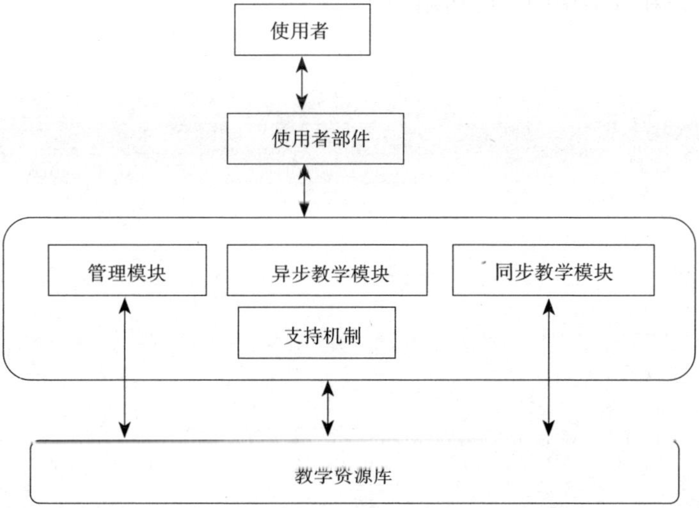

图 5-1　虚拟教室的功能结构

（三）虚拟教室在大学英语教学中的应用

1. 将虚拟教室运用于大学英语课堂教学

根据教育改革的方针，当代大学主张“以学生为主、教师为辅”的教学模式。很多科技进入大学英语课堂，如多媒体的运用。如今，教师可以利用虚拟教室，将学生带入模拟的英语学习环境中。在英语教学课堂上，教师可以利用虚拟现实技术让学生和自己喜欢的伟人、明星等进行面对面的交流和探讨，让学生身临其境地感受英语的魅力。例如，教师在讲授美国人物文章时，可以把该人物的经历编入虚拟环境中，让学生“亲身”感受该人物的特点，从而掌握更多的英语知识。

2. 将虚拟教室应用于大学英语实践教学

在大学英语教学中，仍然有些大学受到传统教学模式的影响，对英语教学实行传统模式的教学，对学生进行一味地灌输，而忽略了学生对所学知识的掌握情况和实际运用能力；有的大学虽然引进了多媒体的教学方法，但仍然是以室内课堂授课为主，外出实践的机会较少。虚拟教室在大学英语教学中的应用可以大大提高学生的户外实践能力，教师可以虚拟社会环境，如外资企业的应聘现场、企业工作环境、国外商场对话等。这些外部环境大大提高了学生毕业后在职场或生活中的实践能力，让学生身临其境地感受到社会对英语人才的需求，体会英语在社会中的实际运用。

第六章　信息化背景下的大学英语教学方法研究

第一节　大学英语教学方法与手段

一、大学英语教学方法

（一）大学英语教学法的基本构架

1. 大学英语教学法的 AMT 三级构架

美国的应用语言学家安东尼提出了大学英语教学方法的 AMT 三级构架，试图说明大学英语教学科学分析和科学应用两个层面之间既存在不同又相互依赖的关系。安东尼认为大学英语教学方法的框架具有层次特征[①]，具体来说，方法体系是有关有序呈现语言教学材料的整体计划，这一计划的各个部分都必须相互和谐一致。而理论原则是有关语言教与学的一整套相关假设，理论原则具有自明性，也就是自然而然就明了的性质（它是经验论中的词汇，通常用来形容不证自明的公理）。由于教学方法具有程序性，因此在同一个理论原则的基础上，可以建立许多不同的教学方法体系。

安东尼的 AMT 三级构架的层次感和逻辑性较强。这一框架共包括三层，即 Approach（理论原则层）、Method（方法体系层）、Technique（技巧策略层）。

（1）Approach 的任务是阐述有关语言和语言学习本质特征的基本认识和观

① 王俊菊，修旭东 . 外语教学法基本概念及其关系的再思考 [J]. 山东外语教学，2003（5）：58—62.

点。这一层是基础层，直接决定 Method 层，间接决定 Technique 层。

（2）Method 的任务是在对语言和语言学习本质特征的认识基础上，确立语言教学的基本内容、主要形式、操作顺序、活动特征、教学框架等。这一层是中间层，介于 Approach 层和 Technique 层之间，决定 Technique 层，同时又被 Approach 层所决定。

（3）Technique 的主要目的是描述课堂教学的技巧、策略、活动、任务等具体内容。这一层是表层，直接决定于 Method 层，间接决定于 Approach 层。AMT 三级构架如图 6-1 所示。

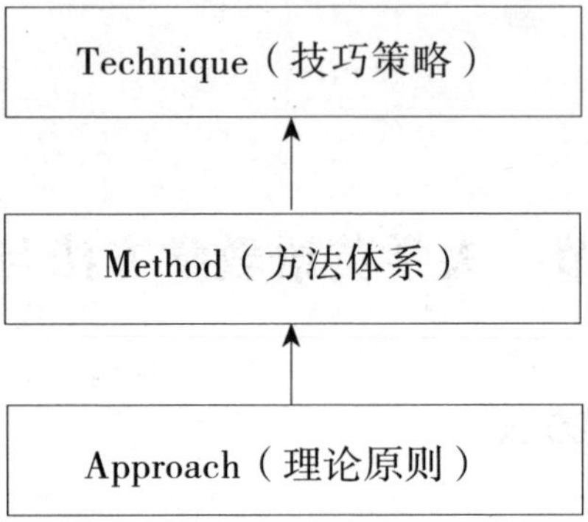

图 6-1　安东尼的 AMT 三级构架

安东尼的三级构架比较准确地界定了 Approach、Method 和 Technique 的内涵和彼此间的内在关系，正因为如此，这一模式至今仍普遍为人们所接受。然而，AMT 三级构架只是把教学理论原则和教学技巧策略描述为教学方法体系的外围结构，而不是教学方法体系本身的内部结构，因此，尽管整个概念构架十分合理，但其所含的教学方法体系本身显得十分单薄。

2. 大学英语教学法的 ADP 三维构架

罗杰斯和理查兹在安东尼的 AMT 三级构架的基础上，吸收其基本内容，并发现了其中的不足，于是提出了一个更为合理的 ADP 三维构架（图 6-2）。ADP 三维构架的各个组成部分彼此独立又相互依存，共同构成教学方法的组成部分，形成了教学方法的完整构架。另外，ADP 三维构架框架不仅把语言和语言学习理论以及教学技巧纳入教学方法体系范畴中，还对方法体系的核心内容进行了具体的分类，使之更加充实和丰富。因此，无论是在内容上还是在形式上，ADP 构架都相对比较完善。

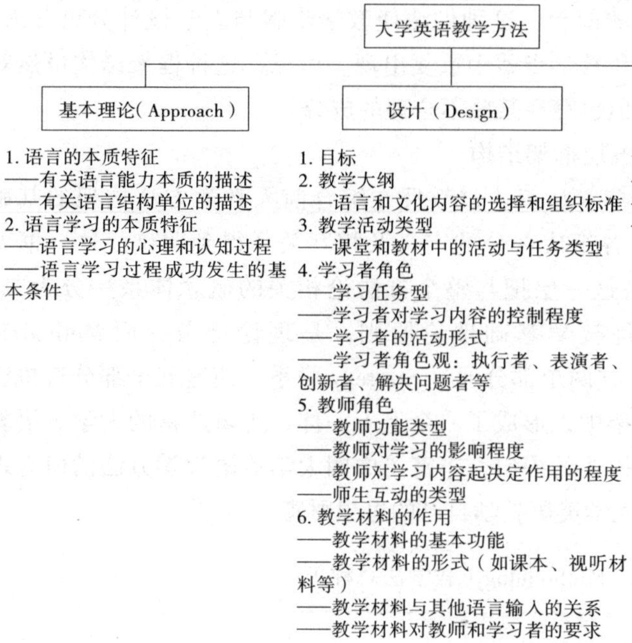

图 6-2　ADP 三维构架

在此对 ADP 三维构架进行详细的描述，即完整的大学英语教学方法应该具有三维描述：Approach（基本理论）、Design（设计）和 Procedure（程序）。其中，Approach 是教学理论原则，主要是有关语言和语言学习的基本理论，包括对语言本质特征的描述，如语言能力是什么，语言结构的基本单位是什么，等等。另外，教学理论原则还描述了语言学习的本质特征，如语言学习的认知过程和心理语言过程是什么，有利于这些过程的条件是什么，等等。从这一点上看，它和 AMT 三级构架具有相似之处。Design 是教学设计，主要是对教学内容、教学形式、教学顺序、教学活动等进行分析和确定，具体包括对教学目标、教学大纲、课堂活动、学生任务、教师作用、教材功能等的描述。教学设计在教学方法的体系中处于核心地位。Procedure 是教学步骤，指教学方法的实施过程，包括课堂技巧、课堂行为、互动模式、时间分配、空间布局、教学设备的使用等，一切在课堂中实际进行和完成的事情都可以是教学步骤的一部分。这三个部分既有所区别，又相互联系。正如他们所说，一种教学方法，在理论上与教学理论原则相关，在组织上取决于教学设计，在实践上通过教学步骤来实现。然而，从本质上来讲，教学方法本身只是概念的组合，而不是教学实践本身，教学方法的应用才是教学实践。而 ADP 模式把教学设计停留在理论的范畴，把教学步骤推到实践的前台，这种做法使教学步骤与教学设计分离开来，导致一些内容在教学设计和教学步骤中重复出现。可见，这种框架结构虽然对 AMT 三级构架有所完善，但也存在某些不合理的成分。

3. 大学英语教学法的五层框架结构

五层框架结构（图 6-3）是王才仁教授在综合前人教学方法构架的基础上提出的，在该框架中，各组成部分的定义及相互关系得到明确。这一框架的精髓在于通过教学策略这一层把与整个方法论相关的概念体系一分为二。Methodology 和 Approach 是教学基础理论原则，是理论部分，而 Method 和 Technique 则是实践部分，这两个部分通过 Strategy 联系，使这五个部分有机统一地出现在一个完整的框架中，形成了一个上下一体、逻辑严密的大学英语教学方法论说明体系。这一模式的提出，丰富了中国大学英语教学方法的研究理论，积累了一份属于中国大学英语教学自己的思想财富。

图 6-3 王才仁的五层框架结构

总的来说，王才仁的五层框架结构在综合前人研究成果的基础上，吸纳了 Methodology 和 Strategy 两个概念，既从宏观上体现了教学方法的整体系统，又从微观上较为充分地描述了不同概念之间的层次关系，是一种比较综合的理论模式。然而该模式也有值得商榷之处：第一，该模式把 Strategy 定位于 Method 之上，与一般的观点恰好相反，容易引起理解和使用上的混乱；第二，该模式把教学方法局限在狭小的课堂空间内，不利于教学方法的整体性与教学的整体性保持一致。

（二）大学英语教学法主要流派的发展历程

人们对语言和语言学习的不同看法直接导致了不同大学英语教学方法的形成和发展。另外，大学英语教学方法的形成和发展与教学实践社会需求也有着密切的关系。[①] 首先，语言学的深入发展以及人们在语言研究过程中所产生的新观点不断改变着大学英语教学所采取的实践方式。其次，人们在大学英语教学实践中积累起来的丰富经验，以及对大学英语教学所取得的新认识帮助语言教师不断发现和理解存在于教学中的一些客观规律，使其不断改进相应的教学方法，进而推动大学英语教学的发展。最后，在不同时期，社会对英语的不同需求也有力地推动了教学法的不断变革。

1. 认知派教学法

认知派以语法翻译法为代表，这一派教学法的主要特点是强调学习者对语言规则的理解和自觉掌握。语法翻译法的主要特点是以理解目的语的书面语言、培养阅读能力和写作能力以及发展智力为主要目标；以系统语法知识为教学主要内容，采用演绎法对语法规则进行详细分析；用母语进行教学，翻译是其主要的教学手段。20 世纪中期，古典语法翻译法发展成了“近代语法翻译法”，开始注重听说能力的培养，但重视语法和翻译仍然是这一教学法的特点。

20 世纪 30 年代至 50 年代，一种主张通过母语与目的语的翻译和结构对比自觉掌握目的语的教学法在继承语法翻译法的基础上产生，这种教学法被称为自觉对比法。自觉对比法的特点是依靠母语自觉进行翻译对比；重视语言知识的教学；以书面语为基础，不重视口语教学，反对听说领先。进入 20 世纪 60 年代，一种主张在第二语言教学中发挥学习者智力作用，通过有意识地学习语音、词汇、语法知识，理解、发现、掌握语言规则，并能从听、说、读、写方面全面地、创造性地运用语言的认知法（认知—符号法）诞生，这一教学法在新的认知基础上重新肯定了强调语法学习和发展智力的语法翻译法，因此也被称为“现代语法翻译法”。

2. 经验派教学法

经验派以直接法（Direct Method，又称改革法、自然法）为代表，这一派

① 曾晖．语言和语言学习本质对大学英语课堂教学方法的启示 [D]. 重庆：西南师范大学，2000.

教学法的主要特点是强调通过大量的模仿和操练形成习惯。这一派教学法主张以口语教学为基础，按照幼儿习得母语的自然过程，强调用目的语直接与客观事物进行联系教学而不是依赖母语和翻译手段。此外，20 世纪初，英国著名语言教育学家韦斯特创立了一种强调通过直接阅读来培养阅读能力的教学法，被称为阅读法（Reading Method）。该教学法认为第二语言教学的首要任务便是培养学生的阅读能力，强调阅读是基础。另外，在 20 世纪二三十年代的英国，由帕默和霍恩比提出创建的一种以口语能力的培养为基础、强调通过有意义的情景进行目的语基本结构操练的教学法产生，这种教学法早期被称为口语法（Oral Approach），后被称为情景法（Situational Language Teaching）。该教学法提出学习语言需要有两种能力：一种是有意识的学习能力，另一种是有天赋的自然学习能力。这一点可以被看作是最早提出区分语言学习与习得的理论。

进入 20 世纪 40 年代，一种强调通过反复句型结构操练培养口语听说能力的教学法在美国产生，这种教学法被称为听说法（Audiolingual Method，又称句型法、结构法）。听说法的特点是强调听说领先、口语第一，教学内容以句型为中心，通过句型练习掌握目的语，并且在教学过程中排斥或限制使用母语。20 世纪 50 年代，在直接法、情景法以及听说法的基础上，法国产生了一种强调在一定情景中听觉感知和视觉感知相结合的教学方法，这种教学法被称为视听法。视听法的理论基础同样也是结构主义语言学和行为主义心理学，其特点具体可概述为强调视觉感知和听觉感知的结合，强调语言和情景的紧密结合，强调先口语教学后书面语教学。

3. 人本派教学法

人本派受人本主义心理学影响，特别强调以学生为中心、教为学服务，并且更多地考虑人文方面的教学因素。比较有代表性的教学法有团体语言学习法、默教法、全身反应法、暗示法、自然法等。

20 世纪 60 年代初，由美国心理学家柯伦提出创立的团体语言学习法（Community Language Learning）主张采用小组集体讨论的形式，即将教师和学生处于医生和病人的关系，并把学习过程看作是咨询过程的第二语言学习方法，因此这一教学法也被称为咨询法。加特诺首创了另一种教学法——默教法（The Silent Way），这种教学法要求教师在课堂上尽量少说话，多鼓励学生参与语言活动，从而使学生更有效地掌握运用第二语言的能力。默教法的主要特点集中体现为以学生为主体，教师尽量保持沉默，教学中把词汇看作语言学习的核心。全身反应法（Total Physical Response）也在这一时期产生，这种教学法强调语言学习行为的协调，通过身体动作教授第二语言，主要用于美国移民儿童的英语教育。全身反应法的教学特点主要体现为将学生口语能力的培养确立为教学总目标，通过全身动作的反应来训练理解能力，主张先理解后表达。

20世纪60年代中期，由罗札诺夫提出创立了暗示法（Suggestopedia），它强调通过暗示开发人的身心两方面的潜力，激发高度的学习动机并创造最佳学习条件，将有意识的和无意识的活动相结合，让学习者在放松而又注意力高度集中的心理状态下进行有效的学习。

20世纪70年代后期，由斯蒂芬·克拉申等倡导创立了自然法，这一教学法以培养学习者的口头和书面交际能力为教学目标，课堂活动全部用来交际，强调可理解的输入以及理解的重要性，重视学习者的自然习得过程。

4. 功能派教学法

20世纪70年代，受社会语言学、功能主义语言学的影响，重视培养学生语言交际能力的功能派应运而生。这一派教学法的主要代表是交际法（Communicative Approach）。这一教学法代表了世界第二语言教学法流派的最新发展潮流，也是20世纪后期影响最大的教学法流派。

另外，20世纪80年代的英国进入教学法研究的“后方法时代”，一种新型的任务型教学法（Task based Teaching）产生，该教学法是在交际法基础上的发展，教学活动以学生为中心，教师设计具体的、带有明确目标的活动，让学生用目的语通过协商、讨论达到学习目的。

以上各种教学法流派在不同时期对我国大学英语教学都产生了比较深远的影响。最早期时，受语言和社会环境影响，我国在大学英语教学法上基本采用的是语法翻译法；到了20世纪五六十年代，“直接法”从被批判到被客观评价慢慢接受，并且我们自己也慢慢发展出了“相对直接法”；20世纪六七十年代“听说法”“视听法”逐渐受到重视，听说为主、读写为辅的教学理念也被广泛接受；20世纪70年代后期，“功能法”传入我国，并成为影响较大的教学法流派。

综上所述，以上这些教学法流派各有独到创新，但也有不足之处。作为世界第二语言教学法流派中影响较大的派别，它们的形成和出现都是建立在一定的语言学、教育学、心理学理论基础之上的，在不断地发展演变过程中，不同教学法流派也在保持自己特色的同时不断吸取其他优秀教学法的优点来完善自身。而且教学法的更迭也受整个社会时代发展的影响，从最开始的教学法探索到第二语言习得的兴起再到后方法时代，教学法在教学任务中的角色也在不断转变。

二、大学英语教学手段

大学英语教学手段的发展大致经历了四个阶段，即初级阶段、语言实验室辅助教学阶段、计算机辅助教学阶段、网络辅助教学阶段。

（一）初级阶段

1. 简单教具

自早期的大学英语教学开始，直至 20 世纪五六十年代听说法诞生前，大学英语教学与其他学科一样，教学手段都以使用黑板与粉笔为主，辅之以实物、图画、卡片等简单教具。

采用语法翻译法进行授课的教师常大量依靠黑板上的板书与图表，除了大黑板外，还时常在课前准备小黑板。不仅教师使用黑板，学生也不时被要求在黑板上默写英语。

而采用直接法进行授课的教师则常使用图画画片、实物、卡片等辅助教学。图画、实物等具有直观与静态的特点，有助于说明问题，与单调的黑板加粉笔这种教具相比，这些教具无疑是一个进步。例如，图画曾是大学英语教学中经常使用的教具，其具有来源广泛、使用方便、制作简便的特点。特别是某些实物不便被带进课堂或对于某些所学语言国家所特有的东西，便可以用图画来表示。简笔画是图画的一种，它具有笔画简单、形象、生动、易于理解的特点。简笔画人人都能学会，而且画起来迅速，教学里使用起来更简便，学生理解更容易，在讲练单词、词组、句子和课文时都可以使用。画片也是大学英语教学中常用的教具。画片一般贴在硬纸板上，按题材分类配套，以便保存，长期使用。利用图画既可揭示词和句子的意义，还可就图上人物的动作、位置、关系、衣着、表情等进行问答和谈话。但无论是黑板还是图画等，其形式都比较单一，在培养学生语言能力方面十分有限。

2. 电化教具

20 世纪三四十年代，尤其是第二次世界大战以后，电影和电视开始被引入大学英语教学中。随后，投影仪、录音机及磁带、录像机及录像带等也开始进入英语课堂。这些电化教具对大学英语教学的发展具有重要的推动作用。例如，20 世纪 30 年代后，美国等西方国家开始利用广播进行远程外语教学，但是教学效果不太理想。据统计，只有 25% ～ 30% 的学生能完成学业并参加考试。但从外语教学的角度来看，通过收听正常语速的广播，对于提高学生外语听力水平十分有利，更有助于学生毅力与独立学习精神的培养。

在广播教学之后，电视开始被引入到英语课堂教学中。电视教学使大学英语教学更加形象化，视听结合的大学英语教学效果更优于广播的效果，特别是学生可以直接与教师见面，增进了师生之间的互动，在讲解抽象的语法与其他语言现象时，表现出更明显的优越性。基于其突出的优点，电视大学英语教学很快被世界各国所采用。同时，电影和录像也开始被运用于大学英语教学中。电影与录像具有人物形象与情节结构生动、背景知识与文化内涵丰富的特点，不仅可以全面提高学生的英语学习能力，发展学生的思维能力，还能增进学生对所学语言国家的文化知识的了解。但根据教学内容制作电影是很困难的一件事情，录像的制作困难略小，但费时费力。

广播、电影、电视、投影仪等电化教具的运用给大学英语教学注入了巨大的活力。但是，从整体上来看，20 世纪上半期，传统大学英语教学理论与教学方法都偏陈旧，课堂上教师仍占据决定地位，电化教具并没有从根本上转变学生被动学习的状态。

（二）语言实验室辅助教学阶段

20 世纪 60 年代初，提倡大量句型操练的听说法开始盛行。此时，人工操作的教具已不能满足教学的需求，英语电化教具被进一步迅速推广，一种类似理科实验室的语言实验室应运而生。与之前不够系统的电化教具相比，语言实验室设有统一使用各种电教设备的装置，每个学生可在自己座位上利用所需的设备进行学习，并得到教师的指导。

听力室是最早的语言实验室。听力室中设有录音机和录制好的各种课本的课文、会话和其他听力材料的录音磁带。现代化的语言实验室可供上语言实践课用。在语言实验室里，一般设有多个隔音座位，学生在进行练习或与教师交谈时，不会影响邻座。座位前桌上装有一副供听音的耳机、一个供录音和问答用的话筒、一台双轨录音机，磁带上轨录教师的声音，下轨录学生的声音。此外，还有教师用的控制台，通过控制台教师可进行以下工作：

（1）给全体学生播放录音，或放不同的录音给不同程度的学生听。

（2）对个别学生进行提问对话、答疑、改错等工作。

（3）组织同组或不同组的学生互相问答。

（4）通过问答检查学生的学习效果。

（5）通过监听装置，监听学生的学习活动。

（6）向全体学生、个别组、个别学生发出指示。

（7）解答学生的疑难问题。

由此不难看出，语言实验室具有下列显著优势：

（1）语言实验室实现了电化教具的系统的管理与使用，提高了教学手段的利用率与效益，有助于大学英语教学质量的提高。

（2）在语音实验室里，每个学生都有安装在座位上的录音机、电视屏幕与耳机，这增加了学生学习英语的自由度。教师除了自己讲解外，还可以留出一些时间，让学生自己掌握学习进度。对于一些较困难的语言材料，学生可以根据需要反复听与练习，教师也可在一旁随时指导，这对于学生学习能力的提高十分有利。

（三）计算机辅助教学阶段

20世纪60年代后期，早期的计算机辅助语言教学开始出现，而且由于其效益高且使用方便，该教学方式于20世纪70年代后期至80年代得以迅速发展。

在大学英语教学中，计算机的使用共经历了两个阶段：行为主义阶段——计算机充当教学辅导员以及认知法与交际法阶段——计算机担任学生的角色。与前两个阶段相比，第三阶段的网络教学阶段有了飞跃式的发展，而且仍在继续发展。

1. 行为主义阶段——计算机充当教学辅导员

20世纪70年代前后，计算机辅助教学主要用于以行为主义心理学与结构主义语言学为理论基础的语言结构的教学中，如语法翻译法教学和听说法教学。其基本做法是将一些可以用计算机进行的练习，如词汇与语法的单项练习、阅读理解检查与简单的写作练习等从书本搬到屏幕上。使用计算机进行练习，利于个别化教学的进行，而且成绩好的学生可以从中学到许多书本上学不到的知识，学习困难的学生也不必承受太大的心理压力，只要集中注意力，根据自己的情况完成作业即可。此外，计算机含有形式多样的练习方式，如图画、游戏等，这些带有趣味性的练习方式，不仅可以激发学生学习的兴趣，还可以弥补书本上一些练习枯燥乏味的缺陷，而且在学生做完练习后就可以立即知道结果。

但是，此时的计算机辅助教学并没有脱离注重语言结构的框架，它仅是对学生起到辅导作用的单向活动，并没有真正培养学生的交际能力，而且其优越性也没有得到充分的发挥。

2. 认知法与交际法阶段——计算机担任学生的角色

20世纪80年代后，计算机辅助教学常被用于认知法与交际法的外语教学中，目的在于体现以学生为主体的教学思想，重点发展学生的认知能力与交际能力。计算机提供建立在学生已有知识基础上的情景与练习项目，复习与获得新知识的活动则完全由学生掌握。与前一阶段的计算机辅助教学不同，该阶段的计算机辅助教学提供了录像的情景，有了初步的人机互动，练习也从单句扩展到语篇。很显然，相较前一阶段，这一阶段的计算机辅助教学有了一定的进步，但其仍存在一定的缺点，即人受计算机指挥，只做到了有限度的人机互动，未能做到人控制计算机开展人际交流，而且也忽视了师生互动的教学原则。

总体而言，相较于语言实验室，计算机辅助教学呈现出显著的优势，具体表现为以下几点：

（1）计算机辅助教学提供比其他教具更生动、更形象的真实情景，它能同时刺激视觉、听觉等多种感官，使学生在进行语言操练时犹如身临其境，可有效地培养学生的交际能力。

（2）计算机辅助教学充分体现了“以学生为主体”的教学思想。录音、录像、电影等各种语言实验室中使用的教具，都是向学生传递知识的工具，其作用是代替教师传授知识，学生被动地接受它们传达的信息。而计算机辅助教学有效增进了师生间的互动，使学生与教师一起运用计算机技术培养语言交际能力。在这一过程中，学生利用新技术提供的人文与语言环境，广泛开展人际交流，有利于由教师主导、以学生为主体的语言教学模式的形成。

（3）计算机辅助教学在实施个别教学上具有很强的灵活性，适合于不同类型的学生，既有利于缓解语言教学中两极分化现象给学习困难的学生带来的压力，也有利于优秀学生的进一步提高，因此计算机辅助教学符合因材施教的教学原则。

（4）计算机辅助教学还可用于远程教学，对语言教学的普及有巨大的推动作用。

（四）网络辅助教学阶段

20 世纪 90 年代中期以来，随着计算机的普及以及互联网的广泛应用，计算机辅助教学进入了一个新的发展阶段，即网络语言教学时代。原先以语言练习见长的计算机辅助教学转变成集语言、文化、教育于一体的多功能网络教学，在性质上发生了根本变化。其中，多媒体的运用为教学提供了真实的语言环境，而且通过多媒体还可以开展人机互动，有利于学生与教师之间的相互交流。互联网与电子邮件的运用有利于教师更广泛地开展真实的思想及语言交流活动，也有利于学生全方位英语能力的培养。可以说，多媒体网络教学为现代大学英语教学注入了一股新力量，不断促进大学英语教学的前进和发展。

第二节　信息化教学方法综述

一、信息化教学方法的含义

信息化教学方法是教育者和学习者为达到一定目的，使用现代教育媒体而形成的教与学的活动途径和步骤。这种工作方式主要指教与学的活动途径和步骤。信息化教学方法是教学方法体系的一个组成部分，与其他教学方法没有本质上的差别。但是，信息化教学方法强调媒体或信息技术手段的应用，是围绕现代教育媒体的应用而形成的方法。

信息化教学方法必须依据一定的教学理论来展开工作。这是一切教学方法的共性。信息化教学方法不刻意追求某一个教学理论，各种现代教学理论对信息化教学方法都具有指导意义。而且，现代教育媒体的应用并不意味着信息化教学方法与现代教学理论之间有天然的联系，先进的思想可以影响它，传统的思想也可以影响它，从某种意义上而言，信息化教学更需要现代教学理论的指导。

信息化教学方法必须指向一定的目标，解决一定的问题。教学方法的应用要在教学目标的导向下进行，如果没有目标，教学方法也就难以有成效。

信息化教学方法有其特有的结构，这一结构是根据教学的需要，应用现代教育媒体而形成的一系列步骤、环节和过程等。教学方法在实施中都要展开其步骤和环节等结构性因素，但是信息化教学方法的实施、现代教育媒体的应用会使这些结构性因素发生变化，如有些教学活动在现代教育媒体的支持下可以使教学双方的步骤非同步展开。

信息化教学方法来自两方面：一方面是在原有的教学方法的基础上融合现代教育媒体的应用，使这些方法有了新的特点，如在传统的讲授法的基础上结合幻灯、电视等媒体的演播；另一方面是在运用现代教育媒体的基础上形成新的教学方法。

二、信息化教学方法的分类

从不同的性质特点出发，可把信息化教学方法分成不同的种类，分类的目的在于明确各种信息化教学方法的概念与特点，以便能够正确选择运用。

（一）从学科性质分类

按照学科性质的不同，信息化教学方法可分为语文信息化教学法、数学信息化教学法、物理信息化教学法、化学信息化教学法、地理信息化教学法等。学科信息化教学方法是研究信息化教学媒体在不同学科中运用的方法，主要是研究信息化教学媒体对不同学科内容的表现方法。

（二）从媒体种类分类

信息化教学媒体丰富多样，各种不同的媒体在教学中有不同的使用方法，据此可将信息化教学方法分为幻灯投影教学法、广播录音教学法、电视教学法、电影教学法、计算机辅助教学法、语言实验室教学法等。媒体教学法的实质是研究各种不同的媒体在教学中的具体运用，包括运用的原则环境与具体方法等。

（三）从媒体的教学属性分类

综合考察各种信息化教学媒体的教学属性、主要刺激的感觉器官、依据的教育教学理论等因素，信息化教学方法可分为媒体播放教学法、程序教学法、训练教学法、微型教学法、成绩考察法等。

（四）从教学内容分类

可以分为以传授知识为主要目标的播放教学法和程序教学法、以训练学生技能为主要目标的微型教学法、以检查学生学习成绩为主要目标的成绩考核法。

三、信息化教学的基本方法

目前，在教学实践中可用的信息化教学方法多种多样。在信息化教学中，教师要利用有限的几种基本教学方法，根据具体教学情况加以选择或综合运用，从而创造出适用于某一学科中某一课题的某一具体情景的具体教学方法。那么，面对可供选择的信息化教学的基本方法，究竟选用什么样的方法，如何运用恰当的教学方法来帮助教师实现有效的信息化教学？这就要求教师了解这些方法，对它们进行具体的分析，讨论这样一些问题：不同的信息化教学方法各有哪些特点？有哪些优势？由哪些具体活动组成？适用的范围和条件如何？当从这些方面对信息化教学的基本方法进行具体的分析之后，教师就能较好地认识它们，从而根据教学内容的不同、教学对象的差异、教学目标的区别、教学时间的松紧和自己的特长，选择运用一种或几种基本教学方法创造出生动活泼的具体教学方法。下面围绕信息化教学方法的特点、优势、应用步骤、适用范围和条件等问题，介绍一些基本的信息化教学方法。

（一）讲授—演播法

讲授—演播法是将教师的讲授与播放媒体相结合的教学方法。这是课堂教学中最常见、最普遍的方法。教师的语言表达是进行教学信息传递的最基本的途径之一，讲授的方法具有一定的历史。现代教育媒体的出现，给传统的讲授法增添了现代化的色彩。讲授—演播法的特点是讲授、讲解能充分发挥教师语言表达的优势，渗透教师个人的语言特色和魅力，可以将知识的逻辑关系和结构系统地传授给学生，以较少的时间向学生传授更多的知识；而媒体的演播可以让学生看到和听到所学的事物和现象，拓展其认识客观世界的时间和空间。教师在口头讲授的同时，可利用媒体手段把讲授中的难点和重点内容，尤其是抽象的内容加以表现，或给学生提供直观形象的内容，或给学生设置情景，使教师的讲授锦上添花，既增加了教师对信息的表达能力，也丰富了学生获得信息的形式。

讲授—演播法把讲授的特点与媒体播放的特点进行了结合。现代教育媒体在讲授—演播法中主要扮演辅助教师讲授的角色，如呈现事物和现象的图像和声音，增加感性的材料，烘托课堂气氛，精练板书等。讲授—演播法既可以教师讲授为主，媒体的播放围绕讲授而展开，也可以媒体播放为主，讲授结合媒体的播放而进行。

讲授—演播法的应用步骤有多种，这里举两个典型的步骤，如图 6-4 和图 6-5 所示。

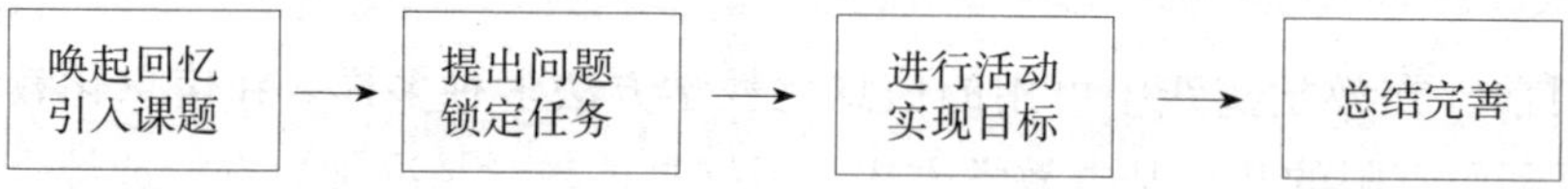

图 6-4　讲授—演播法典型步骤一

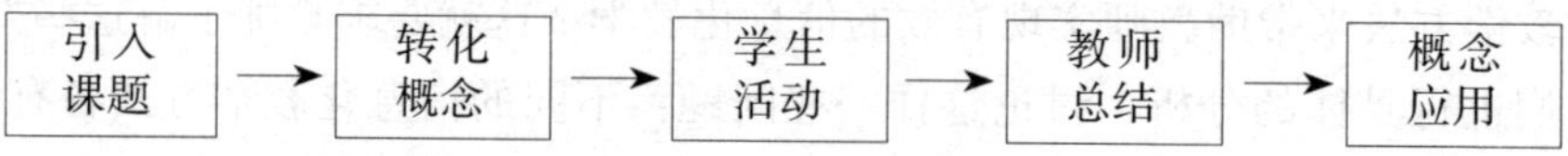

图 6-5　讲授—演播法典型步骤二

1. 第一种典型步骤的具体活动内容

（1）唤起回忆，引入课题。利用媒体展示事物的图像对该事物进行回忆，同时引入课题。

（2）提出问题，锁定任务。教师在对事物介绍的基础上提出问题，引出并锁定课程的任务。

（3）进行活动，实现目标。教师播放媒体，给学生观看相关的视频内容，并指导学生阅读文字材料，通过思考、回答问题等一系列活动实现教学目标。

（4）总结完善。教师用投影片和概要、简练的语言进行课堂总结。

2. 第二种典型步骤的具体活动内容

（1）引入课题。以媒体展示具体事物的形象，暴露问题，吸引学生的注意力，引入课题。

（2）转化概念。由形象的东西转化为抽象的概念。

（3）学生活动。教师进一步提供新的材料，让学生进行思考、议论等活动。

（4）教师总结。教师对课题的结果进行总结。

（5）概念应用。学生在新的情境中运用所学的概念解决问题。

讲授—演播法适用于教材系统性强的学科，适用于传授和学习事实、现象、过程性的知识，而且较适用于中学和较高年级。使用这种方法需要教师有较强的语言表达能力和运用现代教育媒体的能力，并且要求学生有较高的学习自觉性和听讲的能力。

（二）程序教学法

程序教学起源于美国心理学家普莱西于 1924 年设计的第一台自动教学机器，形成于 20 世纪 60 年代斯金纳小步子直线式程序教学理论的提出。程序教学的理论基础是斯金纳创立的操作性条件反射学说和强化理论。

程序教学法就是在这种理论指引下组合和提供信息的一种特殊方法，是教师根据一定的教育学、心理学和教学理论，按照评定的教学对象的状况，把预先安排的教学内容分解为按一定的严格的逻辑顺序排列的小单元，并构成程序教材，然后通过一系列专门的问题和答案，再通过教学机器由学习者操作显示的教学方法。它要求学习者及时反馈并立即决定是否进入到下一个小单元的学习。实际上，程序教学法可以理解为一种自学方法，每位学生都可以自由支配自己的学习进度，每一步都建立在前一步的基础上，并能在每一步之后得到立即强化。程序教学法的特点是：在教学过程中，学生能够积极参与学习活动，思维始终处于高度积极的状态；能充分发挥学生的主观能动性，使学生创造性地学习；人机交互中信息反馈及时、强化有力、指导有方、评判公正；不同的学习者可以自定步调，以适应个人的学习进度，有利于个别化教学；对学习能力较低的学生来说是一种有效的学习方法；能有效缩短学习时间；有良好的激励功能，可增强学习信心等。程序教学法的应用步骤如图 6-6 所示：

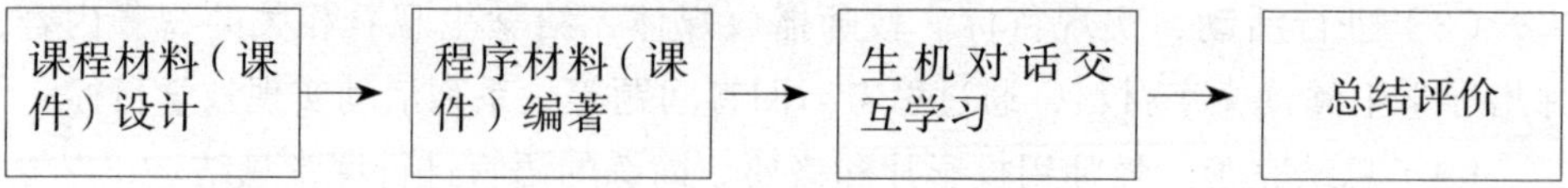

图 6-6　程序教学法的应用步骤

其中，各个相关活动内容如下：

（1）课程材料（课件）设计。教师和程序设计人员根据需要，把内容与学习过程加以结合，设计有关程序化的教学材料（课件）的方案。

（2）程序材料（课件）编著。程序编制人员根据设计方案编制程序化材料。

（3）生机对话交互学习。学生操作设备（计算机）并与之对话，在程序教学材料的引导下进行学习。

（4）总结评价。教师对程序学习的结果进行总结和评估。

程序教学特别适用于下列情况：帮助优等生学习一些教师因教学时间的限制而未能讲授的扩充性的学习内容，对学生进行补习性辅导；为学生提供预备性知识；要求标准化行为的教学；开设学校由于缺乏优秀教师而难以开设的课程；开展个别化训练。但运用程序教学法必须注意以下一些基本要求。

首先，选用或编制结构合理、配置适当的高质量的课件。一个好的课件应具有人工智能的特性，即在人机对话过程中，能从学生的应答中了解其掌握知识的情况，从而做出有针对性的教学决策，以提高运用程序教学进行学习的效果。

其次，教会学生使用教学机器。在运用程序教材进行学习前，学生必须懂得计算机操作要领，因此，必须对学生进行事先培训。

再次，明确学习目的，与文字教材配合使用。在应用过程中应有明确的学习目的，注意与传统文字教材的结合，此过程要求学生有较高的自主精神和负责态度。

最后，注意与常规教学方法相结合。程序教学法虽有优点，但也存在削弱师生之间、学生之间即时信息交往等方面的不足。因此，运用程序教学法时必须与常规教学方法进行有机结合，使之相互补充、相互促进。例如，学生在使用程序教材学习之前，可在教师的引导下掌握所学内容的知识背景、基本概念与术语等，理解学习目的和思路，然后让学生通过上机练习，消化所学知识或形成技能等。

（三）问题教学法

问题教学法就是为启发学生的思维和培养其解决问题的能力，教师与学生围绕某个实际问题而使用的教学方法。它是一种以学生为中心的教学方法。问题教学法的核心是培养学生的思维能力。信息技术在这种教学法中起着关键的支撑性作用，它被用来呈现问题情景，是分析、解决问题的工具。

问题教学法的特点是教学过程中更加注重师生之间的关系处理，突显教师是辅助者、引导者的作用，通常以问题情境来组织教学，以此引起学生思考，促使学生运用知识分析问题、解决问题，增强学生的自主学习能力，同时借助信息技术工具，建立沟通协作渠道，促进人际交往能力和团队合作能力的提高。也就是说，问题教学法以学生为中心开展教学，以问题为教学驱动力，以小组为教学组织形式，通过过程性评价促使学生能力的进一步发展。

问题教学法的基本教学步骤组成如图 6–7 所示：

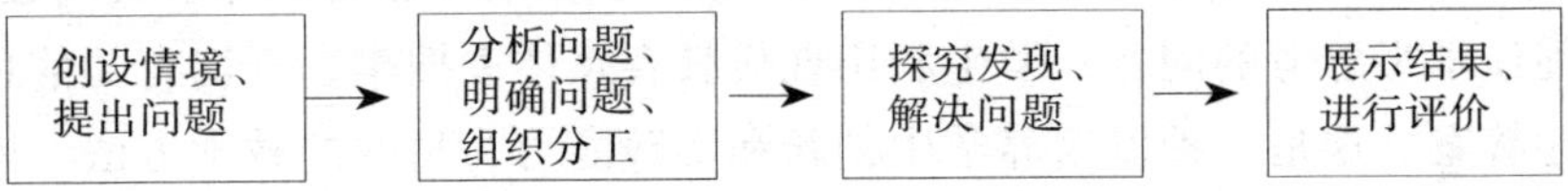

图 6–7　问题教学法的基本步骤

问题教学法的基本步骤如下：

（1）创设情境，提出问题。教师充分利用各种信息技术，如借助多媒体教学系统，通过让学生观看相关影视资料、浏览相关网站等多种方式把学生带入问题情境之中，针对问题情境，向学生布置任务；学生接受任务，回忆早期的经验，产生学习的动机和学习的责任感。

（2）分析问题、明确问题，组织分工。在教师的组织下，学生讨论解决问题的可能方法，教师帮助学生分析问题情境，理解问题的情节和情形，进一步找到问题的本质，并对问题进行界定、阐述。同时，教师根据学生的兴趣和能力，将学生进行分组，分配学习任务，提供相关资源。

（3）探究发现，解决问题。教师向学生提供有关材料、参考资料等学习资源，学生通过各种途径，借助并利用信息技术，查找、收集与问题相关的信息与资料；学生小组成员对收集到的信息进行归类、整理、分析，然后通过相互交流形成解决问题的方案。

（4）展示结果，进行评价。各小组以幻灯片等形式陈述、展示他们在解决问题过程中的计划和任务安排、完成任务的过程、解决问题的建议及主张，最后通过自评、生生互评、教师评价等相结合的方式，以过程评价为主、终结性评价为辅，对学习成果进行评价。即各小组对各自的问题解决方案进行自我评价，小组之间对方案进行相互评价，教师再评价每个小组的学习成果以及在整个问题解决过程中的方案方法的优劣，并向学生提出新的类似的问题，让学生尝试解决等。

问题教学法的适用范围和条件：问题教学法的应用需要信息技术的支持，如此教师才能通过信息技术工具创设问题情境，学生才能利用信息技术工具获取丰富的信息资源，师生之间才能利用信息技术搭建沟通交流平台，才能保证活动有效开展。问题教学法适用于教授各学科领域的概念、规律、理论等教学内容，适用于实践性强的教学内容。

（四）探究—发现法

探究—发现法就是在教师的安排和指导下，由学生借助现代教育媒体进行探索、发现问题，从而掌握知识的方法。教师借助现代教育媒体设置问题情景，提出促使学生思考的问题；学生利用现代教育媒体去搜集、查询有关信息，寻找问题答案。这是一种以培养学生创新和实践能力为目的的教学方法，该方法的主旨是在教学中不给学生提供现成的答案或结论，而是由教师提出问题或设置特定情境的刺激，促使学生自我探索和发现问题，以类似科学研究的方法去获取知识和应用知识，从而掌握所学知识，调动学生学习的积极性和主动性，培养学生发现问题、解决问题的能力。

探究—发现法的特点是：探究—发现法是一个发现问题、提出问题和解决问题的学习活动过程，在这一活动过程中学生通过亲身活动提出问题、发现答案、解决问题，在探究活动中生成知识，由此对获得的知识产生深刻的印象；可以发展学习者的分析、综合和评价等高级思维能力，培养发散性和创造性思维。

探究—发现法的应用步骤如图 6–8 所示：

教学准备 → 设置情境 熟悉任务 → 发现问题 → 搜集资料 解决问题 → 反馈评价

图 6–8　探究—发现法的应用步骤

探究—发现法的应用步骤如下：

（1）教学准备。让学生了解探究—发现的基本技能，提出探索与发现的基本要求，掌握进行探究与发现的工具，提供必要的信息检索指南、专业网站的地址等，使学生知道如何有效地进行探究与发现学习。

（2）设置情境，熟悉任务。教师进一步向学生提供有关需要探究或发现的问题情境，引导学生关注有关的主题，并向学生提供必需的学习材料，以便让学生熟悉任务，进入问题情境之中。

（3）发现问题。学生在教师的要求和引导下，结合过去的知识和经验自行发现问题，确定探究的方向。

（4）搜集资料，解决问题。学生通过各种途径、形式自行搜集资料，如参考和实地考察、调查和采访、进行实验、查阅文献、观看影视录像、个案追踪分析等。搜集资料不是目的，而是了解事物的手段。然后学生利用现代教育媒体，如计算机网络等工具，自行搜集、加工整理资料，对搜集到的数据资源进行筛选、归类、统计、分析、比较，最后在教师的指导下，得出结论或答案，解决问题。

（5）反馈评价。对学生得出的结论或答案，教师要进行点评和总结。

探究—发现法的适用范围和条件：探究—发现法的应用需要教师有较强的应变能力和运用现代教育媒体的能力，同时需要学生拥有自主学习能力和信息技术应用能力，这样才能激发学生的学习动机，引导学生利用信息技术工具和手段，在自主学习环境中进行探究。探究—发现法适合教授和学习概括性、规律性的知识，适用于对未知领域的问题探究，或对已有知识进行个性化的再认识。而这种方法更适用于高年级的学生。

（五）微型教学法

微型教学法由美国斯坦福大学在 1963 年首创。微型教学法是指教师借助摄影、录像设备培养学生某种技能的教学方法。由于该方法是在小教室中对学生的某种技能进行培训，培训时间短、规模小，故称之为微格教学或微型教学。微型教学法首先在教师培训上获得成功，其后被其他学科领域的技能训练纷纷采用，成为一种卓有成效的教学方法，被广泛应用于各种职业技术训练上。它是让教学对象扮演一个职业角色来表演所要求的一系列活动，利用现代摄录设备记录这一过程，然后指导教师与角色扮演者一起观看重放的录像，进行分析评价，找出差距，再进行同样的工作直到掌握所要求的职业技能为止。

微型教学法的应用有以下几个特点：①人数少、易操作、微型化。由少数学习者（5～10 人）组成“微型课堂”，以真实的学生或受训者的同学充当“模拟教师”和“模拟学生”，通过不断轮换，保证每个学生都有充分的机会得到培训和个别指导，这样既容易操作，也可使课堂微型化。②训练时间短，技能单一，目的明确，重点突出。在教学培训中把内容进行分解，将综合性的教学技能分解为一个个单一的技能，如提示的技能、演示的技能、板书的技能等。每次针对一种技能进行培训，培训目的明确、重点突出。被训练者利用 5 ～ 10 分钟的时间进行一段“微型课程”的教学实践，从中训练某一两项教学技能。③借助媒体设备展示范例，实时记录。在进行“微型课程”的教学实践过程中，利用摄影、录像设备系统展示某技能的范例，供学生学习和模仿；也可在学生模仿训练时将实践过程记录下来。④反馈及时准确，评价方式多样。完成训练后，通过视听系统重放已记录的内容，供师生点评分析，让学生及时得到反馈信息。评价方式可以是自我评价，也可以是他人评价。

微型教学法的应用步骤如下：

（1）确定训练目标，明确学习技能。要使学生在教学活动开始前了解每一项技能的理论和方法，并掌握各个技能的执行程序和实施要求。通过多次实践、评价、修改，使技能趋于完善，并通过综合训练，形成技能。

（2）学习研究技能，观摩技能示范材料。在进行微型教学实践前，应先组织学生对各项技能的有关理论、方法程序、实施要求进行学习研究，并且通过播放反映某项技能的示范性录音、录像资料，使学生对教学技能的事实、观念、过程、操作程序有一个形象化的了解，使学习者获得技能模仿的样板，使训练目标和要求更加具体化。

（3）角色扮演，声像记录。要组成微型课堂，让学生进行角色扮演，实践一两项技能，模仿表演前面观察的技能，同时用电视摄影、录像设备录制角色的行为，以便能及时准确地反馈。

（4）重播录像，自我分析，讨论评价。实践活动完成后要重放录像，让扮演角色的学生以“第三者”的身份观察自己的行为，并找出不足。扮演角色的学生看过自己的实践录像后，首先要进行自我分析，检查实践过程是否达到了预定的目标。指导教师、评价人员、学生角色都要从各自的立场来评价实践过程，通过分析、比较，肯定成绩，指出不足，以便改进。

（5）再实践，再改进。经过评价，已经达到基本要求的可进入下一技能的学习，实践新的教学技能；未达到要求的则需要根据反馈信息和教师的点评，做好进一步练习。

微型教学法适用范围和条件：微型教学法是进行技能教学的有效方法，适用于教师教学技能的培训，也适用于艺术、体育等学科的技能或动作行为的教学。这种教学方法需要在微型教学系统中实施。

（六）模拟训练法

模拟训练法就是利用现代教学媒体模拟自然现象、运动状态和过程，或者在特定的工作环境下进行实验和训练，以揭示其规律的一种教学方法。模拟训练法的特点是：

（1）突破教学条件限制，方便训练教学。由于受各种特定条件的限制，教学中不能用真实环境或事物进行实验或训练，需要用计算机等媒体模拟这些环境或事物，以便于师生经济、安全、省时地进行训练教学。

（2）设备与媒体的广泛应用，丰富了模拟工作环境。模拟训练法最初是用机械装置模拟一种工作环境，如模拟汽车驾驶室来培训驾驶技能。计算机被用于模拟训练后，与机械装置进行结合，大大丰富了模拟的工作环境。

（3）应用信息技术手段，拓展训练类型。由于信息技术手段的应用，训练的类型也从单一变为多样化。模拟训练法大致有四种类型，分别是操作性训练、工作情景训练、实验情景训练以及研究方法训练。

模拟训练法的适用范围和条件：运用该方法要提供可供仿效的适合学生发展的教学信息；要使学生进行仿效训练或亲自操作；要面向全体学生；教师应做好引导，及时分析、评价，明辨正误，分析原因，找出最佳思路和方法；要正确处理模拟教学法与常规的实验法、演示法、参观考察法的关系，在条件允许的情况下，要使它们有机结合，以利取长补短；要引导学生抓住事物的本质。

第三节　信息化背景下大学英语教学方法的创新

在新的大学英语课程教学要求中，现代信息技术的大量应用是新教学模式的一大特点，而在近些年大学英语教学方法与教育技术结合的发展中，多媒体技术是最令人瞩目，也是应用最广泛的。随着多媒体的发展及其在教育学中的应用，多媒体技术在大学英语教学中体现出了独特的价值，并得到广泛运用，使大学英语教学的广度、深度和灵活度都得到了增强，推动了教学方法以及教学理念的更新。以计算机为核心的多媒体教室、语言实验室、网络教室、自主学习中心和校园网络等，为大学英语教学构建了良好的教学环境。在教学实践中，课堂内外多媒体手段和资源的使用，丰富了教学的层次，提升了学生的兴趣。目前，许多院校的硬件设施已大大改善，多媒体技术也越来越被广泛地应用在英语教学中，多媒体技术在英语教学中的使用和推广已是大势所趋。但不可否认的是，多媒体与大学英语教学的结合仍需进一步深化与创新，以使大学英语教学掌握更丰富与更有效的方法和手段。

一、网络教学法

（一）网络教学法的含义

网络教学法是一种包括新的传播媒介以及人与人之间的交互作用的教学法。这些新的沟通媒介是指计算机网络、多媒体、专业内容网站、信息检索、电子图书馆、远程教育和网上课堂等。网络教学具有三大要素：一是网络环境，即所谓的信息技术学习环境；二是网络资源，即经过数字化处理，可在多媒体或网络环境下运行的教学材料；三是网络模式，即利用信息技术，通过对资源的收集利用，发现知识、探究知识、展示知识及创造知识的学习模式。

网络教学法下采用的教学方法是基于建构主义教育心理学理论的，“建构主义理论”为人们开发大学英语网络课程奠定了理论基础，建构主义理论认为，知识不是通过教师的传授得到的，而是学习者在一定的社会文化背景下（一定的情境），借助他人（教师和学习伙伴）的帮助，利用必要的学习资源，通过有意义建构的方式获得的。同时，建构主义理论还强调以学生为中心，认为学生是认知的主体，是信息加工的主体，是知识意义的主动建构者，教师的作用应由知识的传授者、灌输者转变为学生主动建构意义的帮助者和促进者。

面临 21 世纪知识经济的挑战，教育主管部门提出，必须加快我国教育信息化的步伐，并根据各地区经济发展不平衡的现状，分三个层次推进信息化教学。这三个层次分别是：第一，以计算机多媒体为核心的教育技术在学校的普及与运用；第二，组织学校上网，利用网上资源；第三，开办远程教育，提供丰富的学习资源，不断满足人们终身教育的需求。随后，网络教学受到我国教育界的普遍重视，成了发展教育的一大热，一些有条件的学校纷纷开始利用网络辅助大学英语教学。

（二）网络教学法的构成

笔者认为，网络教学可以实施以实时传播、资源检索、课程测试、教学论坛及休息娱乐几个模块构成的具体形式，分述如下：

1.“实时传播”为教、学者搭建了在线交流的平台，构建自主学习的语言环境类似于网上的“英语角”，学习者可以和教师围绕一个主题的若干部分，融听、说、读、写为一体，开展课内与课外相结合的相关教学，达到知识构建的目的。

2. “资源检索”为学习者提供大量的学习资源，包括语言应用及各种考试资料等内容，学习者可以根据各自不同的学习目的寻找自己所需要的资源。

3. “课程测试”是教师针对学生设计的通过在线网络进行自我检测相关课程的自主学习效果的模拟考试形式。

4. “教学论坛”是学习者进行交流学习内容与学习方法，以及教师为学习者答疑的交流平台。教师和学习者都可以留言，就学习过程中遇到的问题进行讨论与交流。

5. “休息娱乐”是教师为学习者提供的一些优质的外文影视、文学作品或者一些与外语相关的笑话、游戏等，可以让学习者在学习之余体验英语文化，轻松心情。

由于网络资源过于丰富，良莠不齐，教师应在学习者进行网络学习的过程中进行适当的管理，同时教师还可以通过学习者的网络学习情况对其进行有效的监督。

（三）网络教学法的特点

网络教学为学习者提供了个性化学习的条件，网络教学软件也能为不同层次不同类型的学习者提供各自的需求空间，能针对不同的学习者选择不同的教学内容、教学手段以及检测评估系统，充分实现个性化学习的目的。利用网络技术，教师对学习者的课外学习情况的了解与监督成了可能。同时，在网络上有针对性地辅导，更能满足学习者的个性化需求及学习兴趣，避免了僵化的统一管理模式。而笔者认为网络教学还具有以下显著特点：

1. 网络教学提供了异常丰富的教学资源的共享。网络技术实现了世界范围内的资源共享，地球变小了，人与人的距离拉近了，交流沟通变得更迅捷了。网络教学使简便地寻找到丰富的教学资源成为可能，从天文地理到体育娱乐，从文化教育、政治历史到科学技术等，无所不包，为英语学习者提供了大量的教学资源。教学可以不再受时间和地域的限制，教育资源缺乏的地区也能借助网络享受同样的教育。

2. 激发了学生学习英语的兴趣。学习是主动的过程，兴趣是最好的老师和助推剂，网络教学中的多种媒介功能的集合，变传统教材的呆板为信息技术的生动情景化。通过图像、文字、声音、动画等，学生在网络教学提供的英语环境下主动积极地去寻找感兴趣的教学资源，提高了学习的趣味性和主动性。

3. 网络教学营造了一种开放的学习环境和自主的学习氛围。网络教学为学生提供了一种新的学习模式，使学生在自己愿意的时间、地点以自己乐见的方式学习信息网络，且不受时间地域的限制，向所有学习者开放。丰富的网络资源为学习者提供了传统教学难以提供的英语语言环境，同时由于网络教学自身的特点，使得学习者可以结合自身情况进行自主学习，学习者在网络间可以进行自由的双向、多渠道交流。

4. 有利于新型师生关系的建立。教学过程是教与学的结合。自主式教学模式的建立，需要变“以教师为中心”为“以学生为中心”，同时建立新型的师生关系。学生不再是被动的接受者，而是变被动学习为主动求学。教师也不再只是知识的传授者，还应当是教学活动的组织者、管理者、促进者。师生之间通过网络这个先进技术的平台，除了可以完成知识的传承外，还可以进行学习能力的交流，教师对学生来说亦师亦友，即构建了一个更为和谐的师生关系。

二、微课

（一）微课的含义

微课，顾名思义就是微课程的简称，它是基于教学资源、学生、教师等以某一个主题为模块组织起来的小规模的课程教学过程。微课的形式主要是以视频为主体，教师利用几分钟的时间围绕某个知识点或者教学环节录制教学视频，再对学生开展教学活动。总的来说，微课就是在传统日常教学基础上发展起来的一种新型的教学资源。其课程特点是具有一定的控制性，能使学生和教师在短时间内集中解决某一特定的教学行为，或在有控制的条件下进行学习。这样的教学方法适合当前人们的学习环境及学习习惯，有助于实现教学的现代化。

微课教学的推广是需要信息化发展作为保障的。笔者认为，影响微课发展的因素主要有两方面，一是教师，二是学生。教师制作微课是需要一定的技术保障的，由于大部分教师都不是相关专业教师，所以不能较好地掌握拍摄视频等技术。然而，随着信息时代的到来，微课拍摄与制作在硬件和软件上均取得了重要突破。录屏软件录制、摄像工具录制、录播教室录制、专业演播室制作、智能笔录制、专用软件录制、平板设备录制等一系列微课制作工具的研发与利用充分满足了教师日常录制微课的技术要求，从而攻克了教师在微课制作上的技术难关。对于学生而言，要接触到微课就必须有信息化设备，而当前随着电脑、平板设备、智能手机等移动设备的普及，学生可以随时随地地打开自己的移动设备去进行微课学习，从而解决其在学习微课方面的硬件问题，有助于推动微课的发展。

（二）微课教学的特点

首先，微课教学的“微”字就体现了其容量“小”的模式特点。在微课教学中，课程内容主要是针对教师在教学过程中的一些比较重点的细小问题来进行讲解的。以英语语法为例，在传统的教学中，教师往往会把与一个语法从上到下所有的相关内容在一节课上进行讲授，这就造成了学生的乏味感；而微课教学的内容却不同，它并不是对某一个语法点进行长篇大论，而是将这个语法点里最重点、最实用的知识点进行提取，再以微课的形式向学生进行传授。这样的教学特点更能体现出一个知识点的深度而不是广度。学生如果利用这样的教学方法进行学习，可以更深层次地理解某一个语法问题。同时，由于几节课的教学容量较小，又可避免学生觉得太枯燥而听不下去的问题的产生。

其次，微课教学讲究的是教学内容要灵活，即微课教学内容的选取范围相对广泛，内容相对集中。这样的特点对于大学英语的教学也是非常有用的。由于教学内容的选取具有广泛性，在教学中教师可以对大学英语中的多个内容知识进行选取，这就避免了传统教学中的课程单一性的问题。学生在微课学习中可以选取自己感兴趣的知识点进行学习，在短时间内接触到不同的话题，这样的选择多样性也会激发学生的学习兴趣。同时，教师也可以利用微课教学形式与学生共同探讨研究某个问题，使学生也在某种程度上参与到教育教学的过程当中，从而加强其对大学英语的学习兴趣。

最后，微课教学具有选题“务实”的模式特点。第一，微课教学的选题不会像课本一样一定要按照某一脉络进行选题，它的选题往往立足于当前的社会需求及热点问题，贴近学校、贴近教师、贴近当代的教育教学实际。换句话说，社会需要什么，学生对什么课题感兴趣，微课教学的内容就可以选取什么。试想一下，如果大学英语的教学内容都是学生感兴趣的内容，他们还有理由不去学好大学英语吗？第二，微课教学在研究过程上也比较“务实”。微课教学的一个指导思想就是在实践中产生的问题要在实践中解决，它强调的是在教学中进行研究，在研究中进行教学，相较于传统教学方式更注重教育教学实践活动的开展。在大学英语教学中，这样的特点可以大大提高学生在英语学习过程中的参与度，学生可以在自己的实践中增长经验，在这些经验中体现自己的特点，从而进一步提高对于大学英语的学习热情。

第七章　信息化背景下的大学英语自主学习研究

第一节　自主学习概述

一、自主学习的内涵

由于人们的理论立场与研究方法不同，所以对于自主学习的基本问题仍存在很大的差异。关于什么是自主学习以及自主学习的本质是什么，不同的教育者的意见并不统一。西方不同学派的学习理论者提出了各自不同的看法。

以维果斯基为代表的维列鲁学派认为，自主学习本质上是一种言语的自我指导过程，是个体利用内部言语调节自己的学习的过程；以斯金纳为代表的操作主义学派认为，自主学习本质上是一种操作行为，它是基于奖赏或惩罚而做出的一种应答性反应；以班杜拉为代表的社会学习理论学派认为，自主学习本质上是学生基于学习行为的预期、计划与行为现实之间的对比、评价，来对学习进行调节和控制的过程；以弗拉维尔为代表的认知建构主义学派认为，自主学习实际上是元认知监控的学习，是学生根据自己的学习能力、学习任务的要求，积极主动地调整学习策略和努力程度的过程；齐莫曼提出，当学生在元认知、动机和行为三个方面都是积极的参与者时，其学习就是自主的，主张从以下七个维度来界定：学习动机、学习内容、学习方法、学习时间、学习结果、学习环境、学习社会性。

从不同的角度看，自主学习的本质包括的内容不尽相同，笔者认为，自主学习有广义与狭义之分。广义的自主学习是指人们通过运用多种手段和途径进行有目的、有选择的学习活动，从而实现自主发展的社会实践活动；狭义的自主学习是指学生在教师的科学指导下，自觉能动地、创造性地学习，实现自主性发展的教育实践活动，主要指在学校教育范围内的自主学习，学生是学习活动的主体，教师的指导、师生的有效交流互动是前提与条件，学生自觉、独立、主动地参与学习，进而实现学生自主性的发展是教学活动的目的。在本书中自主学习被界定为狭义的概念。

学者庞维国提出从横向与纵向两个维度来界定学生的学习是否自主：横向维度是指从学习的各个方面或维度来综合界定自主学习。如果学生本人对学习的各个方面都能自觉地做出选择和控制，其学习就是充分自主的。具体地说，如果学生的学习动机是自我驱动的，学习内容是自己选择的，学习策略是自主调节的，学习时间是自我计划和管理的，学生能够主动营造有利于学习的物质和社会性条件，并能够对学习结果做出自我判断和评价，那么他的学习就是充分自主的；反之，如果学生在学习的上述方面完全依赖于他人指导或控制，其学习就是不自主的。纵向维度是指从学习的整个过程来阐释自主学习的实质，如果学生在学习活动前能够自主确定学习目标、制订学习计划、做好具体的学习准备，在学习活动中能够对学习进展、学习方法做出自我监控、自我反馈和调节，在学习活动后能够对学习结果进行自我检查、自我总结、自我评价和自我补救，那么他的学习就是自主的；如果学生在整个学习过程中完全依靠教师或他人的指导和调控，其学习就不是自主的。

自主学习是学生自己主宰自己的学习，通过学习培养学生的自主意识，促进学生积极主动学习，促进学生自我完善、自我发展。因此，自主学习不能停留在对学习技能技巧的掌握及知识的学习上，而更应关注学生对自身内在的了解与改进，包括学生的自我认识、内部动机的激发及元认知的发展。教师既要引导学生在知识、技能上进行自我提高，又要培养学生自主学习的态度、习惯和能力，还要指导学生自己去实践，自己去发现；既要立足于当前的学习，又要着眼于学生的终身学习，使学生在积极、主动的学习过程中，实现自我认识、自我教育、自我管理、自我完善。

二、自主学习的价值

（一）自主学习具有时代价值

1. 当今世界科技发展迅速，知识量猛增，人们需要自主学习

随着知识经济时代的到来，知识增长迅速，更新周期日趋短暂，仅靠在学校学习到的有限知识已远远不能达到社会的要求。浩如烟海的知识使不同职业

的要求日益提高，人们越发感受到在学校所学的知识、技能的陈旧落伍。美国教育心理学家巴斯指出，人们从大学毕业后，大约有70%所学知识一直可以在其退休前运用；而50年后，这个数字可缩减为2%。这意味着，当今大学生在大学毕业后从事某项职业所需要的知识技能有98%需要从社会这个大课堂中来习得。人们必须改变在学校中以教师教、学生学为主的学习方式，而更多地采用自我定向的学习方式——自主学习，只有通过不断地自主学习，才能适应社会发展的要求。因此，20世纪60年代中期，人们提出了"终身教育"的理念，在此之后，又提出了强调学习者自身进取和努力的"终身学习"理念。终身教育这一体系打破了传统的将学习与工作分开的模式，强调教育应成为伴随人们终身的、持续不断的活动过程，终身教育的实现必须以个体的终身学习作为保证。终身学习是对学生在校学习的一种延伸，它需要学习者自觉自愿地、积极主动地学习并具备自主学习的能力。

2. 时代的发展需要创新性人才，自主学习理论与实践正是时代精神的体现

由于现代社会生产过程日益智能化及新科技革命带来的挑战，社会急需具有创新性的人才。具有创新性的人，既具有相应的知识技能，又具有开拓进取的创新意识、竞争意识与合作精神；既具有敏锐的观察力与丰富的想象力，又具有独立的人格和健康的个性心理品质。先进知识的不断吸纳、内化是不断创新的源泉，只会死记硬背、缺乏主动学习精神的人是难以成为创新性人才的。自主学习的教育思想和教学方式，有利于培养学习者的独立人格和良好的心理品质；有利于培养他们的主动求学、积极探索的精神；有利于培养他们敢于竞争、敢于冒险、乐于合作的品质；有利于培养他们勤于动手、乐于实践的习惯和能力。自主学习是培养创新性人才的途径和保证，只有具备自主学习、终身学习能力的人，才能为社会发展注入新鲜的血液。

（二）自主学习的教育价值

自主学习是素质教育的核心。素质教育就是提高国民素质的教育，其宗旨是使人们学会做人、学会求知、学会健体、学会生活、学会生存，培养学生的学习意识、习惯、能力和方法是实施素质教育的核心任务。

1. 自主学习能够提高学生的学习质量

学习自主性强的学生认为自己的学习目标与学习活动是有价值的，并且能够在学习中约束自己，并运用一系列的学习策略与自我调节策略，其学习成绩要好于学习自主性差的学生。

2. 自主学习是学校教育的必然要求

中小学基础教育是终身教育体系中的一个重要组成部分。新的教育观念与学习观念要求基础教育能够与继续教育相衔接，因此基础教育也在发生着深刻变革。终身教育体制下中小学教育的任务不再是把一生所有要学的知识都学完，而是把教会学生学习、培养学生自主学习能力作为目标，为学生今后能够更好地继续学习打下基础。由于网络、多媒体技术的广泛运用，学校教育在教学手段上也不断地发展，课堂上计算机辅助教学将越来越占据主要地位，传统的以传授知识为主的教学模式也在发生着深刻的变革。西方日趋流行的旨在培养学生自主学习能力的“自学、交流、评价、完善、总结”五程序教学法将进一步推行。可见，自主学习能力的培养，将是未来基础教育的重要目标。

3. 自主学习是当前学校教育中亟待解决的突出问题

在课程改革浪潮推动下，一些课堂教学已朝着有利于学生自主学习的方向转变。但是，传统的讲授式教学依然十分流行，这在高中和大学的课堂教学中表现尤为突出。传统的讲授式教学是以教师为中心，通过教师讲解、指导和各种媒体作为教学的手段和方法向学生传授知识，教师是知识的传授者，学生是知识的接受者。教材、参考资料、教师的个人经验等是知识的来源，是学生的学习内容；媒体是教师向学生传输知识的手段、方法和途径。讲授式教学虽有合理的一面，但也有十分明显的局限性。为了解决当前学校中存在的问题，应该把培养学生的自主学习能力作为一项重要的任务。

4. 自主学习有利于学生个体发展

（1）自主学习能够促进学生主体性的发展。自主学习最终的目标是促进学生的自我发展，是以发展学生的主体性为目的的。以往的教育强调知识是一个积累过程，主体性教育则注重在知识、能力发展过程中，学生是怎样主动、积极地习得各种知识与能力的。自主学习的最终目标是学生主体性的发展，当处理自身与自然、社会的关系时，人们对环境的积极改造是首位的，在改造环境与变革社会的过程中实现着人自身的发展与社会历史的进步。在学习中学生的主体地位是在其从事主动学习的实践活动中实现的，学生是学习的主体，不仅要学习科学文化知识，还要了解自已的学习特点，根据自身的能力去选择认知策略。

（2）自主学习能够促进学生主动性的发展。主动性的发展包括适应性、选择性、竞争性、合作性、参与性五个方面。自主学习对这五个方面都具有促进与提高的作用。人们改造社会的实践都是在有目的、有计划、有理性的指导下进行的，这也是人类生存与发展的基础。同时，自主学习可培养学生的主动意识、主动精神，这也是培养他们创新精神的基础。

（3）自主学习能够促进学生自觉性的发展。自觉性包括学生有浓厚的学习兴趣，掌握学习的方法，能够坚持学习，做到自动、自控。在自主学习的过程中，学生是在自己的兴趣中主动地、积极地学习的，在学习中掌握多种学习的技能、方法。学生不仅要对自己做出正确、客观的评价，还要对自己的行为进行激励、调节，从而形成健康的心理品质。

三、自主学习的特征

关于自主学习的特征，由于理论立场与研究的出发点不同，各个学者的描述也不尽相同。

在国外，有的学者提出自主学习有四个特征：能动性、监控性、调节性、反馈性。巴里斯与艾里斯从七个方面来概括自主学习的特点：学生选择自己的目标；能够利用课堂中的学习资源；面对具有挑战性的目标能够尽量地发挥潜能；自主学习者能够很好地与教师进行合作；自主学习者注重学习中的创造性；自主学习者总是对自己充满信心，再有高度的自我责任感；自主学习者能够自己管理学习进程，进而做到自我评价。

综合上述的一些观点，并根据自主学习的定义，笔者把自主学习的特征概括为以下几方面。

（一）自主性

每个人都有一定的自主意识和有独立的个性，能够自觉能动地进行自主活动。在自主学习中，学生在学习活动中具备学习的主体意识，能够自觉、主动地投入学习之中，掌握学习的策略与方法，对学习活动进行调节，及时反馈、自主评价。自主性主要表现为：①具有独立的主体意识，对自己有清楚的认识；②有明确的学习目标和自觉积极的学习态度；③能够在教师的指导帮助下独立地学习教材和理解教材，把书本上的科学知识内化为自己的知识；④能充分利用自身和外界的积极因素，主动地认识学习和接受教育影响，以达到预期的学习目标；⑤能够对自己的学习活动进行自我支配、自我调节和控制，并促进自身潜力的发挥。

（二）独立性

独立性是相对于依赖性而言的。依赖性学习是把学习建立在人的依赖性的一面上，而自主学习则是把学习建立在人的独立性的一面上，可以说，学生的学习是从依赖走向独立的过程。自主学习要求学生不以教师的意志为转移，在各个方面尽可能脱离对教师与他人的依赖，由自己独立做出选择、决策，进而展开学习活动。自主学习贵在独立，它是学生学习知识、掌握技能的重要环节，通过学生的自主实践进行表现。

（三）能动性

自主学习建立在人的能动性上，能动性是相对于受动性而言的。自主学习以尊重、信任、发挥人的能动性为前提，它区别于他主学习，是学生积极、主动、自觉地从事和管理自己的学习活动，而不是在外界各种压力下被动地从事学习活动。可见，自主学习是一种自我式学习和主动学习，是在人的内在需求驱动下进行的。自主学习的能动性并不是先天形成的，需要对学生进行培养与训练。培养学习能动性最根本的要求是激发学生的内在需要，如动机、责任、自我实现、自我超越等。

（四）个别性

个人的独立性，首先来自先天素质差异，同时，由于每个人成长的环境不尽相同，在社会化的过程中的个人选择也不同，因此逐渐形成了各自鲜明的个性特点。在学习中面对同一学习内容，不同学生的学习起点不同，知识基础、情感准备也不同，学习内容的选择、学习速度及所需要的时间也不同。自主学习尊重学生学习上的差异性，给予学生选择学习内容与寻求学习资源的自主权，允许学生按自己的学习方式与方法学习。

（五）相对性

自主学习具有相对性。因为，从现实情况来看，绝对的自主与绝对的不自主学习是较少的。大多数的学生都是有些方面自主，有些方面又不自主。比如，学生在学校学习时，学习内容、学习时间都不可能由学生完全决定，不可能摆脱对教师的依赖。因此，我们要从学生的实际学习情况出发，分清其在哪些方面是自主的，哪些方面是不自主的，这样才能有针对性地对学生学习进行自主性培养。

从以上对自主学习特征的分析来看，必须要认清自主学习与平时人们所理解的自学是两个不同的概念。所谓自学，是学习者在没有外在的帮助下独立学习的方式，是通过文字教材等信息载体，完全由学习者独立学习文字资料、获取知识的一种学习形式。由于学习的过程当中没有同学和老师，自学要求学习者具有较高的学习自律性。自主学习是在一个完整的支持服务体系下主动地学习，因此它并不等于完全地独立学习。自主学习与自学之间的相似之处在于学生都是自觉主动地去获取知识，区别在于自主学习是在完整的支持服务体系下进行的，如学校的基础建设、师资队伍建设、管理体系建设等，并且在整个学习过程中，学习者不是孤立无助的。

自主学习的人具有独立性，但又不是随心所欲、为所欲为的，而是清楚自己的行为不是一种任意妄为的自由活动。权利与义务是相统一的，自主与责任也是相统一的。在交流互动中师生应彼此独立，相互尊重、协作，逐步培养起学生的自主选择能力、自我判断能力。学生作为自主学习者，拥有一系列自由选择权、决策权，然而使用这些权利需要具备的前提条件是学生要有相应的责任，盲目、随意地选择与决策只能导致学业上的失败。现行的教育中，学生往往对教师有强烈的依赖感，由于学生学习的兴趣不浓、愿望不强烈，因此遇事都听从教师、依附教师，并不愿对自己的学习承担责任。学生只有具备了一定的自主学习能力，才能够充分地履行自己的权利、承担自己的责任，才能在学习过程中制订学习目标、学习计划，选择学习内容、学习方法，对学习活动实施自我监控、调节、自我评价与反馈。

自主学习是具有相对性的，学生的学习并不是完全脱离了教师的绝对自主，在学习中，师生之间、学生与环境及相关的条件之间有着千丝万缕的联系，教师的引导和帮助对于学生知识建构、自主发展极其重要。随着知识经济时代的到来，学生接触的知识面越来越广，由此可以利用诸多先进的技术手段获取信息，但量的积累并不能代表质的飞跃，学生在学习中还需要教师的精心点拨才能真正获取有用的知识。以往的学校教育，更多的是教师研究学生需求和学生的能力水平，然后由教师确定教学目标、教学内容、教学方法等；而在自主学习中，这些任务要由师生共同承担，学生要将自己看成不依赖他人、能独立自主的个体，从意识观念上确立自主，在教师的引导与帮助下逐步形成自主学习技能，从被动的受教育者转向实现自我表达的积极参与者。

第二节　信息技术与自主学习

信息技术的不断发展、信息资源的不断丰富和人工智能领域的研究使网络虚拟空间的人机交互朝着人性化、个性化方向发展。信息资源的无限扩张及在教育领域的渗透，以及网络的开放性、共享性和交互性为学生个性化的自主学习在外部环境方面打下了良好的基础。

一、信息技术的概念与信息技术环境

（一）信息技术的概念

联合国教科文组织（UNESCO）对信息技术的定义是：应用在信息加工和处理中的科学；科学与工程的训练方法与管理技巧；计算机及其与人、机的相互应用；与之相应的社会、经济和文化等诸种事物。人们利用信息技术对数据、语言、文字、声音、图画和影像等各种信息进行采集、处理、存储、传输和检索，这一系列的经验知识及其手段、工具的总和称为信息技术。随着科学技术的发展，信息技术已发展为以计算机多媒体网络为基础的智能信息技术。目前，在学校教学中应用的现代信息技术主要是指以数字化、网络化、多媒体化和智能化为特点的信息技术。我国学者陈琦、刘儒德在《信息技术教育应用》一书中对信息技术的表述是：所谓信息技术，是指与获取、传递、储存和利用信息有关的技术；具体来讲，是以微电子技术、通信技术、计算机技术为主干，结合集成电路技术、光盘技术、机器人技术和高清晰度电视技术等的综合技术。南国农先生认为：目前，教育技术领域内对“信息技术”大致存在以下三种理解：第一种是信息技术就是计算机技术；第二种是计算机技术与网络技术的结合；第三种是视听技术、计算机技术、整合技术。李克东先生则认为：信息技术指研究信息的产生、获取、传递、加工、再生等功能的一类科学技术，它能够扩展人的信息器官功能。其中，应用在教育领域的信息技术主要包括数字音像技术、卫星电视广播技术、多媒体计算机技术、人工智能技术、计算机局域网技术、互联网络技术和虚拟现实仿真技术等。

（二）信息技术环境

应用现代信息技术可以构建多种教学环境，如多媒体综合教室、多媒体计算机网络教室、电子阅览室、校园网、基于互联网的远程学习系统等。多媒体技术、网络技术和虚拟现实技术能够创造和展示各种趋于现实的学习情境，把抽象的学习和现实生活融合起来，有利于激发学生的思维与探索。当前，学校的信息技术环境主要是指各种设备、器材、工具（包含计算机网络、先进的数字化仪器等现代以至前沿的硬、软技术）和综合的信息资源（如文字材料、书籍、音像材料、各类软件与多媒体课件以及互联网上的信息等）。用于支持教与学的信息技术环境大致可分为两种：一种是班级授课制下的信息技术环境，如多媒体教室、电脑网络教室；另外一种是非班级授课制下的个别化远程学习环境，如学校或图书馆的电子阅览室、学生家庭电脑、公共网络设施（如网吧）等。信息技术环境在教育中主要表现出数字化、智能化、多媒体化、网络化等特征。

二、信息技术环境下的自主学习

（一）信息技术环境下的课堂教学促进了传统课堂教学的创新

信息技术环境下的英语教学是以学生为主体、以教师为主导的教学理念，是在不脱离课堂教学的条件下，充分利用网络、多媒体技术，共同完成教学任务的一种新型教学方式。这种教学模式下的师生之间既可以面对面地交流，又可以不受时间限制，利用计算机网络技术进行深入、自由的多向交流。信息技术环境下的英语教学的开展促进了信息技术和传统课堂教学的有机结合，有利于学生自主学习能力和创新能力的培养。信息技术辅助英语教学结合传统英语课堂教学的优势，在教学过程中使教师地位、学生地位、教学模式、学生的学习方式等诸度多因素都发生了相应的变化。

（二）信息技术为自主学习能力的形成与发展提供了有利条件

信息技术为构建良好的自主学习环境提供了强有力的支撑和保障，为学生自主学习能力的形成与发展提供了有利条件。

1. 提供学习工具的支撑，促使学习者“能学”

学习工具是指有益于学习者查找、获取和处理信息，交流协作、建构知识，以具体的方法组织并表述理解和评价学习效果的中介。学习工具为学习者提供了一个环境和设施，要求学习者主动努力地思考，产生自己的想法，建构自己的现实世界。

信息技术为自主学习者提供的学习工具有 Explorer 浏览器、电子邮件、数据库软件等，学生可以利用这些工具达到理解和生成外界信息的目的，而不只是对客观知识的被动接受，从而自主完成学习活动。例如，可以利用汉字输入和编辑排版工具，培养学生的信息组织、意义建构能力；利用“几何画板”“作图”“作曲”等工具，培养学生创作作品的能力；利用信息“集成”工具，培养学生的信息组织、表达能力与品质；借助网页开发工具，培养学生对信息的识别、获取和组织能力。开放性、探究性的学习工具补充和拓展了人的心智，使学生能够参与高水平的深层次的信息处理，认知处理任务，如识别、判断信息模式，并把信息模式加以组织、规划、决策以对学习进行自我调控等，从而促使学生有能力进行自主学习。

2. 提供学习资源的支撑，促使学习者“想学”

这里的学习资源是指学习者能够与之发生有意义联系的各种信息资源。信息技术对自主学习提供的学习资源包括课程本身的资源、音像教材、多媒体教学软件、互联网上的网络资源及现实社会的真实资源等立体化学习资源。

随着信息技术的发展，特别是网络技术的发展，基于网络的学习资源提供了真正意义上的开放性的学习环境。信息化学习资源中，高质量的教育资源库具有教学针对性强、内容科学、实用性高、冗余度低、资源高度共享的特点，可以在学生自主学习中发挥重要的作用，而且它不受时间、空间和地域的限制，通过网络可扩展至全社会的每一个角落，连通整个世界。每个学习者都可以在任意时间、任意地点通过网络自由地进行学习和工作；每个学习者都有可能得到每个学科一流教师的指导，都可以向世界上最权威的专家请教，都可以借阅最著名图书馆的藏书，都可以从网上搜索世界各地最新的信息和资料。信息化学习资源中，基于网络的学习资源能为学习者提供图文并茂的、丰富多彩的交互式人机界面，以及符合人类联想思维与联想记忆特点的、超文本结构组织的大规模知识库与信息库，使自主学习者对物质学习环境的利用更加便利。在校园网络环境下，利用学校内部教学资源库或著名教育资源库镜像，学生可以从中查找或搜寻到所需的学习资源，完成问题解决，并从中扩大学生的视野，这样易于激发学生的学习兴趣和动机，并为实现探索式自主学习创造有利条件，促使学生愿意自主学习，从而使学生真正达到主动建构知识的意义，实现自己获取知识、自我更新甚至创造新知识的理想目标。

3. 提供交流平台的支撑，促使学习者“会学”

当在自主学习过程中遇到困难时，需要独立探究；当自己探究无法解决时，就需要与他人合作来共同完成。因此，自主学习需要学习环境促进学习者之间进行交流，这也是自主学习的精髓。也就是说，在自主学习中，主动交流是必不可少的。自主学习不是一种完全独立的、孤立的学习，而是一种在与他人协作或指导下的独立性的学习。交流实际上是自主学习者对社会环境的一种利用。信息技术为学生学习提供了众多的交流平台和一系列双向交流工具，可实现同步和异步交流，学生可以借助微信、QQ、电子邮件等网络通信工具，实现相互之间的交流，参加各种类型的对话、协商、讨论活动，培养独立思考、求异思维、创新能力和团队合作精神。

此外，网络交流所具有的平等性，能让每个人都拥有发言权，促进学生更好地抒发真实想法，激发他们最大的潜力。由于取消了“面对面”的交流，学生（尤其是胆小、腼腆的学生）便敢于大胆提问，使得学生将个人问题转化为公共问题，并借助集体智慧共同解决问题。以共同感兴趣的问题作为桥梁，学生还更容易找到志同道合的学友。这些优势都能对培养学生与他人协作、借助外部社会环境解决问题的能力起到良好的推动作用。

信息技术的应用，使单纯的“人—人”交流向“人—人”“人—机”“人—机—人”交流的综合交互环境发展。而信息化交流平台能够使自主学习过程中必需的互动和交流变得更为便捷。网络扩大了交流的范围和空间，使得相隔万里的异步交流能在瞬间完成，使整个世界成为一个“地球村”。互联网通过网络互联和交互式信息服务，为学生提供了一个信息交流、资源共享的网络协作学习环境，促使学生学会学习。

4. 提供评价体系的支撑，促使学习者“坚持学”

基于自主学习的学习评价体系不仅重视学习结果的评价，更重视学习过程的评价。评价体系遵循全面、多元、发展的原则，其中“全面”可以让学生看到自主学习所获得的知识、技能的价值；“多元”可以让学生感受到能力的多面性，看到自己的长处和不足；“发展”可以让学生看到自己通过努力所取得的进步，增强学生的自我效能感。

信息技术可以为自主学习提供全面、多元、发展的评价体系，学生通过使用一些随机出现的、不同等级的自适应测试题目，利用 SPSS 统计分析软件和学习反应信息分析系统，借助统计图表或 S—P 表进行自我评价。在评价方式上更多地采用案例评价、量规评价和文件夹评价等形式。例如，文件夹评价是学习者将学习笔记、作业、收集的资料、自己的电子作品、学习结果以及电子邮件、参加在线讨论和博客学习的记录等存入文件夹，以此清楚地了解自己在整个学习过程的表现和收获，便于做出客观、公正、人性化的自我评价。在自主学习过程中，学生难免会遇到这样那样的学习困难和干扰，利用教育信息化环境提供的客观、公正、人性化的评价体系，能够增强学生的学习自信和学业自尊，增强个体对学习的自我控制感，便于学生用意志努力来控制自己，使学习坚持进行。

信息时代需要学生学会自主学习。信息技术对构建自主学习环境具有全方位的支撑作用：作为自主学习的学习工具，促使学生“能学”；作为自主学习的学习资源，促使学生“想学”；作为自主学习的交互平台，促使学生“会学”；作为自主学习的评价体系，促使学生“坚持学”，可不断为学生自主学习提供物质保障和外部条件。

三、基于信息技术的自主学习环境

（一）基于多媒体教室的自主学习环境

在多媒体课堂自主学习环境下，教师改变传统的主讲地位，真正发挥主导作用；设计学生的参与活动，使其成为课堂学习环境中的真正主体；学习工具由传统媒体过渡为计算机多媒体元素，充分发挥多媒体技术优势，根据学生未知的任务设计相应的教学软件，通过液晶投影将其展示到大屏幕上。在教学软件的制作及应用中，学生可以更大限度地、主动地参与其中，而教师给予适当及时的引导、纠正并进行合理的教学组织活动，如组织小组讨论、竞赛游戏等，不再将课堂教学软件当作一种教师讲课的辅助工具，使学生告别传统课堂教学中被动学习的状态。这样的课堂更生动活泼，更能使学生调动一切感官学习新的知识，学习更具主动性和积极性。

（二）基于网络教室的自主学习环境

该环境的特点是可以实现监视监控、问答、个别辅导、分组讨论等类似语言实验室功能的教学环境。学生人手一机，机机相连，可以动手操作，通过耳麦相互会话。教师的讲义已经不是单纯的演示课件，而是存储于网络服务器便于学生自主学习的工具，所有学生都可以共享。教师充当教练的角色，作用是监控、分析学生的学习状态和调节学生各种能力的发展，包括操作技能、认知能力、言语交流能力和协作学习等方面的能力发展。通过网上的教师机的个别监控，教师可以方便地监控不同学生的操作进程，掌握学生的学习情况，进行有针对性的及时指导；学生则通过“电子举手”“分组讨论”等功能来进行师生间、学生间的小组研讨，找出结论，甚至充当教练的角色。

（三）基于校园网及互联网资源的自主学习环境

在基于校园网及互联网资源的自主学习环境下学习，有利于建立多种学习资源，有利于自主学习的发生及获得设计者预期的学习效果。教师将教材数字化后放到网络上，再辅以网上的其他学习资源模型，如图书资料信息、教学辅助相关信息（课件、学件）、教学评价系统（电子习题集）等进行讲解。学生通过校园网及互联网利用信息技术工具进行自主学习，其学习路径完全由学生自己决定，教师只是这些学习环境的建构者、学生学习的指导和协助者。

从上述三种自主学习环境中可以看出其共同的特征，即以学生为主体并能控制整个学习过程，教师作为“媒体”，起主导作用。教师在教学中要根据课程的特点，利用信息技术，构建基于多媒体教室、网络教室、校园网及互联网的自主学习环境。基于多媒体教室、网络教室的自主学习环境用于组织正常的课堂教学；基于校园网及互联网资源的自主学习环境用于提供网络学习资源和工具等，可满足学生个别化学习的需要，帮助其完成学习任务。多种环境的支持作用，可以进一步促进有效自主学习的发生，增强课程的学习效果。

四、如何利用信息技术促进学生的自主学习

（一）信息技术运用于英语教学的几个误区

1.“灌输”方式的转变，无法真正实现有意义的主动构建

很多教师错误地认为多媒体教学只是把“黑板加粉笔”变成“电脑加屏幕”，在教学实践过程中，未能依据教学内容的不同来灵活地运用多媒体技术，仍然沿用传统的教学模式。教师只是把课文和例句拷贝到屏幕上，逐字逐句讲解；或是根据教案，把课文设计成顺序式结构，上课时只通过按键按顺序播放。电脑大屏幕成了电子白板，教师变成课堂上的解说员，滔滔不绝地念课件，忽视了学生在学习和认知过程中的主体作用，使传统教学形式下的“灌输”方式转变成多媒体教学下的“电子灌输”。在这种环境下，学生面对大量的课件内容变得无所适从，也没有多少时间来真正地主动建构学习的意义。这种盲目、机械地运用多媒体的方式，并不能真正有效地克服传统教学的不足，自然也就不能充分发挥出多媒体技术的优势，从而影响教学效果。

2. 变“师生关系”为“人机关系”，缺乏人文关怀

多媒体大学英语教学过程中还存在对多媒体技术过分依赖这一误区，忽视了教师的主导作用。有的教师甚至把多媒体技术当作提高教学效果的重要手段，过多地利用多媒体。通过问卷调查，有 66% 的学生反映，使用计算机辅助教学的课堂气氛不如传统的课堂形式，因为课堂缺少富有生机、传情达意的眼神交流，学生的语言能力在课堂有限的时间内得不到有效的训练，久而久之，教师变成了多媒体的操纵员和放映员。教师让位于课件，是课堂主角的错位，是对教师主导作用的极大削弱。不容忽视的是，用多媒体展示的语篇或对话材料只是把文中情景和有声语言展示给学生，它无法取代学生在教师创设的情境中用英语进行的交流性操练，更无法取代学生的创造性思维训练。因此，在教学中，教师应使学生明确听或看的目的，使他们有心理准备，及时调节注意力。否则，英语课就有可能变成多媒体课件展示课，把本应由教师讲述的内容变为多媒体

演示；把师生之间在特定的情境中富有情感的交流变为通过网络的信息交换；把学生和教师、学生和学生之间富于亲和力的口头交流变成冷冰冰的人机对话，忽视了教师和学生的能动作用以及师生间的情感交流，缺乏人本主义关怀，这也是对基于人本主义学习理论的多媒体英语教学的一种扭曲。

3. 学生自我管理能力滞后，自律性亟待提高

无论是建构主义学习理论还是人本主义学习理论，都强调学习者自主地、个性化地根据所提供的学习材料及个人兴趣爱好，毫无外界压力地、宽松地安排学习。但是，计算机网络是把双刃剑，给人们带来极大便利的同时，也产生了许多无法预料的负面作用，尤其对青少年来说是一个严峻的考验。现代课堂教学不但强调课堂的互动、合作，而且重视学生课外的自主学习、探索学习。无论是多媒体课堂教学还是课后网络学习，都是学生进行自主学习的重要途径。在强调基于建构主义和人本主义理论的多媒体教学的同时，应使学生的自我管理能力得到同步跟进。但遗憾的是，部分学生缺乏自我管理能力和必要的自律性，有的由于计算机操作水平有限，无法独立进行网上作业，从而容易丧失继续网上学习的信心；还有的学生虽已掌握基本的计算机操作技能，但由于缺乏明确的学习任务和目的，网上学习时往往显得无所事事；还有的学生面对多媒体课件提供的海量信息而无所适从，看的多，深入理解的少，也无法恰当筛选，不能正确把握重点，进行自我修改、自我思考、自我认识和自我发展的时间和空间也变得有限；还有一部分学生由于自律性不强，在鱼龙混杂的网络信息面前，其理想信念和价值观念容易出现偏差。因此，如何增强学生的自律性，是亟须解决的问题。

（二）对使用信息技术进行英语教学的几点建议

针对大学英语教学实践中存在的认识上的误区和操作层面的一些问题，必须正确认识并注意在实践中进行解决，科学、合理地运用多媒体信息技术，确保计算机支持下的多媒体技术在辅助大学英语的教学中充分发挥作用。

1. 根据教学的需要决定是否使用多媒体

如前所述，有些教师为了体现教学手段的现代化，在一堂课中尽可能多地使用计算机多媒体，甚至误认为多媒体使用越多，学生的学习兴趣就越浓厚，所教授的语言材料就越易于为学生掌握，学习效率也越高，由此所有教学环节中都使用多媒体，课堂中忙于画面的切换，使教学过程变成了电脑操作过程；学生整堂课都在观看和收听多媒体课件中度过，完全变成了被动地接受学习，曲解了多媒体辅助教学的初衷。这样显然违背了语言学习的规律，肯定不能有

效提高学习效率。其实，多媒体只是教师教学活动的辅助设施，应该处在被支配的地位，而不能喧宾夺主，是否使用计算机多媒体，应取决于英语课堂教学的需要。使用多媒体的目的是为了“活化教材”，创造较为真实的语言环境，帮助学生用英语思考，促使学生动脑、动口，积极参与；若仅仅为了追求在课堂上多一点现代化教学气息与技术成分而过多地使用多媒体，将会产生不良的现代化教学效果。

2. 适度取舍多媒体教学素材，注重多媒体课堂的“人文关怀”

多媒体作为一种教学辅助工具，本身并不带有任何感情色彩，真正发挥作用的是其设计者和操作者——教师。面对海量的信息，教师更要注重培养学生利用多媒体课堂有针对性地快速选择必要的素材来构建意义的能力，以达到提高学习效果的目的，真正通过现代化媒体技术发挥建构主义学习理论的优势。另外，教师与学生的情感交流对学生学习兴趣的激发和学习动机的培养具有重要的作用。学生有一种天生的向师性，即希望得到教师的关注。因此，教师在教学过程中，除了要优化教学手段、使用现代化的硬件设备之外，还要以情感人，营造愉快而和谐的心理环境；教师要真心爱护每一位学生，以自身的人格魅力，使学生对其产生可亲、可敬、可信的情感，这样学生就能从情感上真正接受新的知识，从而达到事半功倍的效果。

3. 充分交融多媒体大学英语教学模式和传统教学模式

多媒体技术辅助大学英语教学是利用现代信息技术带动教学内容、教学方法和教学手段的全面改革，其最大特点是有助于真正形成以学生为主体的教学模式。英语教师应转变教育思想，充分认识到自身角色所发生的巨大变化，从传统的知识传授者、灌输者转变为教学的设计者、组织者、参与者、引导者和评价者，不但要设计主题教学模式和教学任务，还要结合学生的认知心理特点，倡导、组织协作学习，监控学生的学习过程。在多媒体交互式学习环境下，教师要利用多媒体创设的特定语言情境，以精辟简练的讲解，引导学生进行量多质优的听、说、读、写综合训练，使学生在有限的时间内获得基础知识的同时，还能训练语言基本技能，培养直接用英语思考和表达的能力，并为实现英语交际打下坚实的基础。当然，多媒体技术不是全能媒体，大学英语教学不能完全摒弃传统教学模式，而要继承传统教学模式中的精华，如通过手势、语音语调、面部表情传递的情感互动等有益因素，使其更好地发挥作用。只有二者有机结合、充分交融，才能使教学活动进行得张弛有度，使多媒体技术辅助大学英语教学达到更优的效果。

第三节　信息化背景下大学英语自主学习

一、信息化背景下大学英语动机培养

（一）应用信息化技术线上引导与面对面交流，降低学生的焦虑

信息社会的到来和科学技术的高速发展，使学生接触到的高科技产品越来越多，获取信息的渠道也越来越广。但是，如此多的信息获取渠道，反而会使学生不知从何下手，在浪费时间的同时也没有收获新的知识。这一负面影响最为显著的表现就是大一新生，在他们还没有适应新的学习环境和方式时，自身的思维和意识依旧停留在对教师的依赖中，希望得到教师的指点和引导，由此便决定了他们在没有接收到教师及时的指导之后，会产生一定的焦虑情绪，甚至会失去对学习的信心，从而无法完成学习任务。

因此，教师应该使用网络在线信息引导和课堂面授反馈相结合的方式，帮助学生掌握英语学习方向，提高英语学习的效率。

1. 在线信息引导。在线信息引导指的是教师通过网络对学生进行语言学习的指导和帮助，帮助学生减少花费在浏览网页上的时间，更快、更好地进行信息的选择和获取。在网络通信软件的帮助下，教师可以将每一次课的教学要点和难点告之学生，指导其利用网络来学习不同的知识点，并学会攻克不同的知识难点，提高其学习效率。由此，便可以在一定程度上减少学生因与教师面对面交流而产生的胆怯和不安，让学生在学习方面获得成就感的同时增强对英语自主学习的兴趣。

2. 课堂面授反馈。在现代教育理念和教学模式中，大学课堂教学的重点不再是教师，而应当是学生，也就是人们常说的“翻转课堂”。翻转课堂采用多种多样的方法检查学生线上和线下的学习情况，告诉学生存在的普遍问题，引导学生分析造成共性问题的原因以及应该采取的措施，不断提高自主学习效率。例如，在读写课堂教学中，主要训练的是学生的阅读技巧，为实现这一教学目的，教师可以先就不同的段落为学生设置相应的问题，并对每一段落中的核心词汇和短语加以重点标注，使学生在借助网络进行英语自主学习时，可以针对教师所设置的问题进行学习，在节省时间的同时提高学习效率。学生在学习这一文章时，还应借助网络了解与文章作者、写作背景、写作目的等有关的学习

资料，厘清并分析文章的段落结构，把握文章的主题思想。在进行下一次教学时，教师应当让学生对文章中的短语和词汇加以翻译，并进行词汇造句、段落讲解和情景对话，这样可以较为直观地检验学生的学习情况。在课堂教学活动结束后，教师首先要做的是对学生的自主学习加以肯定和表扬，然后再指出其中存在的问题，帮助学生发现自主学习的不足并加以改进，增强学生自主学习的信心。

（二）采取丰富多样的教学方法，培养学生的自主学习兴趣

在信息化社会中，英语教学拥有丰富的教学资源，并可以采用较为直观、生动、形象的教学方法，帮助学生更好地进行自主学习。但是，应当注意的是，教师在为学生选择学习视频或音频时，应在结合所要学习的知识点的同时考虑学生的现有语言水平，增强学习资源的针对性和有效性。

1. 主题讨论。主题讨论借助 QQ、微信等网络通信技术得以实现。在进行主题讨论时，教师可以以单元教学内容为依据进行问题的设置，并将学生分成几个学习小组进行讨论。在进行问题讨论时，学生可以脱离内容的限制，在不考虑自己的观点正确与否、语法正确与否的情况下，将自己置于与教师平等的地位进行探讨。在这样一个较为自由、宽松的学习环境中，学生可以最大限度地激发学习兴趣，发散学习思维，通过面对面地沟通与交流，养成使用英语进行表达的习惯。当然，在课后，教师应当安排学生对自己的语法和有待学习的英语词汇进行查找和学习，以增强学生的词汇印象和记忆。

2. 人机交互。教师应大力提倡学生借助英语语言学习平台，进行《视听说》教材中的口语和听力训练，并边听边复述所听到的内容与对话，掌握句子中单词连读、弱读和重读的发音技巧。由此，不仅可锻炼学生的听读能力，也在一定程度上有利于学生的口语表达能力，还可训练学生利用英语进行对话的能力，激发其学习英语的热情和兴趣，从而更好地开展英语自主学习。

3. 课堂情境创设。传统的英语教学方式和教师的备课模式在信息化社会中出现了大的改变。在现代化的英语课堂教学中，教师不再是一个人站在讲台上滔滔不绝地讲课，更多的是欣赏学生的学习作品与成果。教师在进行备课时，也不再如传统教学那般在纸张上罗列教学过程，而是借助 PPT 等现代信息技术，在授课过程中插入相应的问题，并让学生进行预习。例如，在正式上课之前的导入部分，教师可以利用多媒体或电脑播放一首与学生将要学习的内容有关的歌曲或视频，激发学生的学习欲望和兴趣；在教学过程中，教师可以安排学生进行小组讨论、抢答、学生制作与展示 PPT、歌剧表演等方式，也可以让学生

自主选择表现形式，让学生充分展现自我，在愉快的氛围中进行英语自主学习。

（三）培养合作式的学习氛围，激发学生的自主学习动机

个性化是大学英语自主学习在信息技术环境下的一大特色，但不可否认的是，信息技术也会对英语学习产生一定的负面影响。例如，有的学生会因为缺少与教师面对面的交流而产生学习焦虑，严重的甚至会放弃英语学习。在学生进行自主学习时，如果教师可以适时参与其中，就可以缓解这一问题的出现。由此，在英语自主学习过程中，可以借助以下几种方式减少学生焦虑情绪的产生。

1. 在线交流。教师可以借助网络通信软件与学生进行在线交流和讨论，如学生在借助网络进行英语自主学习时，如果遇到了自己无法解决的知识难点，可以通过 QQ 或微信等通信工具向教师进行在线咨询和提问，也可以在群里进行相关问题的讨论和问答，这期间，每个学生都可以自由表达自己的观点，也可以对个别知识点的学习进行合理性质疑。在线交流的学习形式并不限于以上所说的一种，学生还可以通过 QQ、微信语音功能进行自我介绍，传递电子邮件，并通过讨论、提问、辩论、交流学习体会等培养主动参与的意识。

2. 在线合作学习。在线合作学习过程中，教师应当根据教材或与教材相关的内容为学生设置相应的问题和任务，学生可以选择自己独立解决问题，也可以选择与同学进行合作。而与同学合作学习应当是英语基础好的学生带动基础差的学生学习，并对其进行辅导。灵活性是在线合作学习的一大特色，只要学生能在规定的时间内完成，就可以选择同时进行或不同时进行的方式。合作学习的成果最后在全班共享，特别优秀的成果也可以年级共享。

3. 课堂合作学习。课堂合作学习是教师把课堂的主角让给学生，让学生积极参与课堂，避免课堂沉闷气氛，易于培养学生独立思考和敢于发言的能力。在大学英语课堂教学中，教师发挥的作用主要体现在两个方面：一是启发，二是引导。在课堂合作学习过程中，教师可以采用拼图法、猜词法、抢答法、编号法、分组讨论法、记分法等不同的组织形式，根据学生的实际水平设置相应的问题和教学内容，力争让每一个学生都可以参与其中，让每一个学生都可以感觉自己受到了教师的重视和在课堂教学中的重要性。在学生讨论之后，教师可以选择几名学生阐述自己的观点，最后针对学生的观点进行点评和总结。在总结过程中，教师首先要做的是对学生的观点加以肯定，在此基础上再提出其观点的问题和不足。这一学习方法在活跃课堂气氛的同时，也会拉近学生与学生之间、教师和学生之间的关系，可以帮助学生克服焦虑情绪，强化其进行语

言学习的动机。

综上所述，教师应当根据授课班级的具体情况进行具体分析，采用合适的教学方法和手段，并充分利用现代信息技术和多媒体，营造一个轻松的学习环境与氛围，激发学生的学习动机与兴趣，为社会发展培养所需要的人才。

二、大学英语网络自主学习中心及其建设

（一）大学英语网络自主学习中心的构成要素

目前，许多学校已建有网络外语自主学习中心，并以此作为实现网络外语自主学习的主要形式。网络外语学习中心作为学习平台，与传统的自主学习中心存在巨大的差异。相对于传统自主学习中心的物理场所概念，网络自主学习中心实质上是一个在线学习支持系统。

一个理想的网络外语学习中心，通常应包括以下元素。

1. 学习资料和使用指南

（1）学习资料。包括各类书籍文本资料、多媒体视听资料、课件、测试题等。

（2）使用指南。包括学习者使用平台上的学习资料。学习指南可以是文本形式，也可以是应用程序的形式。

2. 在线导师辅导和学习者档案系统

（1）在线导师辅导。它针对学习者的特点和需求，提供实时的辅导，解答学习方法和学习内容方面的问题，帮助学习者对学习的各方面做出决策。在线辅导人员必须具备全面的英语教学专业知识，一般可由大学英语教师担任。

（2）学习者档案系统。它记录学习者在学习中心的各种学习活动和结果，包括学习者的来访记录、资料使用情况、测试与评估情况等。

3. 测试与评估软件系统

此系统可以对学习者的英语水平、学习能力、学习风格等提供在线评估，也可以提供学习决策和建议。如果有教师在学习者需要时提供在线支持，则效果更好。

4. 在线互动平台和在线课程

（1）在线互动平台。它为学习者相互之间的交流提供平台，如BBS、博客、论坛等。

（2）在线课程。学习中心可以提供学校正式课程以外的辅导型课程，以帮助学习者有针对性地提高相关能力。

（二）大学英语网络自主学习中心的作用

1. 优化学生的自主学习环境

当前，多数高校英语网络自主学习对英语学习平台进行的登录均是通过校园网完成的。因此在安排学习时间时，必须针对英语网络自主学习室的学习特意安排好部分学时，网络自主学习室必须配置专业的辅导教师负责解答学生提出的各种问题，同时学校公共计算机机房资源应该按照现实状况面向学生进行开放。自主学习平台应该通过学习预约系统安排机位学习时间，其目的是减少学生在学习时间方面出现的矛盾，使学生享受到更好的服务。

2. 增加趣味性的学习互动模块

教师是课堂教学中师生互动的主导者，而教学效果会在互动教学的推动下获得极大的提升。因此在设计网络学习系统时，应着重关注互动环节在网络英语自主学习平台中的实施，互动模式要与在大学生中普及的多种社交平台进行融合。为了实现及时互动与在线教学，应该将学习互动交流群、学习微信公众号、学习讨论微博平台与学习答疑平台融入学习系统中。为了提升学习的吸引力以及学生对学习的兴趣，应该在现代化社交模式的基础上实现立体化的教学互动。

3. 引入移动 APP（应用程序）学习模块

在移动网络极速进步的大背景下，现在的大学生群体已经开始广泛使用智能手机，移动设备在大学生的交往生活中发挥着重要作用。大学生的手机置入大学英语自主学习平台的 APP，可以让学生的学习摆脱时空的限制，真正获得自主性，从而消除传统学习的弊端，同时 APP 可以按照学生的学习状况及时通知其学习进展，还可以把多数学生提到的学习难点推送给每个用户。在大数据的协助下，对引起学生关注的学习资源统计进行及时公开，引导学生通过手机 APP 在课余时间学习，如此方可大幅提升学生学习的主动性以及学习成效。

大学英语网络自主学习平台建设可以使学生摆脱时空的束缚，提升学习的个性化、自主性以及选择性。利用规模庞大的网络学习资源库，能够增强学生学习大学英语课程的兴趣，使学生的英语语言综合能力得到显著提升，使科学化、网络化、智能化成为大学英语教学未来的发展趋势，推动大学英语教学的进一步发展。

（三）大学英语网络自主学习中心建设的措施

1. 加强外语信息资源个性化建设

目前，各大高校自主学习中心采用的是专门制作的学习资源，如《新视野大学英语》系统，该系统涵盖词汇练习、翻译练习、听力、写作练习等同教材学习相关的方面。此外，诸多高校的学生的听说训练系统选用的是《体验英语》《新理念大学英语》，虽然学生拥有了出色的学习平台，但与学生个性化学习的要求还有很大差距。自主学习中心必须对外语学习资源进行进一步拓展。一方面，在信息化高速发展的今天，教师能够按照学生能力对其他国家的原版教学资料进行搜集与编辑，并在学生自主学习过程中运用这些素材。与真实的语料进行密切接触是语言学习的必由之路，鉴于学生对有趣的内容更加感兴趣，系统中心可对西方电视台的诸多节目，如新闻、娱乐、访谈等的视频进行搜集，并供学生选用。同时，虽然大部分教师在教学过程中鼓励学生在课余时间对西方国家的主流媒体、报刊上的文章进行浏览，但现实中只有极小部分的学生具有这种积极性。因此，教师应该在资料库中定期置入经过仔细挑选的素材，为学生的自主学习奠定基础。而且，若条件充分，还可将部分语言指导融入其中。另一方面，当前我国大部分高校均将 EAP 教学（即学术英语教学）作为未来英语教学的重点加以推广，学习资源以学生的专业为依据进行提供。总的来说，不仅要满足学生的一般需求，而且要使学生获得个性化学习空间。

2. 突出教师在自主学习中心的作用

教师在构建自主学习中心的过程中发挥着重要作用，为资源收集提供了很大的助力。由于教师长期从事教学活动，熟知学生在学习方面的状况与要求，因此能有针对性地对学习材料进行搜集与挑选。并且，系统中心必须及时更新视频和各种时事资源，而这与教师的认真劳动有着密切的联系。此外，由于在专业方面具有一定的限制，外语教师在对关于 EAP 教学的资料进行搜集时，有时会碰到其他学科的专业资料，因此外语教师应该同专业课教师保持密切的联系。

在学生自主学习过程中，教师发挥着重要作用。尽管自主学习为学生学习语言提供了很大的便利，但也面临着监督乏力、指导不力的问题。在高校扩招的大背景下，高校学生人数大幅增长，教学占据了教师的大部分精力，因此自主学习中心无法安排专业的辅导教师。然而，当前很多大学生仍然同高中时期一样对教师有很强的依赖性，有的学生在挑选学习素材时仅关注相对简单的部分。因此，为了使学生的自主学习水平得到增强，教师必须发挥引导作用。教师应该鼓励学生在自主学习中心学习时制订具体的学习目标与学习计划，认真挑选学习材料与方法，管控学习进度，评估自身的学习成效。在此过程中，教师应该将各种问题迅速反馈给学生，使学生慢慢体会到自主学习是课堂学习的拓展，而不是无关紧要的。教师不仅应该教授学生语言文化技能，还应该作为研究者指导学生对学习与探究的方法。

3. 提升自主学习中心的管理水平

只有全体工作人员一起努力，自主学习中心才能正常有效运转。首先，技术人员应为硬件设施提供维护工作；其次，只有全院领导和教师同心协力，中心才能正常运转。领导进行整体规划，教师则承担方案的推行和在推行时寻找问题，对有关数据进行搜集，为接下来的调整奠定基础。此外，信息交流应该有畅通的渠道，只有如此，上级领导的要求才能顺利传达，中心的运转状况也才能明确地呈现出来。

大学英语的教学和改革在信息化的推动下有了长足的进步。大学英语教学在自主学习中心的协助下变得更加生动活泼，同时也面临着更多的挑战。自主学习中心使传统的教学模式发生了很大的改变，为学生提供了极为丰富的学习资源，推动了学习方式朝个性化方向发展。然而，自主学习中心建设不是为了使教师获得更加充裕的休息时间，相反需要教师付出更加辛勤的劳动。学校和学院应该在资金与政策方面提供更多的支持。唯有激发教师的积极性，全员参与，才能确保达到更好的教学效果。

第八章　信息化背景下的大学英语评估体系研究

第一节　大学英语教师发展性评价

一、发展性教师评价的含义与特征

（一）发展性教师评价的含义——以英国为例

发展性教师评价制度起源于20世纪80年代初期，最先由英国开放大学教育学院的纳托尔（Latoner）和克利夫特（Clift）等人倡导。20世纪80年代中期前后，英国公众日益关注教育质量，不少教师的教学质量受到怀疑，要求提高教师素质的呼声越来越高。面对社会舆论，不少人把提高教师素质、改善教学质量的希望寄托在教师评价制度上。1983年与1985年，英国教育与科学部和威尔士事务部先后发表了题为《教学质量》（Teaching Quality）和《把学校办得更好》（Better School）的白皮书。这是政府首次对教师评价制度进行表态，但并没有改变将教师评价视为管理和控制手段的观点。

1985年夏天，英国皇家督学团发表了题为《学校质量：评价与评估》（Quality in School：Evaluation and Appraisal）的报告，报告中对教师评价制度和奖惩制度要相互独立的观念予以了明确，在新的发展性教师评价实施的过程中，这个规定所起的作用是决定性的。1986年，咨询、调解、仲裁委员会评价工作组、教师协会、地方教育当局、教育与科学部的代表共同发表了一份报告，指出教学评价的过程具有连续性和系统性的特点，为教师的个人职业生涯规划和专业发展提供引导和帮助是其目的所在。

此后，由英国教育部与科学部出资在地方教育当局实施为期两年（1987—1989）的发展性教师评价制度试点研究工作。全国领导小组于1989年10月提交了试点研究工作的专门报告。报告中主要对发展性教师评价制度实施所要达到的目标以及所起的重要作用进行了详细的阐述，具体体现在以下两方面：第一，能够使教师的斗志得到激励，士气得到鼓舞，使教师与教师之间能够互相信任，和睦相处；第二，发展性教师评价针对教师的创新持积极支持和鼓励的态度，能够促进教师在贯彻和实施国家课程方面创新意识的充分发挥，进而使课程教学改革得到进一步深化。

因此，自20世纪80年代末以来，英国教育部逐步摒弃传统的教师评价制度，开始推行一种新型的教师评价制度——发展性教师评价。

由此可知，发展性教师评价就是在一定的发展性目标的基础上，在发展性的评价技术和方法的支持下，对教师素质发展的进程进行评价解释的一种评价制度。在这一评价活动的具体实施过程中，教师通过对自己的不断认识、发展和完善，不断地对自我素质结构进行积淀、发展和优化，促进自己在专业理念、教学技能、专业服务精神等方面得到和谐自然的发展。它（发展性教师评价）不是指某一种特定的教师评价方式，而是一系列能够促进教师素质发展与提高的评价方式的总称。①

（二）发展性教师评价的特征

1. 以促进教师专业发展为目的

发展性教师评价把教师工作看作是一种专门职业，认为每位教师都有在教育教学的过程中不断发展的内在需求和可能性。据此，为教师提供关于教学的信息反馈和咨询，使教师对自己教学中存在的优点和缺点进行反思和总结，在此基础上对个人以后的专业发展和个人发展提供指导和帮助，进而提高专业素质和教学能力，这是评价的根本目的。显然，这种理念与现行评价体系具有质的区别。它不与奖惩、得失挂钩（通过衡量结果来评判等级、明确职责、奖优罚劣或解聘不称职的教师），其目的在于促进教师的专业发展，有助于教师在一种轻松、和谐的氛围中不断提高个人素质和教学水平，更利于调动广大教师参与教师评价的积极性。②

---

① 牟金保．我国教师专业发展评价研究：现状、热点及趋势[J]．西藏民族大学学报（哲学社会科学版），2020，41（2）：146—152.

② 张福荣．高校英语教师发展需求调查与研究[J]．计算机产品与流通，2020（8）：227.

2. 改变了单一的以奖惩为目的的评价

长期以来，由于人们认识上的偏见，对教师的考核、评比或评估，常常将教师分成优秀、良好、合格、差四个等级，以此为依据对教师实施奖励或惩罚。教师在整个评价过程中极其被动，只能接受评价结果。而发展性教师评价使教师成为评价活动的积极参与者与评价活动的主体。这时的教师评价不再是对教师工作的简单鉴定、认可或否定，而是注重为教师工作提供多方面的信息，开展咨询和提供改进建议；不再用静态的眼光看待教师，而是用动态的眼光看待教师并帮助教师发展。

3. 注重评价的分析性，强调多种方法的综合运用

传统的评价为了取得对教师奖惩的直接依据，较多地使用定量分析，尤其是以量化分数呈现评价结果，方便教师间的横向比较。而发展性教师评价的目的是对教师进行诊断，能发现教师现存的问题并提出改进策略，因此较为重视定性的分析，强调通过面谈、课堂观察、非正式交流等形式进行信息收集，同时就发现的问题与不足，有针对性地提出改进意见与建议，并为教师制订相应的发展目标。发展性教师评价注重质性评价与量化评价方法的综合运用，要求将量化的评价分析统整于质性评价当中。

4. 评价内容突出综合素质，重视个体差异

在发展性教师评价中，教师的综合素质是评价的重点所在。具体来讲，就是依据动态和发展的理念，系统、全方位、长时间、反复地评价教师教学工作中的每一个环节。因为工作中任何成绩的取得都不是一蹴而就的，而是需要长时间的积累和沉淀，因此教师所从事的教育教学活动具有长期性和复杂性的特点。所以，仅仅依靠一两次的单项评价并不能将教师教学工作的整个发展过程真实客观地表现出来，反而会导致评价结论与教师实际工作表现呈现出较大的偏差，使教师不能很好地进行教学活动。只有进行综合评价，才能对教师教学中的工作表现有一个全面系统的了解，对教师的发展方向及需求有一个清晰的把握，进而对评价过程中的晕轮效应、趋同效应等引起的各种偏差进行有效的修正。因此，对于发展性教师评价而言，综合评价是必不可少的。

同时，发展性教师评价也注重教师的个体差异。人与人之间存在差异，同样，教师与教师之间也存在差异，具体表现在个性心理、职业素养、教学风格、交往类型和工作背景等方面，因此在发展性教师评价过程中，应该在这种差异的基础上，使评价标准、评价重点的确立和评价方法的选择体现个性化，并且在对每一位教师提出改进意见、专业发展目标和进修计划等方面具有更强的针对性。如果忽视教师间的个体差异，就不能充分挖掘和发挥教师各自的潜能和

优势，进而对教师的专业发展和积极创新产生一定的负面影响。

5. 注重发挥教师自我评价的功能

在发展性教师评价中，教师是评价活动的积极参与者，是与评价者平等的合作伙伴。发展性教师评价改变了传统评价中教师被动受评的局面，评价过程高度重视被评教师的意见和观点，有利于提高收集到的评价信息的质量，从而做出客观正确的判断；有利于被评价教师本人发现问题并主动改进和提高；有利于消除被评者与评价者之间的对立情绪，使被评者自觉地接受评价的结果。发展性教师评价重视教师自我评价的作用，强调教师的主体意识和创造精神的发挥，使教师通过自我评价认识自我、完善自我，自觉地改进问题，谋求发展。

二、发展性教师评价的原则

（一）单项评价与综合评价相结合原则

出于提高评价结果的有效性以及可信性的目的，在发展性教师评价制度具体实施的过程中，单项评价和综合评价的有机结合是必须要遵守的原则。

所谓单向评价，指的是针对教师工作的某一个具体方面进行评价，如课外活动、师生关系等，或者是针对教师在某一个时间段内的工作进行评价，如一堂课、一次班会等。对于教师综合评价而言，单项评价占有十分重要的地位，可有效地防止综合评价结论出现表面化以及简单化的倾向。

所谓综合评价，指的是采用动态和发展的眼光，系统、全程、长期、循环反复地评价教师工作中的任何一个环节。对教师而言，其所从事的教育、教学活动具有长期性和复杂性，在工作过程中所取得的任何成绩都是其不断积累的结果，并不是一蹴而就的。正是因为如此，单纯地依据一两次单项评价或者是一两次的数据统计，是不能真实有效地反映教师的工作情况的，会使评价结果与教师实际表现之间出现不相符合的现象。

综合评价与单项评价是共性与个性的关系，综合评价以单项评价为基础，并借助单项评价进行表现。离开了综合评价，就无法对评价对象的工作表现进行全方位的了解，也无法对教师的发展倾向以及发展过程中的需求进行把握，更不可能对评价过程当中因为影视界效应、考虑周到效应等引发的各种偏差进行修正。[①]

① 刘欣月．高校教师发展性评价研究[J]. 佳木斯职业学院学报，2020，36（5）：285—286.

实际上，单项评价与综合评价相结合的过程是静态评价与动态评价相结合的过程，是专题性评价与概括性评价相结合的过程，也是形成性评价与终结性评价相结合的过程。

（二）定性评价与定量评价相结合原则

现代评价理论指出，任何客观存在的现象，都有数量方面的存在。因此，在对教师进行评价的过程中，可以采取量化的方式处理评价的数据、信息及结果，进而将评价结果以数据的形式呈现出来。这样可以保证认识的准确性，并促进其不断深化，也有助于对评价的结论进行量化比较。

当然，量化不是评价过程中绝对的和唯一的途径，可以把定性评价与定量评价有机地结合起来。就教师这一工作而言，是需要付出复杂的劳动的。具体而言，这一劳动的复杂性主要体现在以下几方面：第一，多种多样的教学任务；第二，复杂多变的教学过程；第三，教师之间的共同协作；第四，灵活多样的劳动手段；第五，需要长期努力才能够取得的劳动成效；第六，具有示范作用的教师的一言一行。

由于教师的工作具有复杂性，因此对教师进行评价时应该采用定性评价与定量评价相结合的方法。在对教师的工作进行评价时，不仅要对教师的工作量、教学课时、课外活动等进行关注，还要对教师完成工作的质量进行衡量。若只关注教师的工作量，必然会导致教师仅仅将工作的重点放在课时的数量以及课外活动的次数等方面，而不关注教学质量的提高和教育科研的开展；若只关注教师的工作质量，就会造成教师单方面地追求科研成果的多少、公开课的开设等，会在不经意之间忽略作为一名教师应该履行的其他工作职责。唯有将定性分析和定量分析统一起来，才能彰显教师工作的特点，从而得出更具科学性的评价。

（三）评价过程的民主性原则

发展性教师评价与奖惩性教师评价不同，它要保证民主评价和被评教师的积极参与。这就要求破除评价过程的神秘性，增加评价过程的透明度。因此，在进行发展性教师评价时，首先要把评价目标、评价标准、评价方法、评价程序、评价要求原原本本地向评价者与被评价对象公开，以激发双方的积极性；其次要明确评价者与被评价对象之间是平等与合作的关系，而不是监督与被监督的关系。

（四）评价信息的保密性原则

唯有做好相关资料的保密工作，才能保证教师在进行发展性评价的过程中保持积极主动，进而使评价的信度以及效度得到有效的保障。这也是获得教师信息的一个极为重要的条件。就国外而言，有机会接触到教师评价报告的只有被评价对象、评价者、学校校长、教育管理部门的领导或其指定代表；而作为学校理事会主席，仅仅能够接触到校长的评价报告，但是不具备对教师的评价报告进行查询的权利，唯有提出申请之后，才能对教师评价报告中有关教师发展目标以及行动计划方面的内容进行查看，而学校理事会当中的其他成员是没有权利查看教师评价报告当中的任何内容的。

三、大学英语教师发展性评价策略

（一）突破落后观念束缚，更新教师评价理念

思想是行为的指南，评价理念和评价活动的关系也是如此，评价理念科学与否对评价活动的合理性起着决定作用。奖惩性评价方式已成为影响和制约大学英语教师专业发展的瓶颈，这就要求大学管理者必须从转变观念入手，突破奖惩性评价理念的束缚，坚持以教师发展为本的评价理念，即发展性评价理念。将教师的专业发展放在首位，切实提高学校科研及办学水平，努力实现双赢的最终目标。同时，作为被评价的教师，也需要积极更新对教师评价的认识，增强参与评价与利用评价结果促进自身发展的能力。

（二）优化科研教学权重，关注发展体现公平

科学的教师评价制度理应通过合理设置教学、科研权重来引导教师将更多精力用于教学上，并尽量将科研与教学挂钩，做到对教学、科研的同时重视。发展性教师评价突出关注教师的专业发展，而大学英语教师队伍中教师素质呈现出明显的层次性、差异性特征，因此在教学、科研权重的确定上要因人而异。对同一教师而言，权重的分配也要体现发展性，伴随教师专业成长而动态调整。对于从教时间较短、教学经验欠缺、处于科研起步阶段的教师，可突出教学权重的主导地位，而随着其从教经验的不断丰富、知识层次的不断提高、科研能力的大幅提升可逐渐增大科研权重，使教师在不同阶段的科研、教学的权值都保持在相对合理的范围内。

（三）定量定性相结合，突出质量兼顾效率

在大学英语教师评价中实施发展性教师评价就是要结合英语学科的特征，走定量评价和定性评价相结合的道路，取长补短，相互促进。

对教师科研能力的评价，应符合英语学科学术自身的运行规律，创造相对宽松的评价环境。英语作为一门社会学科，加之英语教师课时多、教学任务重，因此学术评价中要适当淡化数量指标，考核周期也不宜太短，并要有必要的弹性，给教师潜心于教学和学术研究的时间，文章应重精而不在多，应将原创性、前沿性作为学术评价的核心指标，将高质量、高水平作为学术评价的重要标准。

对教师教学的评价应淡化教学数量，强调教学质量。课时数可作为一个衡量工作量的参考指标，而对教学质量的评价则要结合教师自评、同行评价、学生评教、专家评估等多种渠道综合获得，而且要将评价结果及具体内容及时反馈给被评价教师，使其能在评价中获益，在未来的发展中扬长避短，切实发挥教师评价对教师发展的促进作用。

（四）评价渠道多元化，互动交流互证互补

教师的教学和科研业绩往往具有可比因素不易确定、量化难度大、后显性突出等特征，因此教师评价是一项专业性极强的工作，仅通过学生成绩、论文数量等因素，很难做到全面而客观。因此要尽可能地消除评价中存在不足，实现评价主体多元化，并强化管理者、专家、教师自身、学生、专业评价中介机构等评价主体间的沟通与交流，通过多种评价信息的互证互补来尽可能确保评价结果的客观、公正、全面。

院系领导和行政管理人员对教师的评价，应主要从掌握教师工作状态、优化教育决策角度出发，而不宜与奖惩挂钩。专家一般比被评价对象具有更高的教学科研水平，能够结合学科特点和学科发展方向对教师教学和科研能力的状况进行较客观的评价，并为其专业发展提供建设性的指导。同行与被评价对象往往具有相似的专业背景和教学、科研环境，因此对被评价对象的业务素质和思想动态往往更熟悉，通过同行评价，被评价对象往往能够得到更实用、可操作性更强的专业发展建议。

教师自评是评价民主化的一种重要手段，不但可以消除对教师评价这项工作的抵触情绪，增强主人翁意识，而且能够通过评价来激发其自我管理和自我激励的内部动力，促进其不断自我反思、自我调控、自我完善，因此应将其作为教师评价中的一个重要环节进行突出。

学生作为教学主体，既是教育产品的直接消费者，也是教学成果的直接享受者，因此对于教师的授课技能和敬业精神等方面，往往更具发言权，学生评价举足轻重。教学效果具有典型的后显性，因此学生评教要突出评教的动态性和连续性，除了在课程教学过程中安排若干次评价外，在课程结束后的下一学期或几个学期后再由同一批学生对该课程任课教师进行评价，甚至可通过网上问卷、电话采访等形式来跟踪并收集部分毕业生的评价意见。以上可通过开发较完备的网上评价系统来实现。考虑到后续评价的计量对于评价实践的可操作性问题，宜将其作为一种必要的验证和辅助手段。

教师评价工作是一项专业性很强的工作，通过建立合理的外部教师评价机制，引入具有独立法人资格、权威性较强的教育评价中介机构来参与教师评价工作，能较好地解决现有各评价主体评价专业技能不足等问题，又能有效地避免外行评价内行、评价过程不透明等问题。

第二节 信息化背景下大学英语教师专业化发展路径

一、信息技术对大学英语教师专业化发展的作用

（一）信息技术对大学英语教师个体发展的促进作用

信息技术作为最先进的现代教育技术，为大学英语教师的专业化发展提供了有利的平台。

1. 信息技术为大学英语教师专业发展创设基础性平台

信息时代要求人们必须具备基本的信息素质。信息时代的教育要培养学生具有迅速筛选和获取信息、准确鉴别信息的真伪、创造性加工和处理信息的能力，并把学生掌握和运用信息技术的能力作为与读、写、算同等重要的基础能力。作为实施信息时代教育的教师，必须首先具备较高的信息素养。因此，学校的教育信息化建设，为教师的信息素养的塑造提供了基础性的平台，学校领导对信息化的重视程度、建设力度以及管理水平，直接影响了教师的信息素养的发展。

2. 信息技术为大学英语教师专业技能发展创设实践平台

对于基础教育课程改革，教师必须具备较为专业的教育教学实践能力和科

研能力。通过计算机网络，教师可以最大限度地吸纳、借鉴成功的教育教学经验，并可将自己的教学实践成果与广大同行进行交流探讨。借助网络，参与诸如“××论坛”“教育在线”“网络日志”等教育教学探讨活动，可有效提高自己的教育理论水平和教学研究能力。

3. 信息技术为大学英语教师专业发展创设资源平台

广义的信息技术，是指涉及信息的产生、获取、检测、识别、交换、处理、存储、显示、控制、利用和反馈等与信息有关的、以增强人类信息功能为目的的技术。然而，在新的信息技术革命时代，知识信息的呈现、传递与接收手段和方式相应地发生了质的变化。计算机网络技术的发展，更加丰富了知识的获取渠道，知识更多地以多媒体技术手段展现，实现了集成性、交互性、可控性、实时性、非线性等特征，为教师专业知识的发展构筑起了丰富的数字化知识资源宝库。

4. 信息技术为大学英语教师专业发展创设教育反思平台

信息技术为反思性教育实践提供技术、环境、资源支持，真正实现跨时空、低成本、高效率的教学反思和研究活动，提高教师的教育科研能力和实践能力。教师对教育实践的主动探求和反思，会推动教师的责任感和理论水平的发展，使教师对教育、学校以及自身的存在与发展有一个更深刻的理解。同时，借助于网络，广大教师可以针对国际国内教育发展的倾向以及名校、名师的教育实践有一个及时了解，从成功教育典范身上受到启发，树立远大的目标，激励和促进自身的发展。

5. 信息技术为大学英语教师专业化创设终身发展平台

教师专业化的成长是一个终身学习和终身发展的过程。现代远程教育为教师的终身学习提供了数字化、网络化学习环境和资源。通过现代远程教育，教师可以选择任何时间、地点、进度、方式，选择自己需要的内容进行自主学习；教师还可进行异地交流讨论、协作研究，实现合作学习。现代远程网络教育不同程度地满足了每位社会成员的学习需要，为构建学习型社会和终身教育体系发挥了重要的作用。

（二）信息技术对大学英语教师群体发展的促进作用

每位教师都属于特定的教研室、学科组或年级组等，这些群体发展状况与教师个人的发展密切相关，教师个人的发展是建立在群体发展的基础上的。目前，教师专业发展开始出现了群体发展的模式，这也是教师实践共同体概念的核心；而教师个体发展又是教师群体发展的最终目标。因此，教师群体知识管理是在教师个体知识管理基础上实现的个体知识交互和个体协作发展。

1. 有助于建设基于信息技术的协作环境

与教师个人知识管理相比，教师群体的知识管理是一个更为复杂的系统工程，涉及技术、组织结构与文化各个方面。以知识管理作为其中的主要手段，不仅可以有效地实现教师专业知识的集中管理和应用，还可以使教师个人的知识管理与教师群体的知识管理实现衔接。目前，大量的社会性软件应用于教师专业发展过程中，教师群体的知识得到了更为有效的管理和运用，教师“实践共同体”之类的概念也变成了现实。

组织知识管理的技术环境往往是一个基于网络的系统，这使系统的进入变得更容易，同时也降低了系统的使用难度。为了方便教师的交流和讨论，也为了能够更好地进行个人知识的互相共享，应该尽可能地利用学校网络教学平台，或者利用互联网提供的博客等协作和反思工具的免费空间。

2. 有助于构建基于网络的实践共同体

所谓实践共同体，就是由有着同样的目标、同样的工作或者同样的兴趣的一群人组成的一个非正式的团体，在这种团体中，每一个成员都可以就他们共同关注的问题进行讨论，从而促进知识共享，加深对问题的看法。

实践共同体能够让许多对同一个目标感兴趣的群体进行有效的讨论和协作。事实上，教研室、学科组甚至班集体也可以说是一个实践共同体。传统的教师学习是教师独立进行的学习，短期培训班、研讨会模式有助于教师在团体的推动下积极学习，但其后续的反馈、支持相对比较困难，因为教师很难将有关自己教育教学实践的反思与其他教师进行讨论。基于网络的教师实践共同体，能够很好地解决上述问题，从而使虚拟实践共同体得到比较广泛的应用。虚拟实践共同体是虚拟社区的一种。所谓虚拟社区，是一个围绕某种兴趣或为达到某种需求而通过计算机网络交互方式进行交流和活动的共同体。虚拟社区的形成突破了原有的地域限制，以及早期社区概念所强调的血缘关系限制，那些拥有共同的兴趣爱好或共同的价值理念的人们只要依托邮件、新闻组和网络论坛等简单的交流工具，就可以形成稳定的虚拟社区。显然，虚拟社区的形成突破了原有的地域限制，它的出现从根本上改变了人们的生活方式，尤其是交流方式，网上生存成为一种与社会生存并行的重要生活方式，对人们的心理和行为产生了重大的影响。

通过网上的教师实践共同体，教师能够围绕共同的目标进行合作，交互地进行决策和行动，共同进行探究。为此，对教师来说，应该充分尊重多元化的观点，积极参与到群体的讨论和协作过程中，这种和谐的学习环境可为教师个体提供更多的相互学习和借鉴的机会，促进新知识的形成，开发教师个体的成长潜能。

3. 有助于树立知识共享观念

从组织角度来看，个人层次的学习远没有组织层次的学习重要，也就是说，人与人之间的交流学习才是组织发展关注的焦点。加强人与人之间的交流学习的实质就是知识共享，因而如何创设这样一种文化氛围，是组织知识管理所要考虑的问题。为了创设知识共享的文化，必须要重视以下问题：

（1）学校层面应该首先提供一种合作与信任的环境和组织文化。竞争的环境是很难让人有共享的意愿的，因而要推动知识共享，必须要建立一个合作的相互信任的环境。

（2）吸收外部最新知识并积极共享。每一位教师都应该努力学习和获取最新的教育教学理论，并将此共享给学校或者所在教学组织的其他成员。

（3）要以实际的行动来进行创新。一个保守的系统里面能够涌现大量的新知识，是以教师的实践和反思为基础的。因此，每一位教师都应该将自己的实践和反思与其他教师共享，并形成一个良好的习惯。

信息技术对群体专业发展的影响体现在新的组织结构与文化氛围的形成。教师实践共同体是目前教师专业发展中一种比较常见的组织形式。在网络技术的支持下，这种形式突破了传统组织结构中的不足，采用一种扁平化的组织形态，围绕明确的目标行事，能快速响应变化的环境，为教师专业发展提供了一个高效的环境。同时，在这样的组织中，也可以形成一种知识共享的文化氛围。由于有同样的目标，分享同样的兴趣，因此只有每个人尽量在共同体内分享知识，才能实现其共同的目标，进而创造出新的知识。

对教师组织来说，信息技术的导入可能会引起原有组织结构的某种不适应，因此为了更好地发挥信息技术的作用，组织结构的转变的重塑也是不可或缺的。

二、信息化环境对大学英语教师专业发展的要求

（一）全新的专业知识要求

传统的教师专业知识主要包括文化素养、专业学科知识、教育学科知识。显然，在信息化环境下，专业知识还应该包括高度的信息素养，因为它是信息时代下所有人都必须共有的素质。但是，从教师的职业视角来看，仅仅拥有普遍意义上的信息素养是远远不够的，还应该形成将信息技术与本职工作相整合

应用的素养，即信息化教学设计与实施能力、技术支持的专业实践能力等。具体而言，在信息技术环境下，大学英语教师的专业知识还要包括以下要素。

1. 基本的信息素养

大学英语教师必须掌握现代教学技术，具备信息素养，这是信息时代改革英语教学和提高英语教学质量的关键。具体而言，大学英语教师信息素养包括以下四方面内容：

（1）信息意识。信息意识是人们对各种信息的自觉心理反应，是人们对客观事物中有价值的信息的感知能力、判断能力和运用能力的综合体，即对信息科学正确的认识和对自己信息需求的自我意识。信息意识有三种表现形式：对信息具有敏锐的感受力；对信息具有持久的注意力；对信息价值具有判断力和洞察力。大学英语教师需要对教学信息有敏感度；能意识到信息对创设英语语境的重大作用，了解什么信息能够促进英语教学；具有获取有利于教学的信息的意识；具有将信息与英语教学整合的意识。

（2）信息知识。信息知识是指一切与信息有关的理论、知识和方法，是人们在利用信息技术工具拓展信息传播途径和提高信息交流效率中所积累的认识和经验的总和，是进行搜集信息、加工信息、利用信息等信息行为的原材料和工具。信息知识包括基本信息常识和技术性知识。例如，网络信息知识，是指人们对网络信息本质、特性和常识性的一些网络基本知识的了解；网络信息技术专业知识，是指对网络信息方法、网络信息技术的了解和掌握。

（3）信息能力。信息能力是信息素养的核心，是指人们有效利用信息设备和信息资源获取信息、加工处理信息以及创新信息的能力。大学英语教师的信息能力是信息素养的核心，可细分为以下七种类型的信息能力：①获取能力：运用ICT（信息和通信技术）获取英语教学资源的能力，包括信息的检索和下载；②评价能力：运用ICT客观评价英语教学资源和学生英语学习情况的能力；③处理能力：运用ICT对英语教学资源进行教学加工的能力；④管理能力：运用ICT对英语教学网络和本地资源进行收集、组织、整理和储存的能力；⑤整合能力：运用ICT辅助英语课堂教学的能力；⑥交流能力：运用ICT与专家、同行和学生进行英语教学经验交流的能力；⑦研究能力：运用ICT进行英语教学研究的能力。

（4）信息道德。信息道德是指涉及信息开发、传播、管理和利用等方面的道德要求、道德准则。在信息素养形成过程中，信息道德担任着道德规范和监督制约不良信息行为的角色。信息道德作为信息管理的一种手段，与信息政策、信息法律有密切的关系，它们各自从不同的角度实现对信息及信息行为的规范和管理。信息道德包括著作权、合法性和道德规范等问题。信息道德规范的目的是为了教育人们尊重别人的劳动成果，不恶意窃取，遵循一定的信息伦理与道德准则，规范个人信息行为素质。

2. 丰富的信息化实践知识

当前，信息网络呈现出不断扩展的趋势，教育也要加快信息化的进程，这就要求未来的教师要将教会学生获取信息知识的本领、把学生培养成为信息化的人当作主要的任务，但要培养出“信息化的学生”，就要有“信息化的教师”，因为教师负有指导学生学习的任务。因此，在信息化环境下，涉及技术及其应用的教师实践性知识的探索就显得尤为重要。

对于“教师实践性知识”概念的界定，专家学者对其做了大量的研究，本书采纳的是具有代表性的北京大学教育学院陈向明提出的界定：“教师通过对自己教育教学经验的反思和提炼所形成的对教育教学的认识；教师对其教育教学经历进行自我解释而形成经验，上升到反思层次，形成具有一般性指导作用的价值取向，并实际指导自己的惯例性教育教学行为。”[①] 从该概念可以看出，教师实践性知识不仅包括表现出来的行为，还包括行为背后的信念与意识。姜美玲在其博士论文《教师实践性知识研究》中认为：教师实践性知识是指教师在具体的日常教育教学实践情境中，通过体验、沉思、感悟等方式来发现和洞察自身的实践和经验之中的意蕴，并融合自身的生活经验及个人所赋予的经验意义，逐渐积累而成的运用于教育教学实践中的知识及对教育教学的认识，它实质地主导着教师的教育教学行为，有助于教师重构过去经验与未来计划，从而把握现时行动。

据此，信息化环境下的教师实践性知识，也被称为教师信息化实践性知识，是指教师基于自身教育教学的需要，在具体的日常教育教学实践情境中，通过体验、感悟、反思和提炼所形成的运用信息技术相关技能及教学理念处理教育教学问题的认识，并且这种认识会自觉地指导自己的惯例性教育教学行为。

顾名思义，教师信息化实践性知识是教师个体所拥有的实践性知识，也就是教师在应对信息技术教育情境中生成的关于“如何做”的相对稳定的策略性认识体系，是指教师在具体的日常教学实践过程中，通过体验、反思等多种方式来发现信息化教学实践过程中的意蕴，且结合自身的生活经验，逐渐积累而成的对信息化教学的认识，并且将这种认识用于指导自己的学科教学实践的知

---

① 曹勇军．搭建实践与理论之桥——印象北大陈向明教授[J]．语文教学通讯，2015（Z1）：4—7.

识。具体而言，教师信息化实践性知识受教师工作环境、教育对象和教学内容的影响，是教师特有的一套服务于在信息化环境下开展教育实践的综合性知识，是教师在教育教学实践中生成并不断建构形成的教育经验体系与教学智慧素养。它既包含可言明的显性知识，也具有缄默的隐性知识特性。它应用于实践，贯穿于实践，指引和规范着教师的言行，将实践活动不断推向自身教育信念所预设的目标状态。

教师信息化实践性知识生成之后并不是稳定的、长期不变的，而是根据当前遭遇的问题情境与之前的个人经验灵活组合，在复杂、动态的实践场景中表现出一种惯常性倾向，是随着信息技术的发展而发展的。它在静态上反映了教师实际上对信息技术支持的教育教学的认识，在动态上反映了教师根据自身教育信念，筛选并组织相关理论性知识，合理运用能力去开展信息化教育活动，实现预期目标的行动意识，是一种行动准则。

教师信息化实践性知识的形成和发展依赖于应用信息技术的意识及实践，是由实践经验转变而成的指导个人教学行为的规律性认识，主要包括教学信念和教学技能两个层面，具体表现为教师在教育教学过程中，具有自觉应用信息技术的意识，运用信息技术解决教育教学问题已成为一种日常教学习惯。从内容维度构成来说，教师信息化实践性知识包含教师信念、信息技术知识、信息化教学策略知识、信息化环境中的学习者知识、信息化教学评价知识等；从整个教学过程来说，它贯穿于教师备课、上课、作业检查与批改、课后辅导及学习评价各个环节。教师信息化实践性知识决定了教师的教育行为，影响着教师的教学效果，它既是教师个人专业发展的知识基础，也是教师群体专业化地位提升的知识依据。

（二）新的角色要求

信息时代的到来不仅迅速改变着人们的生产方式、生活方式、思维方式和学习方式，也给教师的工作和自身角色带来了挑战和机遇。在信息化环境教学下，大学英语教师运用现代教学手段和教学方法，改变了传统的教学理念和教学模式，在保持普通大学英语教师角色的同时，还要担当以下角色。

1. 有效主题教学模式的设计者

在信息化环境下，英语教学要求教师探讨和设计新的教学模式和方法，既要充分发挥网络的优势，又要能提高学生的学习效率。英语教学内容的主题教学模式是从现实生活中选取学生感兴趣的热点话题，进行英语语言问题探讨活动，从而自然习得英语知识与技能。整个主题模式教学围绕某个主题进行主题小组分散讨论、专题搜索阅读和集中讨论，最后以专题写作形式结束单元主题教学。教师在运用网络技术辅助参与讨论时，要合理安排课堂教学内容和网上资源的占有比例，通常阅读和写作可放在网络自主学习中，答疑解难、讨论和讲评可以在课堂上进行。

在信息化环境下，教学的每一个主题都可以在网上查到丰富的相关资料，包括有关的背景知识和最近的发展动态，学生可以对自己搜索的资料进行整理总结，得出个人的见解和结论，然后和其他同学展开交流讨论，这样才可以摒弃课本对学生的束缚，拓展延伸学生的知识面，提高学生参与话题的兴趣和积极性。在这种学习模式下，为了帮助学生迅速查到相关资料，避免耗费过多时间，教师可以在学习网站上链接常用热点与新闻的网址，帮助学生接收更多的国内外新闻知识；为了帮助学生了解英语学习信息，教师还可以介绍英语国家的主要报纸杂志的网址；另外，可以下载一些具有前沿性、争议性的资料，引发学生跟踪报道的欲望和挑战意识。当然，对于一些敏感话题，教师要及时进行正确引导，特别是有关国家民族尊严的话题。

2. 交互机制实施的促进者

应用语言学家认为，语言习得的关键在于交互活动，意义协商和语言输出都包括在这一活动之中。而计算机网络为大学英语学习的交互提供了更大便利，教师作为网络交互学习实施的促进者，要组织指导和激发学生参与主题单元任务的交互活动。比如，利用网络论坛发布教学内容和布置学生任务，为学生查找资料和分析解决问题提供指导；也可利用 QQ、微信等现代通信方式就某个专题和学生进行交流，这样既节约了教师的时间，也满足了学生希望教师批改作业的要求。这些网络交互活动可以是即时性的，也可以是延时性的，学生可以在留言板或者论坛中提出问题和求助，其他同学可以参与讨论交流并给出问题的答案和帮助；就每个问题或者章节，教师可以给出自己的见解或总结性发言，做一个参与者和评价者，平等地参与讨论交流并适当给出指导性的建议。

3. 网络信息的搜集分析者

随着大规模在线公开课程的使用，大量的名校课程可以免费获取，学生进行学习的途径有了更多的选择，但这对大学英语教师提出了更高的要求。数字教育平台的建立使各门课程的网络学习者即时产生，网络课程库的信息海量、飞速、纷繁复杂地被捕捉储存起来，其中包括学习者的每个学习步骤，如时间的长短、测试的成绩、参与讨论的频率和方式等细节，通过搜集、挖掘、分析这些学习者的海量信息，能准确把握学习者的特征、学习效果，预测适合学习者下一步的学习内容和学习形式，真正做到因材施教，为每一位学生量身定做个性化的学习计划和模式。作为大数据的挖掘分析者，大学英语教师必须掌握大数据分析的方法，包括机器学习、模型预测、可视化、比较优化和数据挖掘等。机器学习是一门多领域交叉学科，涉及计算机、统计学和概率论等，目的是设计对已知数据进行自动分析、查找规律进而预测未知数据的方法。数据挖掘包括监测式学习和非监测式学习，监测式学习分析方法需要对大数据进行分类、评估。模型预测是建立数据变量模型，通过对照比较模型来预测学生未来行为的一种分析方法。可视化是将大数据进行标签编辑，便于查找分析预定的目标，可视化是进行大数据分析的有效手段。

4. 在线学习系统的建立者和学生学习过程的监控调节者

网络技术为学生自主学习提供了便利条件，调控、提供个别辅导和帮助学生自主学习成为教师的主要任务。

在网络辅导教学中，要想实现对学生有效的调控和个别帮助，首先要建立一个完善的在线教学系统。这个系统至少应包含教师端和学生端，学生通过学生端填写个人信息，按照班级向教师申请加入系统；教师通过教师端核查信息，确定无误后批准学生进入学习系统。学生可以根据各项指示导航在课程信息中获得相关学习资料，如在“单元测试”中进行自我测试和训练，在“家庭作业”中提交个人作业；还可以通过“师生论坛”和电子邮件与教师及其他同学联系交流。教师只要登录教学系统就可以查看学生的测试作业，并在网上进行批改回复，还可以浏览“师生论坛”和电子邮件，以了解学生的自主学习和参与网上交互的情况。

与传统的课堂教学模式相比，在线教学已成为课堂教学的延伸和补充，通过系统记录和处理，教师可以综合比较学生的记录，既可以获得单个学生的变化成长记录，也可以得出学生间、班级间的差别比较，从而迅速、直观、动态地了解学生学习状况。在网络教学系统中，建有“管理员”模块，在一个或者几个年级中开展网上教学活动，管理员负责系统中的关键性因素，如班级、课程、用户信息的添加与修改，不断地调整以保障整个学习系统的正常运行。整个学习系统通过联系网管、聊天室和网络论坛进行教、学、管理三方面的交互活动，学生对教学内容、方法和任务的见解和看法都可以在系统中做出反应和反馈。教师端成为教师的个人网站，教师可以传递授课内容、发布通知、布置作业任务、进行网上交流和信息反馈等。在网上教学实践中，网络学习的效率和网络资源的利用率取决于教师的具体操作与设计，以及如何调动学生参与网上自主学习的积极性。

进入网络时代，随着网络日益渗透到英语教学中，大学英语教师必须成为有效主题教学模式的设计者、交互机制实施的促进者、大数据的搜集挖掘和分析者以及在线学习系统的建立者和学生学习过程的监控调节者，大学英语教师的角色应更加多面、全能、高端。

（三）新颖的教育理念与高效的科研能力

1. 新颖的教育理念

网络环境下，语言的学习过程就是教师和学生双方相互作用的过程，教师和学生都是主体，教师是教的主体，学生是学的主体。因此，互动学生主体课堂理念不仅没有否定教师的作用，反而更加强调教师的指导管理和监督作用，教师发挥着愈加重要的作用。在这种教学理念下，作为教的主体，教师要发挥指导作用，课前必须搜索相关的教学材料，设计有效的语言活动主题，并布置课堂活动任务，调动和激发学生的参与热情，让学生课下做好充分的准备，包括上网搜集资料和课下交流讨论等。课堂交流活动可以是分组活动，也可以是个人展示；可以制作PPT课件，也可以播放视频；可以先讨论再展示，也可以个人先陈述观点然后同学之间相互讨论后教师进行点评。在网络互动平台上，实现师生、生生互动的课堂延伸活动，完成教师的监测环节，将学习活动任务在教室和网络空间搭建成互相促进、互相补充的统一整体。

2. 高效的科研能力

教学理论来源于教学科研实践，科研实践是检验科研理论和再次形成科研理论的基础。教育教学要把科研和教学实践结合起来，教学实践要由一定的科研理论做指导，同时新的科研理论方法产生于教学实践，二者互相补充、互相促进、共同发展。每位教师只有在对教学深入研究的基础上，才能有所提高和创新，否则只能是重复机械的劳动。因此，作为大学英语教师必须要具备高度概括和提炼教学过程而形成教育科学理论来指导未来教学实践的能力。

网络时代的大学英语教师，要具有一定的科研水平。这就要求每一位大学英语教师除要了解基本的研究方法，如问卷调查法、教学实验法、文献法、访谈法外，还需掌握教育叙事研究、个案研究和行动研究等研究方法。大学英语教师可以根据自己研究的需要，选择适合自己的研究方法。另外，大学英语教师还应具备网络信息搜集、信息分析加工和信息反馈等方面的能力，并且具备进行大数据搜集和分析的能力。

三、信息化背景下促进大学英语教师专业化发展的思考

近年来，随着社会对英语需求的日益增长、新课程改革实效性的加强以

及大学英语教育教学改革的日趋深化，众多专家学者普遍开始关注大学英语教师的专业发展，并针对大学英语教师专业化的发展目标、发展方向以及专业自身的成熟度等问题进行了讨论，提出的意见也极具建设性和可行性。教育部于2001年对“教师专业化”进行了界定，认为它就是“教师在整个专业生涯中，通过终身专业训练，习得教育专业知识技能，实施专业自主，表现专业道德，并逐步提高专业素质，成为一个良好的教育专业工作者的专业成长过程”。大学英语教师专业化的实现，就是要求大学英语教师在整个职业教学生涯中，不间断地进行学习、总结和进行教师专业化训练，从而不断增强自身英语专业知识储备和专业技能，最终使自身的专业素养与从教能力得以提升。只有做到上述几方面，才能成为一名优秀的专业化大学英语教师。当前，信息技术与课堂教育的结合呈现出越来越紧密的趋势，主要原因如下：一是科技的日新月异及应用的快速、普遍，二是政府对教育的关注和投入日益加大。在现代的具体教学过程中，应该从以下方面着手，使教师有效、灵活地运用新的教育技术，进而使大学英语教师的教学工作更加专业地与现代大学教育教学的特征相适应。

（一）英语教师专业化要合理协调好信息技术与传统教育之间的关系

信息技术这一概念所包含的内容较为宽泛，一方面涉及随着社会生产力发展与科学技术的发展在教育领域之中的运用，另一方面包括新的教育理论、教育新思维以及新的教学手段。多媒体网络语音室是伴随着信息技术在教育教学中的普及，以及计算机网络技术的日趋成熟而产生的。在高校教学改革中，信息技术提供了强大的技术支撑。教育部于2007年发布的《大学英语课程教学要求》指出，信息技术应用并不排斥传统的面授，而是更重视应用计算机和网络的教学模式，从教师讲、学生听的教学模式转变为以计算机网络、教学软件为主的个性化和主动化的教学模式，以多媒体网络技术为基础的信息技术应用，将在大学英语教学中发挥越来越重要的作用。

新形势下，对于大学英语教师专业发展来讲，其面临的主要问题是要正确认识传统教学方式与信息技术应用之间的区别与联系，并有效进行运用，进一步丰富和拓展教学内容及模式，进而获得最优化的教学效果。

传统教学与信息技术教学之间的差异主要体现在教学模式、教学方法、教学内容上。传统教学模式是以教师、黑板、教科书、学生等为主的讲授式教学，注重教师的主导作用，课堂活动也是以教师为主体。在这种教学模式下，学生基本上是被动的接受者，学生的个体差异性得不到充分发挥。信息技术教学模式是以网络、计算机、教学软件、音频等为主的多种新技术、多层次、多角度的立体式教学模式。以学生为主体的课堂活动导致教师需要担任三种任务角色，即课堂的设计者、组织者、引导者，这样不仅发挥了教师的主导作用，而且充分发挥了信息技术的功能和优势，进而充分尊重了学生的个体差异。另外，信息技术教学创设了新的教学环境，实现了有效教学，在网络教学环境下，教师逐渐较少使用黑板和粉笔，而多采用PPT、电子邮件、视频等多种方式进行教学。此外，很多高校还开设了自主学习平台。总而言之，现代技术打破了固定教学场所的限制，使学生从传统的课堂学习走向无限的学习空间，学生的学习不再受时间、空间与地域的限制。

传统教学与信息技术教学是相互关联、相互作用的。信息技术促使教师要更新教育观念，转变教育手段。信息技术教学以其独特性、先进性、高效性著称于世，然而要想真正发挥出它的优势，就必须根据教学内容的实际需要合理使用信息技术。信息技术教学内容、模式、手段都必须符合教学目标，服务教学目的。教学中的教师、学生与教学内容、手段要相互联系、相互配合，因此应用信息技术的内容应包含在教学内容里。信息技术与传统教育技术间的关系是互为补充、互为监督的，这样可以防止出现过度依赖某种技术的现象，或者不科学地利用信息技术对教师专业化进程的发展造成不良影响。例如，部分教师在课堂教学中过度追求视觉上的新鲜感与娱乐性，在课件中插入大量的图片和视频，分散了学生的注意力，或者无法在规定的时间里展现全部的教学内容，从而使教学效果大打折扣。因此，在教学实践中，首先要对教学内容进行深入的研究，并在此基础上合理使用信息技术，只有这样，才能真正发挥信息技术对教学的辅助作用，实现课堂教学效果的最优化。

（二）英语教师专业化意识的培养与信息技术能力的习得要统一

英语教师专业化意识的培养是全面提高大学英语教师素质的一个重要环节，也是大学英语教学改革的重点。作为一个与国际接轨程度很深的学科，在大学英语的教育教学过程之中，个别教师仅以传授大学英语基础知识为基本目标，对信息技术的关注程度很低，并且随着年龄的增长逐渐失去了学习信息技术的热情，这对大学英语教学来说无疑是雪上加霜。加强大学英语教师的信息技术能力的培训与学习研究活动，将有利于大学英语教师专业意识的培养。从当前的教学实践来看，一所符合时代要求、适应现代教学需要的大学，必须是注重英语教师专业化、注重教学设备科技化的新型大学，会不断提高信息技术的应用能力。

在信息技术能力习得的过程中，大学英语教师将开阔视野，拓宽知识面，能从单纯的英语领域扩大到其他相关领域中，进而成为专业突出、知识丰富、技能全面的新型教学能手。因此，信息技术的习得能力在高校英语教师专业化能力中占有重要的地位，教师习得某项信息技术后会改变传统教育手段，从而激发学生的学习热情，提高教学效果。除此之外，对于新入职的大学英语教师来说，在信息技术的学习应用过程中，能够快速地从准专业高校英语教师向专业英语教师转变和发展，有利于快速提高教师素质和教学能力。

（三）信息技术的发展要有利于加速英语教师专业化进程

信息技术条件下的网络多媒体是一门综合技术，具体是指将文字、声音、音乐、图形、动画和声像技术中的音频、视频等多媒体形式与计算机集成在一起，并从逻辑上将这些媒体形式进行连接，便于更为生动、复杂的信息的传递。其具有多方面的优势，主要表现在以下几方面：第一，信息量大，且图文并茂，内容丰富；第二，传递速度较快；第三，具有多样化的信息载体形式，如声音、视频等；第四，集开放性、交互性、自主性、生动性和个体化于一体，能使教学效果得到有效提高。当然，这也对大学英语教师专业化发展方向和提高教育技能提出了更高的要求。

随着信息技术的发展和应用，大学英语教师利用网络和信息技术软件，既可以随时随地地对西方社会文化知识结构进行系统与全面的了解，也能全面加速和提高学习应用信息技术的能力和水平；既能有效转变传统教学中内容和教学手段，也可以丰富学生的学习内容、学习技能；既可以提高英语教师教学能力和水平，也可以全面提高教育教学的效果。实践证明，在教育教学中充分利用信息技术开展课堂教学，是加快大学英语教师专业化、技能化的一个重要途径，是大学英语教学改革的重要内容。作为大学英语教师，应根据学生的年龄特点、所传授知识的不同层次与类型等选择相适应的现代信息技术，这样一方面有利于提高大学生学习英语的兴趣和技能，另一方面也有利于英语教师自身的知识储备与英语授课技能的提升，进而有利于促进大学英语教师的专业化发展。

第三节　信息化背景下大学英语评估体系的多元构建

高等教育具有大众化、信息化、网络化的特点，这就对大学英语教学提出了全新要求。这不仅仅是教学模式的变革，更重要的是评价理念、评价方法以及评价实施过程的变革，不断健全、完善科学的评价体系。将多元智能理论应用在教学实践中，为教育教学改革提供了一种全新的视角。实践证明，构建基于多元智能理论的评价体系对提高教学效果及学生各方面能力具有积极的现实意义。

一、理论基础

多元评价的教学理论最初是由美国哈佛大学心理学家霍华德·加德纳提出来的，这一概念以他提出的全新的人类智能结构理论——多元智能理论为基础。他认为，人的智力包含语言智能、数理逻辑智能、音乐智能、空间智能、身体运动智能、人际交往智能、自我认识智能和自然观察智能等八项智能，是彼此相对独立且以多元方式存在的。多元智能理论的本质承认人的智力是多元的，是多维度地表现出来的。这就要求教师在教学中根据课程性质、教学要求、教学对象和教学内容采取灵活多样的评价方式，以自由的教学情境为基础重视不同学生在认知和思维上的差异，强调以学生为中心，鼓励学生发挥主观能动性，培养学生的多元智能，实现对学生知识、能力、素质等各个方面的多方位评价，从而促进科学的教学改革方式的形成，提供改进教学的信息，并最终保证学生全方位的发展。

建构主义理论也对多元评价的教学理论产生了重大影响。建构主义认为，学生不是外部刺激的被动接受者，而应是知识意义的主动建构者；教师不是知识的灌输者，而是学生主动建构知识意义的帮助者。学生应自我监督、自我测试、自我反思以检查了解自己建构新知识的过程及成效，从而随时改进学习策略，达到最终的学习目标。因此，在教学中，教学评价的主体应该是学生，包括学生的自评和互评，应让学生积极参与到学习过程中来，而不仅仅是教师的评价。同时，评价不仅是要评价学生学习的结果，还要全方位地评价学生的学习过程。

二、网络环境下多元评价体系的构建原则

无论是现代教育理论还是大学英语网络教学本身的特点，都要求大学英语网络教学评价是一个多元、平衡、动态的评价体系，这样一个评价体系的构建应该遵循如下原则。

（一）形成性评价与总结性评价相结合

目前，多数高校在实际操作中所采取的评价仍然是总结性评价占比较大。

有的教师则提出新的评价体系应以形成性评价为主。其实，教学评价并没有固定的模式，关于形成性评价与总结性评价所占的权重问题应该以符合本校的实际情况为基础，以促进教学质量提高的原则而制订。

（二）定性评价与定量评价相结合

测试和量化打分是传统教学评价中常用的方法，在形成性评价中，有一部分内容是很难量化的，如学习表现、情感态度、学习策略等，对于这部分内容的评价宜采取定性评价的方法。

（三）评价主体多元化

评价主体的多元化包括学生的自我评价、教师对学生的评价、学生互评和网络系统的评价。关于学生的自我评价，主要是看学生进行自我评价的态度和评价的及时性。教师对学生的评价分为可量化的内容和激励性的内容两部分：课堂表现、第二课堂活动表现、随堂测试、单元测试是可量化的，而对学生的口头评价、书面评语等则主要涉及学生的情感态度、学习策略等，起的是警醒、建议或激励的作用。对于学生互评，教师要制订出评价标准，严格控制，规范操作，避免流于形式。网络系统的评价应具有客观性、高效性，教师必须熟练掌握网络教学管理平台的操作，事先设定好系统评价的内容和权重。

（四）评价内容多元化

评价内容的多元化包括对学生智力因素的评价和非智力因素的评价。对智力因素的评价内容主要包括英语知识、英语应用能力和跨文化交际能力；对非智力因素的评价内容主要包括情感态度、学习策略和意志品格。以往的教学评价片面注重对学生学习效果的评价，特别是对英语知识掌握程度的评价，忽视了对英语应用能力、跨文化交际能力的评价，更忽视了对学生情感态度、学习策略和意志品格的评价。

（五）评价形式多元化

评价内容的多元化必然要求评价形式的多元化。形成性评价可以采取随堂测试、单元测试、计算机辅助的口语测试与听力测试、第二课堂英语竞赛、英语演出等方式对学生进行英语知识、应用能力、跨文化交际能力的评价；采取电子档案式自我评价、教师口头与书面评语、教师对学生的阶段性建议等形式评价学生的情感态度、学习策略和意志品格。对于学生的非智力性因素的评价也可以采用定性的方法纳入量化的范围。总结性评价一般通过期中和期末两次考试进行，主要注意的问题是考试内容的设计要体现对学生基础知识和综合应用能力的全面考核。

（六）评价手段智能化

即实施计算机辅助评价。计算机辅助评价（CAA）是科学的评价理念与现代教育技术相结合的产物，即利用大学英语网络化教学平台的评价功能模块，设置评价的内容及权重，自动统计每一次评价的结果，自动生成结果，并导出 Excel 表格。智能化评价系统可以大幅度增加形成性评价的可操作性，从而减轻教师的工作量。

（七）评价的可操作性

理论上的论述不等于实际的操作。理论上的论述只是为实际操作提供了若干可能性。理论上看起来再合理的评价模式，离开了人的操作后也只是一纸空文。大学英语网络教学评价体系的建构不在于表面看起来形式多么花哨和新颖，而在于它的实际功效。在实际教学中，到底采用什么样的教学评价模式归根结底要依据本校的实际情况，要本着促进英语教学质量的提高和符合教师的接受能力的原则而定。

三、基于信息技术的英语教学评价体系的改进机制

信息技术（Information Technology，简称 IT），是主要运用于管理和处理信息所采用的各种技术的总称。目前，基于互联网和校园网的大学英语教学网站建设基本包括三大部分，即课程学习系统（如教学 PPT 课件、教师电子教案、教学大纲等）、课程拓展系统（如与课程相关的音频、视频、图片、网站等资料库）和教学交互系统（如课程论坛、在线测试等）。三大系统各个模块之间可独立运行，但又相互支撑。其中，课程学习系统和课程拓展系统的应用，弥补了以黑板和教科书为主要介质的传统英语课堂的不足，在传授语言知识的同时，能更好地创造语言情景，进行多任务教学，从而加强学生语言技能的培养，即实践能力。从某种程度上说，信息技术在英语课堂教学上的优势和所取得的教学效果是传统课堂难以实现的。相比之下，在教学交互系统的设计与建设上，信息技术的优势并不明显，与前两大系统（课程学习系统和课程拓展系统）的交叉较少，较难达到传统课堂上师生及生生之间实时的、有针对性的交互效果。具体而言，基于信息技术的大学英语评价体系的构建应包括如下方面。

（一）搭建基于课堂活动的师生交流平台

按照人本主义教育家的理论，在教学中，师生关系应该是主体与主体的关系，而不是主体与客体的关系；是平等的、朋友式的，而不是隶属的、领导式的。这一点在教学评价体系中尤为重要。教师应充分信任学生能够认识自己的潜能及不足，尊重学生的个人评价以及学生对教师给定评价的反馈信息。

在信息技术的支持下，通过数据库的建设，学习网站可以记录学生每一次的学习情况，开展师生间关于学习情况的交流，即评价—反馈—再评价—再反馈，按照需要反复进行。通过交互性的评价与反馈，教师可以了解学生的内心及教学需求。

基于课堂活动的师生交流平台除具有交互的特点以外，同时具有即时性，并贯穿于每一个网络教学环节，即交互系统延伸至学习系统和拓展系统的每一个模块，使三大系统有机融合。例如，在课程教学演示中，每一页幻灯片除了知识点的介绍、讲解外，同时包含师生即时交流平台的链接。在即时交流窗口下，学生可以就学习主题向教师提问，可以以截图的方式提交学习进展情况，可以接收教师的评价，可以对教师的评价做出反馈；教师通过远程监控，可以了解学生在线登录后学习的实时情况，对学生进行指导、评价，接收学生对评价的反馈信息。再如，在线测试模块中，除提供习题、参考答案、答案讲解、答疑留言板外，还可包含即时在线答疑链接。在即时交流窗口下，学生可以和教师进行探讨，也可发起和在线学习的学生之间的讨论；针对可能出现的普遍性或共性的问题，系统可提前设定相同的自动即时回复。

（二）建立学习活动的动态监控评价系统

学习是一个动态过程，本书提出的学习动态监控评价系统是基于档案袋评价理论进行构建的。档案袋评价是指在某个过程中为达到某个目的所收集的相关资料的有组织的呈现。电子学习档案袋可对学生在线自主学习过程进行记录，其包括如下内容：教师和学生一起设计的总体和阶段目标、即时交流窗口的评价及答疑聊天记录、自测成绩记录、上传的书面作业、上传的非网络环境学习行为及获奖情况等。

电子学习档案的建立由教师与学生共同完成，每个电子档案只能为教师及该生本人进行管理。电子学习档案袋展示了学生在学习过程中所取得的进步和成绩。通过这一过程，学生可增强对自己的自豪感和自信心，也可帮助教师观察其他学生所采用的学习策略。例如，教师可以根据大学英语课程的性质，设计网络学习活动记录的电子清单，要求学生注册学习账号，登录账号后，电脑根据后台所设定的评价标准自动记录学生在学习过程中电子清单上的所列项目，将成长值的变化即时提供给指定人群。电子清单以登录学生的姓名和登录时间命名，在退出登录时，可自动保存进电子学习档案袋。教师需要根据设计电子清单的考查项目（如学习态度、交流活跃程度、提问活跃程度、进步程度、综合表现等）及考核等级，并且综合学生的情况，设定后台评价标准。

（三）根据实际情况设定不同的评价标准

不同的评价标准主要是指来自不同的评价者的评价。基于互联网和校园网的在线自主学习，为学生提供了大量的语言实践机会，同时也拓宽了评价者的范围。学生可通过浏览网页，搜索课程相关问题，选择涉及语言各个方面的实践练习。例如，鼓励学生在网络环境下利用所学知识和英语能力，在线回答别人提出的关于词汇、句子或语篇的英汉、汉英翻译问题。关于翻译文本的质量，提问者会给出评价，学生也可参考其他人的相关回答进行自我评价。同时，学生也可将答题的网页提供给自己的教师进行评价，教师根据实际情况，确定各种评价所占的比例。

信息技术的实施赋予了大学英语教学评价活动新的特色，使评价活动可以更及时、更客观、更有效地促进教学活动的开展。但同时也要注意，网络交流不能取代当面指导，特别是师生间眼神和肢体语言的交流。网络环境下，教学评价体系中的情感因素缺失问题，是人们今后应该关注的研究方向之一。

四、网络环境下多元评价体系的具体内容

教学评价对于教学的促进作用是毋庸置疑的。基于多元智能理论，可以建立网络环境下的大学英语多元评价体系，以进一步全面有效地衡量教学效果。这一评价体系主要包括：对学生的学习过程进行形成性评价，根据学生的智能水平进行分层次评价，对学生的语言进步程度进行发展性评价。

（一）形成性评价

在评价内容上，教师首先通过调查问卷等多种途径鉴别学生的智能优势，并根据学生现有的英语水平，在教学中将人际交往、自我认知、视觉空间等智能融入英语课堂教学环节中；设计出涉及不同智能的教学体验任务后，根据学生对于各种任务的完成情况对学生的学习过程进行全面评价，将学生的课前预习情况、课堂参与情况、课后任务完成情况、网上自学记录以及在各种教学活

动中的表现纳入评价范围，对其学习过程进行记录并及时反馈。同时，在教学中教师应对学生的优势给予及时关注并进行适当鼓励，帮助学生树立自主学习的自信心，从而产生语言学习的动力。在评价主体上，该评价方式将改变教师作为评价者的主体地位，评价的权利会适当转移到学生手中，以充分发挥学生的主体作用，减少学生在教学评价环节上的压力，使学生成为评价的参与者和反思者。在评价方式上，将实施学生自评、互评与教师评价相结合的方法，以增强学生的评价积极性，从而以评促学。

（二）分层次评价

教师根据学生的实际英语水平对其进行分组，在课堂教学中进行分层教学，在网上对不同层次的学生布置不同的任务和作业。教师应充分考虑学生语言智能实际水平的高低，实行因材施教，对于不同水平的学生给予不同难度的体验式教学任务，并且在教学后根据各组学生的智能水平设计相应难度的评价试卷。

（三）发展性评价

教师应将学生在每学期英语学习过程中取得的过程性测试结果进行整理，同时参考其每学期期末的终结性成绩及其在大学英语四、六级考试中的成绩，对在不同学习阶段语言学习的进步程度进行评价。

五、网络环境下构建多元评价体系的意义

（一）利用多元评价体系的激励机制，充分调动学生的积极性

加德纳认为，每个人身上都存在多种智能，学生之间不存在智力高低的差别，只存在智力类型的差别。每一个学生都有自己的发展潜力，教师应根据学生不同强项和弱项智能地制订多元化的评价标准。这种评价应使所有学生都能体验到成功的快乐，从而树立自信心。同时，根据评价的激励机制，教师应以一种可接受的、非防御性的语气，通过积极反馈，用表扬、鼓励等方式来增强学生信心；通过给出建议，使学生意识到自己需要改进的方向，从而达到理想的评价效果。

（二）教学评价内容更加充实，极大地发展了学生的个性

多元智能理论表明，每种智能在人们的日常生活和工作中都发挥着独特的作用。教师应重视多元智能的影响并把它纳入对学生的评价体系之中。这样的

评价方式对以往传统的评价体系是个很好的补充，可以使对学生的评价更加全面。对学生的评价只是基于他们对基本概念、基础知识的理解和应用是不全面的，更应关注他们在交往、竞争与合作意识等方面所表现出来的能力、态度、情感、价值感等。

（三）重视自评、互评的作用，构成多元评价主体

多元智能理论强调以人为本，强调评价的实效，强调促进发展。以多元智能理论为指导，师生能够相互理解和信任，在此基础上，可以形成以教师和学生为主体的多元评价体系。同时，将学生自评与小组内部成员互评方式结合起来，可使各类评价主体之间增强互动，使评价信息来源更丰富、评价结果更真实，也更有利于促进学生合作能力的发展。

评价体系是大学英语教学中一个不可或缺的环节，网络环境下的多元评价体系作为崭新的评价模式，显现出越来越多的优势和吸引力。但构建完善的大学英语课程评价体系不是一朝一夕的事情，它会随着英语教学的发展和教师理念的更新而不断完善，将在未来真正做到“以评促教，以评促学”。

参考文献

[1] 曾大立 . 信息化教育与英语教学 [M]. 北京：九州出版社，2018.

[2] 曾凡贵，张文忠 . 大学英语教学改革研究与实践 [M]. 长沙：湖南大学出版社，2005.

[3] 陈永明 . 教师教育研究 [M]. 上海：华东师范大学出版社，2003.

[4] 冯克诚 . 当代课程改革理论与论著选读 [M]. 北京：人民武警出版社，2010.

[5] 何广铿 . 英语教学法教程：理论与实践 [M]. 广州：暨南大学出版社，2011.

[6] 何克抗 . 教学系统设计 [M]. 北京：高等教育出版社，2006.

[7] 何克抗 . 信息技术与课程整合 [M]. 北京：高等教育出版社，2007.

[8] 何少庆 . 英语教学策略理论与实践运用 [M]. 杭州：浙江大学出版社，2010.

[9] 胡定荣 . 课程改革的文化研究 [M]. 北京：教育科学出版社，2005.

[10] 胡瑞霞 . 大学英语教学改革与创新研究 [M]. 北京：中国书籍出版社，2016.

[11] 胡水星 . 现代教育技术理论与实践 [M]. 北京：电子工业出版社，2013.

[12] 黄甫全 . 现代课程与教学论：第 2 版 [M]. 北京：人民教育出版社，2011.

[13] 加涅，等 . 教学设计原理 [M]. 王小明，庞维国，陈保华，等，译 . 上海：华东师范大学出版社，2007.

[14] 教育部人事司 . 现代教育评价 [M]. 上海：华东师范大学出版社，2002.

[15] 剧锦霞，倪娜，于晓红.大学英语教学法新论[M].北京：中国书籍出版社，2013.

[16] 联合国教科文组织.学会生存[M].北京：教育科学出版社，1997.

[17] 列夫·维果茨基.思维与语言[M].李维，译.北京：北京大学出版社，2010.

[18] 刘军，黄威荣.现代教育技术[M].北京：北京师范大学出版社，2010.

[19] 刘守旗，丁勇.教育的艺术：苏霍姆林斯基100教育案例评析[M].广州：中山大学出版社，2003.

[20] 吕文丽，庞志芬，赵欣敏.信息化时代下的大学英语教学改革探索[M].长春：吉林大学出版社，2019.

[21] 莫英.信息化背景下大学英语教学改革与创新思维[M].成都：四川大学出版社，2018.

[22] 牛道生，程可拉，牛旭彤.英语的全球化及其对世界的影响[M].北京：北京大学出版社，2013.

[23] 乔伊斯.教学模式：第7版[M].荆建华，译.北京：中国轻工业出版社，2009.

[24] 孙启美.现代教育技术与学习模式——走向信息化[M].北京：科技出版社，2010.

[25] 孙自挥.外语教学模式创新实践[M].成都：四川大学出版社，2014.

[26] 唐君.高校英语信息化教学研究[M].北京：中国国际广播出版社，2018.

[27] 王琦.信息技术环境下的外语教学研究[M].北京：中国社会科学出版社，2006.

[28] 王青逯.教育信息化理论研究与实践探索[M].长春：吉林人民出版社，2007.

[29] 王守仁.高校大学外语教育发展报告(1978—2008)[M].上海：上海外语教育出版社，2008.

[30] 魏向君，周亚莉，杨丽丽.信息技术与英语教学[M].兰州：甘肃民族出版社，2007.

[31] 文和平，杨晓莉，陈玖豪.现代教育技术与外语教学实用教程[M].重庆：西南师范大学出版社，2010.

[32] 吴柏林.信息技术及其应用[M].上海：复旦大学出版社，2004.

[33] 吴文亮．信息化时代高校英语教学理论的解构与重塑 [M]. 长春：吉林大学出版社，2019.

[34] 张喜华，郭平建．信息化背景下大学英语教学改革研究 [M]. 北京：北京交通大学出版社，2017.

[35] 石照霞．互联网信息技术与大学英语教学融合的研究 [J]. 科教文汇（下旬刊），2020(6): 161—162.

[36] 闫利蒙．“互联网 +”背景下高职英语有效教学研究——以廊坊燕京职业技术学院为案例 [J]. 现代商贸工业，2020, 41(20): 197—199.

[37] 乔万俊．“互联网 +”背景下高职英语信息化教学改革与研究 [J]. 陕西国防职教研究，2020, 30(2): 14—16.

[38] 但颖丽．“互联网 +”高职院校英语混合式教学管理——评《互联网 + 英语教学》[J]. 科技管理研究，2020, 40(12): 272.

[39] 高朝阳．基于互联网的大学英语信息化教学探究——评《信息化教学技术与方法》[J]. 科技管理研究，2020, 40(12): 273.

[40] 杨静，陈亚杰．信息技术在高校大学英语教学中运用现状调查与研究——以内蒙古地区为例 [J]. 山东农业工程学院学报，2020, 37(6): 135—136.

[41] 聂晶晶．信息化时代职业化英语教育发展策略 [J]. 黑龙江教师发展学院学报，2020, 39(6): 143—145.

[42] 王坤．信息化技术在中职英语教学中的运用 [J]. 现代农业，2020(6): 100—101.

[43] 刘微．信息化背景下高职英语课堂教学策略研究 [J]. 天津职业院校联合学报，2020, 22(5): 34—37

[44] 张福荣．高校英语教师信息化教学能力现状与对策 [J]. 计算机产品与流通，2020(7): 257.

[45] 刘培培．大数据对大学英语教学的影响及相关对策探索 [J]. 中国多媒体与网络教学学报（上旬刊），2020(6): 141—142.

[46] 张丽萍．信息化时代微课应用于大学英语教学的思考 [J]. 课程教育研究，2020(20): 132—133.

[47] 孙宇．大学英语分级教学与信息化教学模式探究 [J]. 英语广场，2020(14): 106—109.

[48] 余丽霞 . 信息化语境下高职英语生态课堂的构建 [J]. 江西教育，2020(15)：4—5.

[49] 熊文熙 . 基于信息化教学环境下高职大学英语开放课程建设分析 [J]. 中外企业家，2020(14): 187—188.

[50] 武漫丽 . 探析慕课背景下高职英语教学方法 [J]. 科教导刊（上旬刊），2020(5)：133—134.

[51] 王文叶 . 浅谈信息化下的高职英语创新教学 [J]. 福建茶叶，2020, 42(4): 240.

[52] 伍剑蓉 . 现代信息技术视野下高职英语教学优化策略 [J]. 广西民族师范学院学报，2020, 37(2): 157—160.

[53] 于建波，王校羽，侯英华 . 我国高校外语教育政策信息化发展趋势、问题及对策 [J]. 大连大学学报，2020, 41(2): 111—116.

[54] 朱颖旭 . 新媒体时代高职英语信息化教学研究 [J]. 创新创业理论研究与实践，2020, 3(8): 28—29.

[55] 吴柏林 . 信息技术及其应用 [M]. 上海：复旦大学出版社 .2004: 45.

[56] 李倩曲 . 现代教育技术及其对英语教学模式改革的支持与发展 [J]. 湖北开放职业学院学报，2020, 33(11): 161—162, 165.

[57] 费婷婷 .CAI 课件在英语听说教学中的应用研究 [J]. 成才之路，2017(7): 82.

[58] 华璐 . 利用信息技术创新高校外语教学模式 [J]. 读与写（教育教学刊），2019, 16(11): 7.

[59] 练萍萍 . 多元整合英语课外实践模式促进学生综合素质的提高 [J]. 黑龙江高教研究，2006(3): 175—176.

[60] 黄敏，李友利 ."支架式" 教学模式在大学英语口语教学中的应用研究 [J]. 齐齐哈尔师范高等专科学校学报，2020(2): 136—138.

[61] 王华 . 支架式教学在英语阅读教学中的应用探索 [J]. 成才之路，2019(34): 84—85.

[62] 张震 . 基于支架式教学模式的元认知能力培养 [J]. 宿州学院学报，2011, 26(1): 103—105.

[63] 王晶 . 基于产出导向法的英语微课教学研究 [J]. 黑龙江教师发展学院学报，2020, 39(7): 151—153.

[64] 王莉莉．翻译慕课与英语课堂教学糅合模式研究[J]. 湖北开放职业学院学报，2020, 33(12):159-160.

[65] 朱晓申．英语合作学习策略与网络自主学习方法交互的探索[J]. 教学与管理，2007(36): 124—126.

[66] 王俊菊，修旭东．外语教学法基本概念及其关系的再思考[J]. 山东外语教学，2003(5): 58—62.

[67] 曾晖．语言和语言学习本质对大学英语课堂教学方法的启示[D]. 重庆：西南师范大学，2000.

[68] 牟金保．我国教师专业发展评价研究：现状、热点及趋势[J]. 西藏民族大学学报（哲学社会科学版），2020, 41(2): 146—152.

[69] 刘欣月．高校教师发展性评价研究[J]. 佳木斯职业学院学报，2020, 36(5): 285—286.

[70] 曹勇军．搭建实践与理论之桥——印象北大陈向明教授[J]. 语文教学通讯，2015(Z1): 4—7.